DYNAMIC MODELING AND SIMULATION OF **COMMERCIAL VEHICLE**

商用车动力学建模与仿真

王欲进◎著

重庆大学出版社

图书在版编目(CIP)数据

商用车动力学建模与仿真 / 王欲进著. -- 重庆：重庆大学出版社，2022.9

ISBN 978-7-5689-3554-8

Ⅰ.①商… Ⅱ.①王… Ⅲ.①商用车辆—车辆动力学—系统建模②商用车辆—车辆动力学—数学仿真 Ⅳ.①U270.1

中国版本图书馆 CIP 数据核字(2022)第 172152 号

商用车动力学建模与仿真

SHANGYONGCHE DONGLIXUE JIANMO YU FANGZHEN

王欲进 著

责任编辑:范 琪 版式设计:范 琪

责任校对:夏 宇 责任印制:张 策

*

重庆大学出版社出版发行

出版人:饶帮华

社址:重庆市沙坪坝区大学城西路 21 号

邮编:401331

电话:(023)88617190 88617185(中小学)

传真:(023)88617186 88617166

网址:http://www.cqup.com.cn

邮箱:fxk@cqup.com.cn(营销中心)

全国新华书店经销

POD:重庆新生代彩印技术有限公司

*

开本:787mm×1092mm 1/16 印张:19 字数:430千

2022年9月第1版 2022年9月第1次印刷

ISBN 978-7-5689-3554-8 定价:88.00元

序

车辆系统动力学是研究所有与车辆运动状态有关的学科。目前研究方法主要分为两类：①采用简化的弹簧质量系统研究整车或是局部系统；②采用多体系统动力学软件构建物理模型并对整车系统或子系统进行仿真研究。与简化模型相比，车辆多体模型具有无可比拟的优势，其采用多体系统动力学建模，可以系统地考虑子系统结构及部件柔性化后的柔体系统动力学模型，模型更加精准。车辆动态特性关系到整车的操纵稳定性、平顺性等性能指标；同时车辆动态特性可以为整车及零部件分析提供各种工况下的精确载荷谱，而载荷谱是研究疲劳耐久特性的前提。整车模型下研究车辆的局部子系统是一种较好的方法，此种方法在研究过程中需要建立整车模型，真实地考虑整车运行工况下局部子系统的动态特性。因此，车辆模型的精确建立是研究车辆系统动力学的前提与基础。本书以商用车辆为主体，系统介绍商用车辆主要系统的建模与仿真。

本书内容主要包括：①悬架，针对不同类型的悬架系统描述其建模过程及对应的变量参数与通讯器特性，麦弗逊悬架模型建模过程中引入多柔体系统动力学特性，非独立悬架模型建模过程中介绍多簧片板簧间的接触特性，复杂耦合悬架模型的引入对于商用车设计具有指导意义，商用车平衡悬架模型介绍了模型间的合并关系及平衡悬架、推杆角度与整车稳定性的关系；②路面类型，包括对开路面、对接路面、减速带路面、连续障碍路面、分离路面设置及不同路面对应的整车不同工况仿真；③对商用车平衡悬架、整车模型的系统论述与分析，包含对4×2、6×4、8×4多轴系整车模型的探讨。

本书是高等院校高年级本科生、研究生及汽车工程研究院设计研发人员学习车辆系统动力学较好的资料，书中不同章节提供了相关模型。

由于作者水平有限，书中难免有疏漏和不妥之处，敬请读者批评指正。

著　者

2022年5月

目　录

第1章　柔性麦弗逊悬架Ⅰ ……001

1.1　柔性体部件 ……001

1.2　麦弗逊悬架模型 ……002

1.3　悬架变量参数 ……031

1.4　通讯器 ……032

1.5　驱动轴显示组件 ……040

1.6　悬架装配 ……042

1.7　车轮激振分析 ……043

第2章　柔性麦弗逊悬架Ⅱ ……046

2.1　控制臂/副车架柔性体MNF ……046

2.2　柔性体麦弗逊悬架模型 ……047

2.3　车轮反向跳动仿真 ……079

第3章　钢板弹簧模型——Nonlinear Beam ……081

3.1　非线性梁 ……081

3.2　接触力 ……093

3.3　弹簧夹 ……094

3.4　板簧模型约束 ……095

3.5　板簧悬架通讯器 ……100

3.6　反向激振实验 ……101

第4章　整体桥式悬架 ……104

4.1　整体桥式悬架 ……104

4.2　瓦特推力杆式整体桥悬架 ……137

4.3　悬架装配 ……146

4.4　单侧车轮跳动仿真 ……147

4.5　四连杆式整体桥悬架 ……148

第5章 路面模型 ……155
5.1 路面类型简介 ……155
5.2 单线移仿真 ……163
5.3 连续障碍路面 ……164
5.4 匀速直线行驶仿真 ……166
5.5 直线制动系统仿真 ……167
5.6 分离路面设置 ……169
5.7 分离轮胎路面直线制动仿真 ……170
5.8 弯道制动系统仿真 ……171

第6章 制动系统 ……174
6.1 制动系统简介 ……174
6.2 制动系统变量参数及通讯器 ……175
6.3 Braking文件驱动仿真 ……177
6.4 客车Braking仿真 ……178
6.5 牵引车Braking仿真 ……180

第7章 双轴转向系统 ……182
7.1 双轴转向模型 ……182
7.2 双轴转向系统约束 ……201
7.3 减速齿轮 ……210
7.4 双轴转向变量参数 ……212
7.5 双轴转向通讯器 ……213
7.6 TASA转向仿真 ……215

第8章 4×2客货车模型 ……222
8.1 驱动轴悬架模型 ……222
8.2 4×2牵引车模型 ……224
8.3 谐波脉冲转向仿真 ……224
8.4 4×2客车模型 ……227
8.5 超车仿真 ……227

第9章 6×4整车模型Ⅰ ……233
9.1 两片白板簧模型 ……233
9.2 白前桥悬架模型 ……235
9.3 货车前桥转向悬架系统 ……236

9.4 6×4转向系统 …243
9.5 白驱动轴模型 …244
9.6 导向杆式平衡悬架模型 …249
9.7 6×4整车模型 …253
9.8 6×4整车制动仿真 …255

第10章 6×4整车模型Ⅱ …259
10.1 双轴推杆式平衡悬架 …259
10.2 6×4整车模型（推杆式） …272
10.3 8×6整车模型 …273
10.4 四轴推杆式平衡悬架 …277

第11章 8×4整车模型 …280
11.1 双桥转向悬架模型 …280
11.2 双桥转向系统模型 …284
11.3 tag_axle轴轮胎 …286
11.4 8×4整车模型 …287
11.5 8×4整车速度保持仿真 …288

参考文献 …292

第1章　柔性麦弗逊悬架Ⅰ

麦弗逊悬架是乘用车辆底盘中最常见的一种悬架，此种悬架结构简单，安装占用空间小，调校灵活。目前多数文献采用刚性部件建立麦弗逊悬架模型。刚性模型可以模拟悬架的基本特性，但对于分析精度较高的工况，载荷提取等依然不满足要求，虽有些悬架模型采用柔性体建立，但这些柔性体是局部部件，例如横向稳定杆采用有限元模型制作，副车架、下控制臂等不考虑。对于下控制臂部件，实际车轮多采用冲压件制作，用杆件近似替代，此种建模方法可以准确模拟悬架的运动特性，但由于其部件质心位置、惯量参数与实际不符，因此在动态工况下提取的载荷偏差较大。针对上述现象，分章节介绍一种全柔性体麦弗逊悬架模型建立的详细过程。对于悬架模型的建立，较多的工程师为保证模型的正确性及准确性，多选择在公版数据库中通过调节硬点，更换对应的部件来完成模型建立。笔者推荐采用自建模型方式，通过自建模型，读者可以熟知悬架系统中不同部件、安装件间的连接关系、通讯器、变量参数设置方式等。同一种悬架，部件可以采用不同的约束方式，总之，建模方式“不拘一格”。建立的全柔性体麦弗逊悬架模型如图1.1所示。

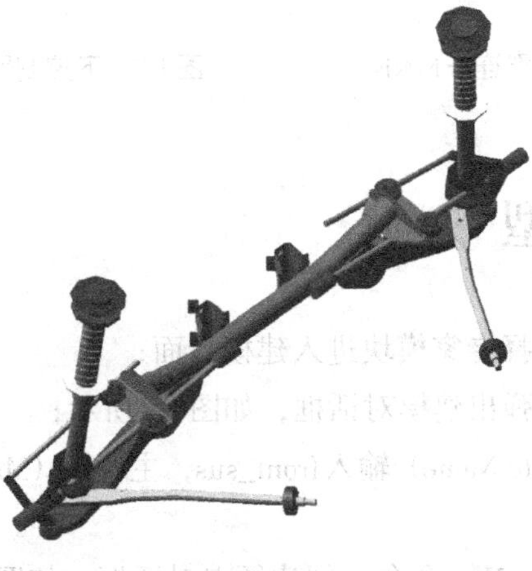

图1.1　全柔性体麦弗逊悬架模型

1.1　柔性体部件

麦弗逊悬架模型中柔性体包含以下部件：副车架、下控制臂、下控制臂连杆，柔性体在Hypermesh中制作完成。制作的柔性部件及模态如图1.2—图1.7所示。

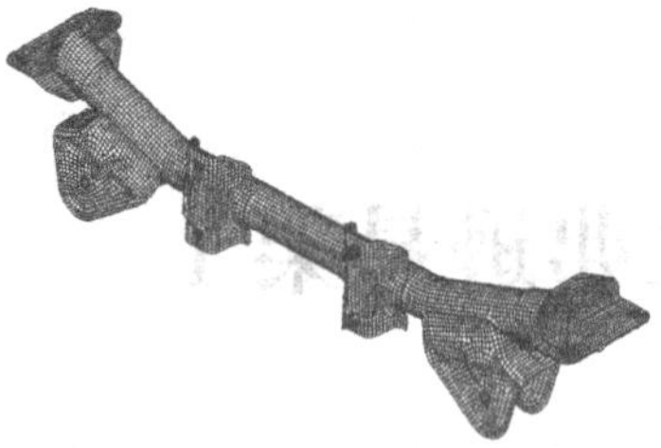

图1.2　副车架MNF

图1.3　副车架一阶模态

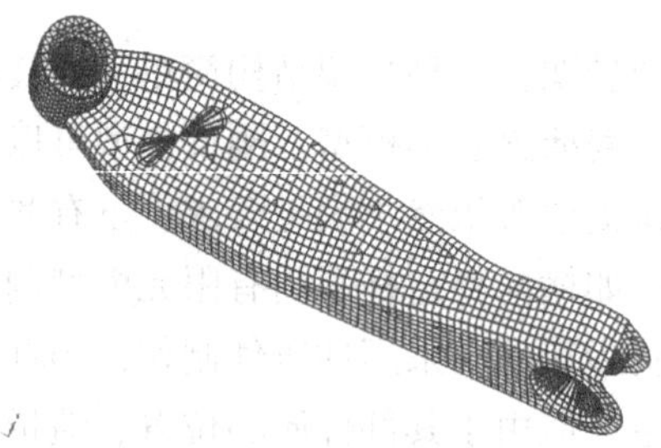

图1.4　下控制臂MNF

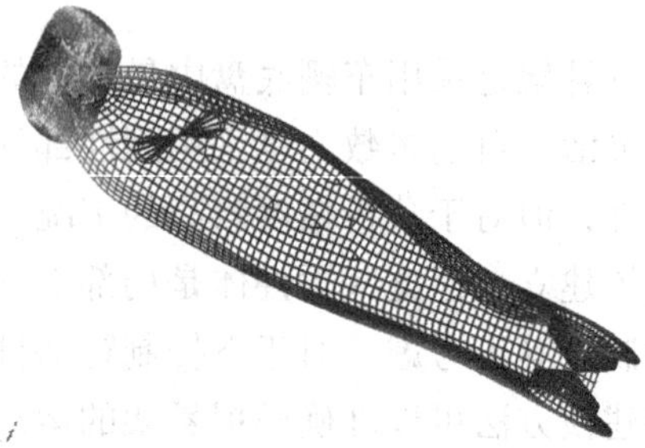

图1.5　下控制臂二阶模态

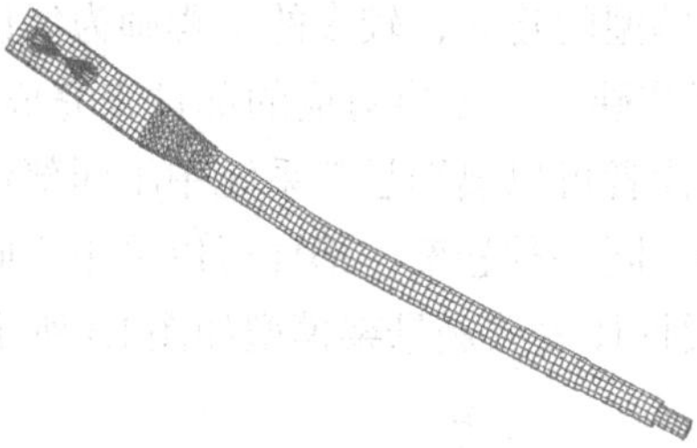

图1.6　下控制臂连杆MNF

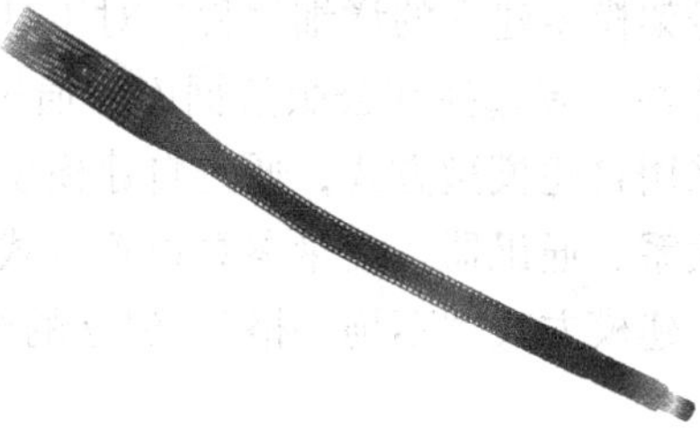

图1.7　下控制臂连杆三阶模态

1.2 麦弗逊悬架模型

• 启动ADAMS/CAR，选择专家模块进入建模界面；

• 单击File > New命令，弹出建模对话框，如图1.8所示；

• 在模板名称栏（Template Name）输入front_sus，主特征（Major Role）选择suspension，单击OK；

• 单击Build > Hardpoint > New命令，创建硬点对话框，如图1.9所示；

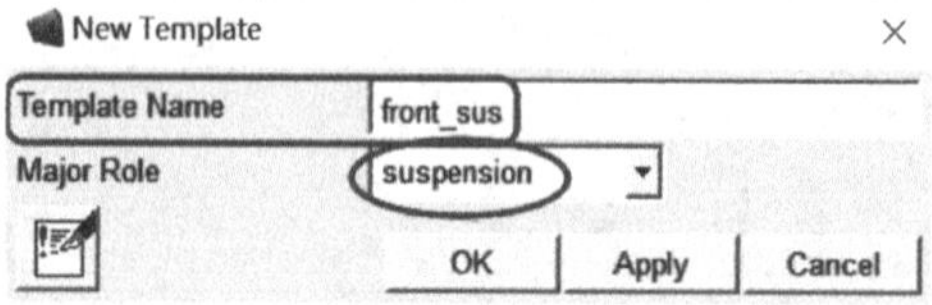

图1.8　悬架模板对话框

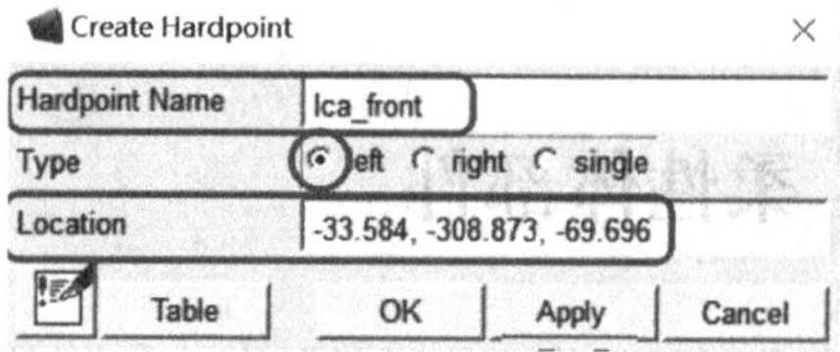

图1.9　硬点创建

• Hardpoint Name：lca_front；

• Type：left；

• Location：-33.584, -308.873, -69.696；

• 单击Apply，完成lca_front硬点的创建，此时在ADAMS窗口界面显示左右对称的两个硬点；

• 重复上述步骤，完成图1.10中硬点的创建。

	loc_x	loc_y	loc_z
hpl_drive_shaft_inr	10.754	-167.7	8.977
hpl_lca_front	-33.584	-308.873	-69.696
hpl_lca_outer	-7.971	-666.313	-142.352
hpl_lca_rear	369.867	-311.076	-56.465
hpl_link_to_lca	-13.797	-589.191	-127.291
hpl_spring_lwr_seat	15.674	-581.972	248.657
hpl_spring_up	31.127	-564.108	452.882
hpl_strut_lwr_mount	-3.087	-603.658	0.727
hpl_subframe_front	-63.128	-421.352	39.585
hpl_subframe_rear	62.563	-421.352	30.765
hpl_tierod_inner	-118.429	-287.5	9.6E-02
hpl_tierod_outer	-126.382	-678.58	-78.208
hpl_top_mount	34.235	-560.516	493.948
hpl_upright	7.4E-02	-728.314	-55.74
hpl_wheel_center	7.4E-02	-728.314	-55.74
hps_frame_to_steering_1	-118.447	121.5	0.331
hps_frame_to_steering_2	-116.691	-121.5	46.865
hps_frame_to_steering_3	-109.598	-121.5	-45.864
hps_ground	0.0	0.0	0.0

图1.10 悬架硬点

1.2.1 转向节

部件具有位置和方向属性，也有质量和惯量。在建立部件过程中需要预设定部件的相关质量和惯量，由于部件没有确定的几何尺寸，因此质量和惯量不能自动更新。当部件中的几何形状确定后，ADAMS软件会自动计算部件的质量和惯量的相关参数，同时不同的材料也可以进行相关的选择。柔性体部件导入过程中包含质量、位置、惯量等信息，部件建立过程中，默认使用的材料为钢材。

(1)转向节部件

• 单击Build > Part > General Part > New命令，创建部件对话框，如图1.11所示；

• General Part：._front_sus.gel_upright；

• Location Dependency：Delta location from coordinate；

• Coordinate Reference：._front_sus.ground.hpl_upright；

• Location：0, 0, 0；

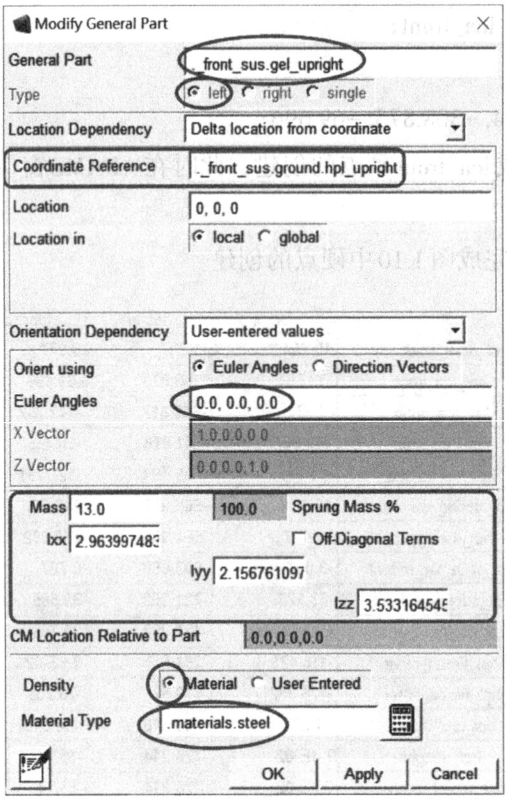

图1.11 转向节部件

- Location in：local；
- Orientation Dependency：User-entered values；
- Orient using：Euler Angles；
- Euler Angles：0, 0, 0；
- Mass：13；
- Ixx：2.9639974834E+05；
- Iyy：2.1567610975E+05；
- Izz：3.5331645459E+05；
- Density：Material；
- Material Type：.materials.steel；
- 单击OK，完成部件._front_sus.gel_upright的创建。

(2)转向节几何体

- 单击Build > Geometry > Link > New命令，创建连杆几何体，如图1.12所示；
- Link Name：upright_tierod；
- General Part：._front_sus.gel_upright；

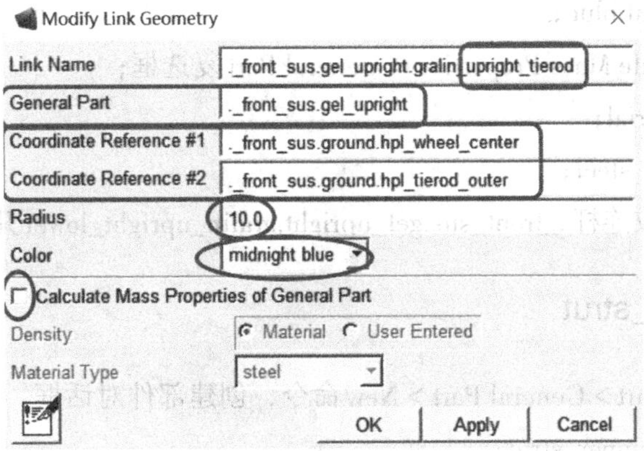

图1.12 连杆几何体

• Coordinate Reference #1：._front_sus.ground.hpl_wheel_center；

• Coordinate Reference #2：._front_sus.ground.hpl_tierod_outer；

• Radius：10；

• Color：midnight blue；

• 不勾选Calculate Mass Properties of General Part复选框，此处由部件物理模型实际参数输入；

• Density：Material；

• Material Type：steel；

• 单击Apply，完成连杆._front_sus.gel_upright.gralin_upright_tierod几何体的创建。

• Link Name：upright_upper；

• General Part：._front_sus.gel_upright；

• Coordinate Reference #1：._front_sus.ground.hpl_wheel_center；

• Coordinate Reference #2：._front_sus.ground.hpl_strut_lwr_mount；

• Radius：10；

• Color：midnight blue；

• 不勾选Calculate Mass Properties of General Part复选框；

• Density：Material；

• Material Type：steel；

• 单击Apply，完成连杆._front_sus.gel_upright.gralin_upright_upper几何体的创建；

• Link Name：upright_lower；

• General Part：._front_sus.gel_upright；

• Coordinate Reference #1：._front_sus.ground.hpl_wheel_center；

• Coordinate Reference #2：._front_sus.ground.hpl_lca_outer；

• Radius：10；

- Color：midnight blue；
- 不勾选Calculate Mass Properties of General Part复选框；
- Density：Material；
- Material Type：steel；
- 单击OK，完成连杆._front_sus.gel_upright.gralin_upright_lower几何体的创建。

1.2.2 部件upper_strut

- 单击Build > Part > General Part > New命令，创建部件对话框，参考图1.11；
- General Part：upper_strut；
- Location Dependency：Located on a line；
- Coordinate Reference #1：._front_sus.ground.hpl_top_mount；
- Coordinate Reference #2：._front_sus.ground.hpl_strut_lwr_mount；
- Relative Location（%）：50（等价于两个坐标间的中点位置）；
- Orientation Dependency：Orient axis to point；
- Coordinate Reference：._front_sus.ground.hpl_top_mount；
- Axis：Z;
- Mass：0.64；
- Ixx：1；
- Iyy：1；
- Izz：1；
- Density：Material；
- Material Type：.materials.steel；
- 单击OK，完成部件._front_sus.gel_upper_strut创建。

1.2.3 部件lower_strut

- 单击Build > Part > General Part > New命令，创建部件对话框，参考图1.11；
- General Part：lower_strut；
- Location Dependency：Located on a line；
- Coordinate Reference #1：._front_sus.ground.hpl_top_mount；
- Coordinate Reference #2：._front_sus.ground.hpl_strut_lwr_mount；
- Relative Location（%）：50；
- Orientation Dependency：Orient axis to point；
- Coordinate Reference：._front_sus.ground.hpl_top_mount；
- Axis：Z;

- Mass：6；
- Ixx：1；
- Iyy：1；
- Izz：1；
- Density：Material；
- Material Type：.materials.steel；
- 单击OK，完成部件._front_sus.gel_lower_strut的创建。

1.2.4 转向横拉杆

(1)部件tierod

- 单击Build > Part > General Part > New命令，创建部件对话框，参考图1.11；
- General Part：tierod；
- Location Dependency：Located on a line；
- Coordinate Reference #1：._front_sus.ground.hpl_tierod_outer；
- Coordinate Reference #2：._front_sus.ground.hpl_tierod_inner；
- Relative Location（%）：50；
- Orientation Dependency：Orient axis to point；
- Coordinate Reference：._front_sus.ground.hpl_tierod_outer；
- Axis：Z；
- Mass：1.1；
- Ixx：5785.3609861245；
- Iyy：5785.3609861245；
- Izz：17.7453720579；
- Density：Material；
- Material Type：.materials.steel；
- 单击OK，完成部件._front_sus.gel_tierod的创建。

(2)连杆几何体tierod

- 单击Build > Geometry > Link > New命令，创建连杆几何体，参考图1.12；
- Link Name：tierod；
- General Part：._front_sus.gel_tierod；
- Coordinate Reference #1：._front_sus.ground.hpl_tierod_outer；
- Coordinate Reference #2：._front_sus.ground.hpl_tierod_inner；
- Radius：6.5；
- Color：maize；
- 不勾选Calculate Mass Properties of General Part复选框；

• Density：Material；

• Material Type：steel；

• 单击OK，完成连杆._front_sus.gel_tierod.gralin_tierod几何体的创建。

1.2.5 轮毂spindle

(1)悬架前束角、外倾角参数

• 单击Build > Suspension Parameters > Toe/Camber Values> Set命令，弹出悬架参数（前束角与外倾角）对话框，如图1.13所示，前束角输入0.2，外倾角输入0.667，单击OK，完成参数创建，与此同时系统自动建立前束角与外倾角变量参数及对应的两个输出通讯器：col[r]_toe_angle、col[r]_camber_angle。

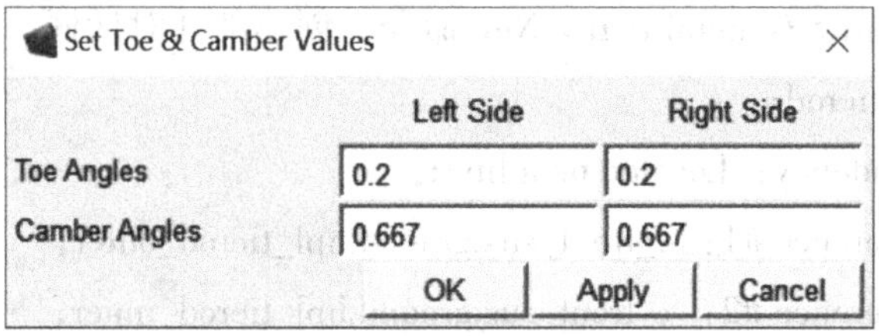

图1.13　悬架参数对话框

(2)结构框wheel_center

• 单击Build > Construction Frame > New命令，弹出创建结构框，如图1.14所示；

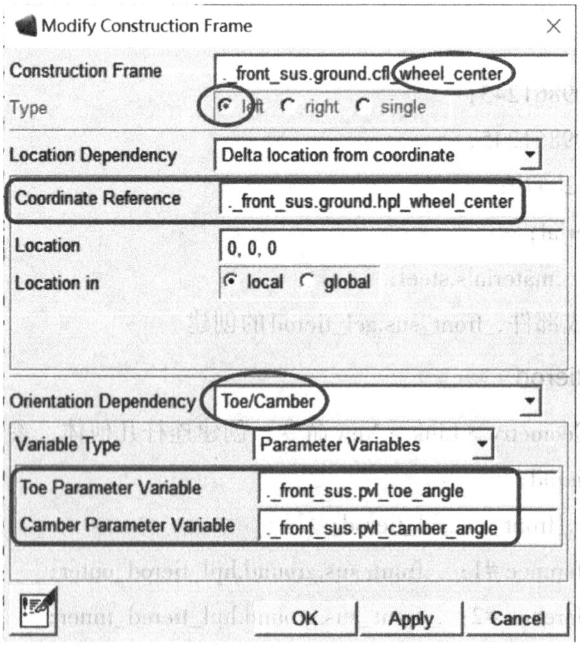

图1.14　结构框

- Construction Frame：wheel_center；
- Coordinate Reference：._front_sus.ground.hpl_wheel_center；
- Location：0, 0, 0；
- Location in：local；
- Orientation Dependency：Toe/Camber；
- Variable Type：Parameter Variables；
- Toe Parameter Variable：._front_sus.pvl_toe_angle；
- Camber Parameter Variable：._front_sus.pvl_camber_angle；
- 单击OK，完成结构框._front_sus.ground.cfl_wheel_center的创建。

(3)轮毂部件spindle

- 单击Build > Part > General Part > New命令，创建部件对话框，参考图1.11；
- General Part：spindle；
- Location Dependency：Delta location from coordinate；
- Coordinate Reference：._front_sus.ground.hpl_wheel_center；
- Location：0, 0, 0；
- Location in：local；
- Orientation Dependency：Delta orientation from coordinate；
- Construction Frame：._front_sus.ground.cfl_wheel_center；
- Orientation：0, 0, 0；
- Mass：2.4；
- Ixx：477.8975036678；
- Iyy：477.8975036678；
- Izz：496.2781768857；
- Density：Material；
- Material Type：.materials.steel；
- 单击OK，完成部件._front_sus.gel_spindle的创建。

(4)结构框drive_shaft_otr

- 单击Build > Construction Frame > New命令，创建结构框，如图1.15所示；
- Construction Frame：drive_shaft_otr；
- Location Dependency：Delta location from coordinate；

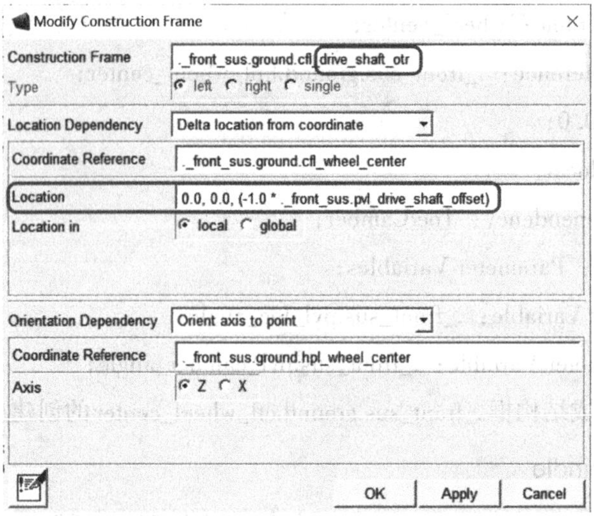

图1.15 结构框drive_shaft_otr

- Coordinate Reference：._front_sus.ground.cfl_wheel_center；
- Location：0.0, 0.0, (−1.0 * ._front_sus.pvl_drive_shaft_offset)；
- Location in：local；
- Orientation Dependency：Orient axis to point；
- Coordinate Reference：._front_sus.ground.hpl_wheel_center；
- Axis：Z；
- 单击OK，完成结构框._front_sus.ground.cfl_drive_shaft_otr的创建。

(5)轮毂几何体housing_extension

- 单击Build > Geometry > Cylinder> New命令，创建圆柱体，如图1.16所示；

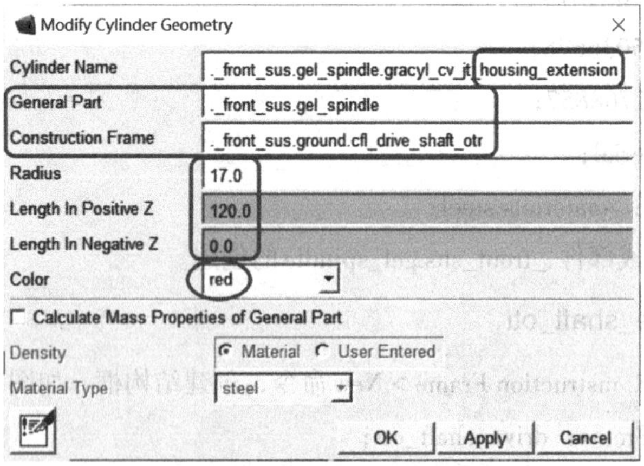

图1.16 轮毂圆柱体

- Cylinder Name：housing_extension；
- General Part：._front_sus.gel_spindle；
- Construction Frame：._front_sus.ground.cfl_drive_shaft_otr；

- Radius：17；
- Length In Postive Z：120；
- Length In Negative Z：0；
- Color：red；
- 不勾选Calculate Mass Properties of General Part复选框；
- 单击OK，完成轮毂圆柱体._front_sus.gel_spindle.gracyl_cv_jt_housing_extension几何体的创建。

1.2.6　驱动轴

(1)变量参数drive_shaft_offset

- 单击Build > Parameter Variable > New命令，参数变量对话框，如图1.17所示；

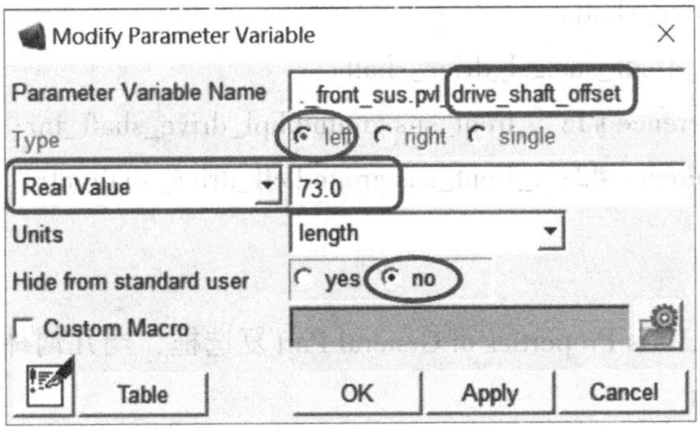

图1.17　drive_shaft_offset变量

- Parameter Variable Name：drive_shaft_offset;
- 参数类型：Real Value（实数值），数值为73；
- Units：length；
- Hide from standard user：no；
- 单击OK，完成变量._front_sus.pvl_drive_shaft_offset的创建。

(2)驱动轴部件drive_shaft

- 单击Build > Part > General Part > New命令，创建部件对话框；
- General Part：drive_shaft；
- Location Dependency：Delta location from coordinate；
- Coordinate Reference：._front_sus.ground.hpl_drive_shaft_inr；
- Location：0, 0, 0；
- Location in：local；
- Orientation Dependency：Orient in plane；
- Coordinate Reference #1：._front_sus.ground.cfl_drive_shaft_otr；

- Coordinate Reference #2：._front_sus.ground.hpl_drive_shaft_inr；
- Coordinate Reference #3： ._front_sus.ground.hpl_wheel_center；
- Axis：ZX；
- Mass：1；
- Ixx：1；
- Iyy：1；
- Izz：1；
- Density：Material；
- Material Type：.materials.steel；
- 单击OK，完成部件._front_sus.gel_drive_shaft的创建。

(3)驱动轴几何体drive_shaft

- 单击Build > Geometry > Link > New命令；
- Link Name：drive_shaft；
- General Part：._front_sus.gel_drive_shaft；
- Coordinate Reference #1：._front_sus.ground.hpl_drive_shaft_inr；
- Coordinate Reference #2：._front_sus.ground.cfl_drive_shaft_otr；
- Radius： 8.5；
- Color：cyan；
- 勾选Calculate Mass Properties of General Part复选框，当几何体建立后会更新对应部件的质量和惯量参数；
- Density：Material；
- Material Type：steel；
- 单击OK，完成._front_sus.gel_drive_shaft.gralin_drive_shaft几何体的创建。

(4)驱动轴几何体drive_shaft

- 单击Build > Geometry > Ellipsoid > New命令，创建椭球体（球体），如图1.18所示；

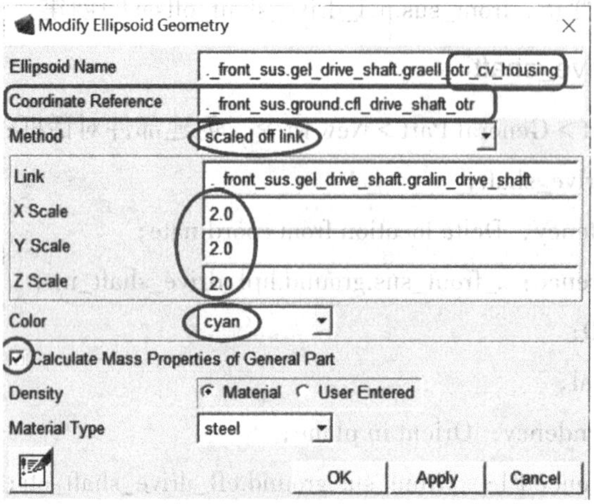

图1.18 椭球体（球体）otr_cv_housing

- Ellipsoid Name：otr_cv_housing；
- Coordinate Reference：._front_sus.ground.cfl_drive_shaft_otr；
- Method：scaled off link；
- Link：._front_sus.gel_drive_shaft.gralin_drive_shaft；
- X Scale：2；
- Y Scale：2；
- Z Scale：2；
- Color：cyan；
- 勾选Calculate Mass Properties of General Part复选框；
- Density：Material；
- Material Type：steel；
- 单击Apply，完成._front_sus.gel_drive_shaft.graell_otr_cv_housing几何体的创建；
- Ellipsoid Name：tripot_housing；
- Coordinate Reference：._front_sus.ground.hpl_drive_shaft_inr；
- Method：scaled off link；
- Link：._front_sus.gel_drive_shaft.gralin_drive_shaft；
- X Scale：2；
- Y Scale：2；
- Z Scale：2；
- Color：cyan；
- 勾选Calculate Mass Properties of General Part复选框；
- Density：Material；
- Material Type：steel；
- 单击OK，完成._front_sus.gel_drive_shaft.graell_tripot_housing几何体的创建。

1.2.7 万向节tripot

(1)结构框drive_shaft_inr

- 单击Build > Construction Frame > New命令；
- Construction Frame：drive_shaft_inr；
- Location Dependency：Delta location from coordinate；
- Coordinate Reference：._front_sus.ground.hpl_drive_shaft_inr；
- Location：0, 0, 0；
- Location in：local；
- Orientation Dependency：Orient in plane；
- Coordinate Reference #1：._front_sus.ground.hpl_drive_shaft_inr；

- Coordinate Reference #2：._front_sus.ground.hpr_drive_shaft_inr；
- Coordinate Reference #3：._front_sus.ground.cfl_drive_shaft_otr；
- Axis：ZX；
- 单击OK，完成结构框._front_sus.ground.cfl_drive_shaft_inr的创建。

(2)万向节部件drive_shaft

- 单击Build > Part > General Part > New命令，创建部件对话框，参考图1.11；
- General Part：tripot；
- Location Dependency：Delta location from coordinate；
- Coordinate Reference：._front_sus.ground.hpl_drive_shaft_inr；
- Location：0, 0, 0；
- Location in：local；
- Orientation Dependency：Orient to zpoint-xppoint；
- Coordinate Reference #1：._front_sus.ground.hpr_drive_shaft_inr；
- Coordinate Reference #2：._front_sus.ground.cfl_drive_shaft_otr；
- Axes：ZX；
- Mass：1.9851127075；
- Ixx：1101.8600905078；
- Iyy：1101.8600905078；
- Izz：813.8962100926；
- Density：Material；
- Material Type：.materials.steel；
- 单击OK，完成部件._front_sus.gel_tripot的创建。

(3)万向节几何体tripot_housing_extention

- 单击Build > Geometry > Cylinder> New命令，创建圆柱体，参考图1.16；
- Cylinder Name：tripot_housing_extention；
- General Part：._front_sus.gel_tripot；
- Construction Frame：._front_sus.ground.cfl_drive_shaft_inr；
- Radius：17；
- Length In Postive Z：50；
- Length In Negative Z：0；
- Color：red；
- 不勾选Calculate Mass Properties of General Part复选框；
- 单击OK，完成万向节._front_sus.gel_tripot.gracyl_tripot_housing_extention几何体的

创建。

1.2.8　柔性体部件

(1)下控制臂柔性体部件

• 单击 Build > Part > Flexible Body > New 命令，创建下控制臂柔性体部件，如图 1.19 所示。需要说明的是，模态中性文件需要提前制作好并存放到对应的数据库中 flex_bodys 文件夹中，此处直接通过路径调出柔性部件模型；

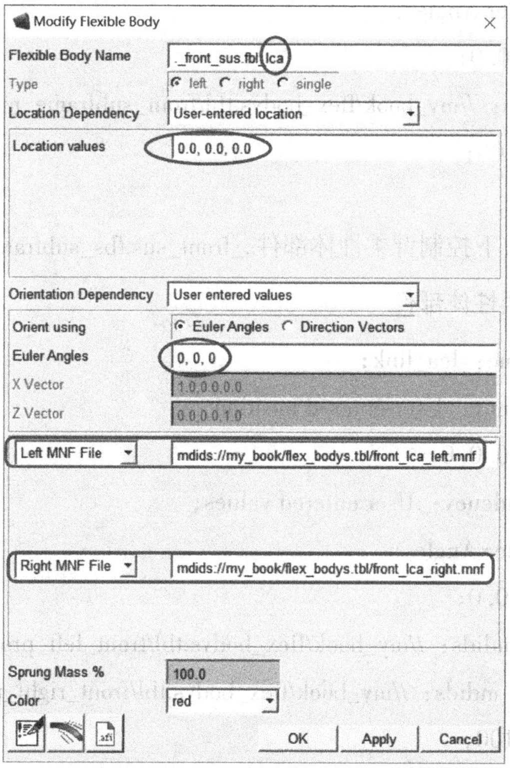

图 1.19　下控制臂柔性体部件

• Flexible Body Name：lca；

• Location Dependency：User-entered location；

• Location values：0, 0, 0；

• Orientation Dependency：User entered values；

• Orient using：Euler Angles；

• Euler Angles：0, 0, 0；

• Left MNF File：　mdids：//my_book/flex_bodys.tbl/front_lca_left.mnf；

• Right MNF File：　mdids：//my_book/flex_bodys.tbl/front_lca_right.mnf；

• Sprung Mass%：100；

- Color：red；
- 单击Apply，完成下控制臂柔性体部件._front_sus.fbl_lca的创建。

(2)副车架柔性体部件

- Flexible Body Name：subframe；
- Location Dependency：User-entered location；
- Location values：0, 0, 0；
- Orientation Dependency：User entered values；
- Orient using：Euler Angles；
- Euler Angles：0, 0, 0；
- MNF File：mdids：//my_book/flex_bodys.tbl/front_subframe. mnf；
- Sprung Mass%：100；
- Color：green；
- 单击Apply，完成下控制臂柔性体部件._front_sus.fbs_subframe的创建。

(3)下控制臂连杆柔性体部件

- Flexible Body Name：lca_link；
- Location Dependency：User-entered location；
- Location values：0, 0, 0；
- Orientation Dependency：User entered values；
- Orient using：Euler Angles；
- Euler Angles：0, 0, 0；
- Left MNF File：mdids：//my_book/flex_bodys.tbl/front_left_prod.mnf；
- Right MNF File：mdids：//my_book/flex_bodys.tbl/front_right_prod.mnf；
- Sprung Mass%：100；
- Color：yellow；
- 单击OK，完成下控制臂柔性体部件._front_sus.fbl_lca_link的创建。

1.2.9 悬架安装部件

- 单击Build > Part > Mount > New命令，创建安装部件，如图1.20所示；

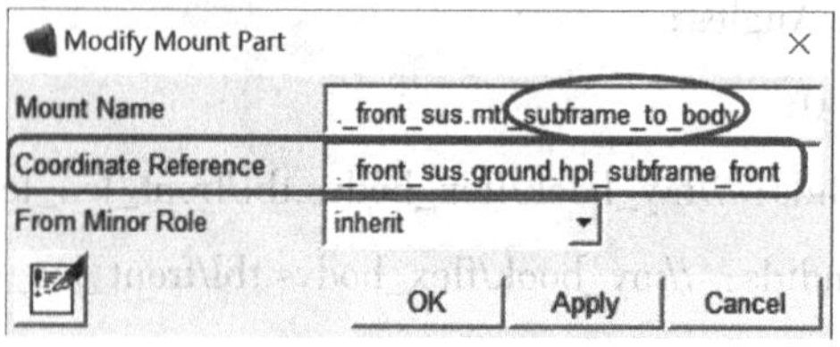

图1.20 安装部件

- Mount Name： subframe_to_body；
- Coordinate Reference：._front_sus.ground.hpl_subframe_front；
- From Minor Role：inherit；
- 单击Apply，完成._front_sus.mtl_subframe_to_body安装部件的创建；
- Mount Name： lca_rear_to_body；
- Coordinate Reference：._front_sus.ground.hpl_lca_rear；
- From Minor Role：inherit；
- 单击Apply，完成._front_sus.mtl_lca_rear_to_body安装部件的创建；
- Mount Name： tripot_to_differential；
- Coordinate Reference：._front_sus.ground.hpl_drive_shaft_inr；
- From Minor Role：inherit；
- 单击Apply，完成._front_sus.mtl_tripot_to_differential安装部件的创建；
- Mount Name： strut_to_body；
- Coordinate Reference：._front_sus.ground.hpl_top_mount；
- From Minor Role：inherit；
- 单击Apply，完成._front_sus.mtl_strut_to_body安装部件的创建；
- Mount Name： tierod_to_steering；
- Coordinate Reference：._front_sus.ground.hpl_tierod_inner；
- From Minor Role：inherit；
- 单击OK，完成._front_sus.mtl_tierod_to_steering安装部件的创建。

1.2.10　弹簧/避震器

(1)弹簧

- 单击Build > Force > Spring > New命令，创建弹簧，如图1.21所示；

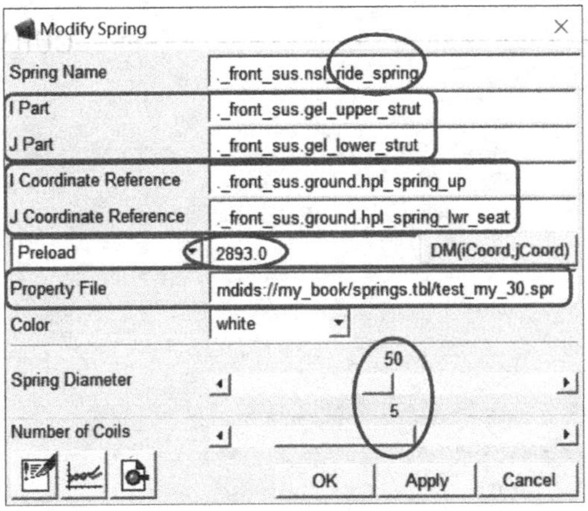

图1.21　螺旋弹簧

- Spring Name：ride_spring；
- I Part：._front_sus.gel_upper_strut；
- J Part：._front_sus.gel_lower_strut；
- I Coordinate Reference：._front_sus.ground.hpl_spring_up；
- J Coordinate Reference：._front_sus.ground.hpl_spring_lwr_seat；
- Preload（弹簧预载，按实际车辆真实载荷输入）：2893；
- Property File：mdids：//my_book/springs.tbl/test_my_30.spr；
- Spring Diameter：50；
- Spring of Coils：5；
- 单击OK，完成弹簧._front_sus.nsl_ride_spring的创建。

弹簧test_my_30.spr刚度属性文件信息如下：

```
$---------------------------------------------MDI_HEADER
[MDI_HEADER]
FILE_TYPE    = 'spr'
FILE_VERSION = 4.0
FILE_FORMAT  = 'ASCII'
$---------------------------------------------------UNITS
[UNITS]
LENGTH = 'mm'
ANGLE  = 'degrees'
FORCE  = 'newton'
MASS   = 'kg'
TIME   = 'second'
$--------------------------------------------SPRING_DATA
[SPRING_DATA]
FREE_LENGTH = 205.7
$--------------------------------------------CURVE
[CURVE]
{disp      force}
-100.0    -3000.0
-50.0     -1500.0
0.0       0.0
50.0      1500.0
100.0     3000.0
```

(2)避震器

• 单击 Build > Force > Damper > New 命令，创建避震器，如图1.22所示；

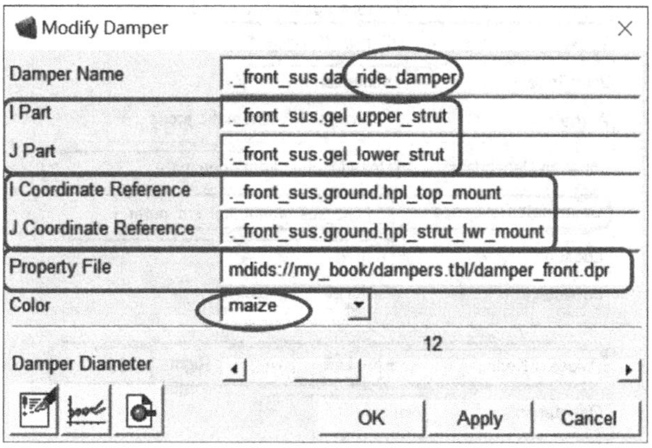

图1.22　避震器

• Damper Name：ride_damper；

• I Part：._front_sus.gel_upper_strut；

• J Part：._front_sus.gel_lower_strut；

• I Coordinate Reference：._front_sus.ground.hpl_top_mount；

• J Coordinate Reference：._front_sus.ground.hpl_strut_lwr_mount；

• Property File：mdids：//my_book/dampers.tbl/damper_front.dpr；

• Color：maize；

• Damper Diameter：12；

• 单击OK，完成避震器._front_sus.dal_ride_damper的创建。

1.2.11　刚性/衬套约束

(1)刚性约束

刚体与柔性体之间可以直接约束，也可通过Interface part建立中间体接口（本质上是无质量部件），中间体接口会通过柔性体上的节点附加在柔性体上，此时建立刚体与中间体之间的约束等价于刚体与柔性体间的约束。本悬架模型中均采用方案2建立约束。

①部件upright与下控制臂柔性体之间spherical约束(方案1)。

• 单击 Build > Attachments > Joint > New 命令，创建球形副约束，如图1.23所示；

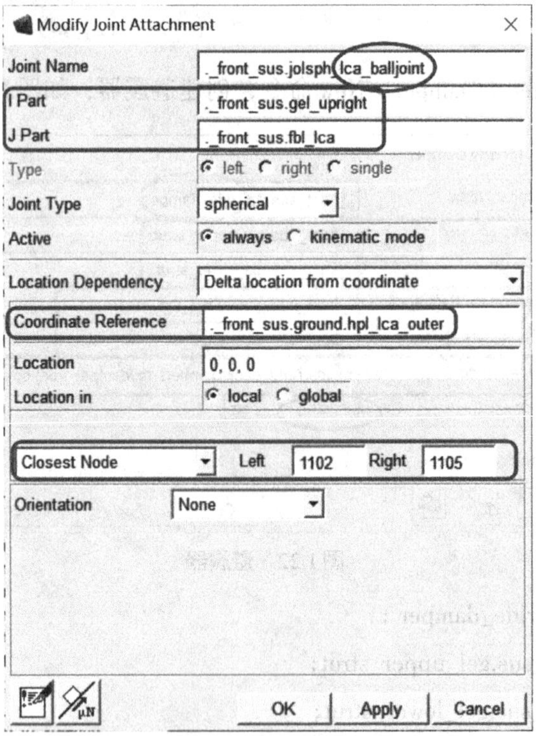

图1.23 刚体与下控制臂柔性体间球形副约束（方案1）

- Joint Name：lca_balljoint；
- I Part：._front_sus.gel_upright；
- J Part：._front_sus.fbl_lca；
- Type：left；
- Joint Type：spherical；
- Active：always；
- Location Dependency：Delta location from coordinate；
- Coordinate Reference：._front_sus.ground.hpl_lca_outer；
- Location：0, 0, 0；
- Location in：local；
- Closest Node：Left/1102，Right/1105（通过选取附近的节点，左右对应的节点会自动填入）；
- Orientation：None；
- 单击OK，完成约束副._front_sus.jolsph_lca_balljoint的创建。

②部件upright与下控制臂柔性体之间spherical约束(方案2)。

- 单击Build > Part > Interface Part > New命令，创建中间体部件，如图1.24所示；

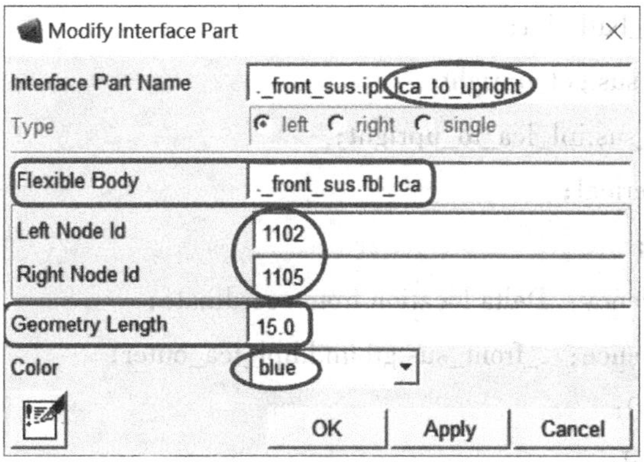

图1.24　中间体部件

- Interface Part Name：lca_to_upright；
- Flexible Body：._front_sus.fbl_lca；
- Left Node Id：1102；
- Right Node Id：1105；
- Geometry Length：15（即中间体部件为边长为15 mm的正方体）；
- Color：blue；
- 单击OK，完成中间体部件._front_sus.ipl_lca_to_upright的创建；
- 单击Build > Attachments > Joint > New命令，创建球形副约束，如图1.25所示；

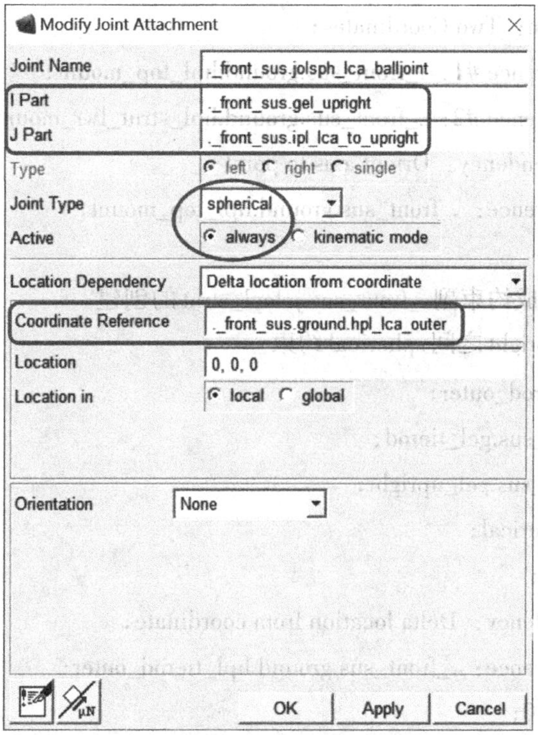

图1.25　刚体与下控制臂柔性体间球形副约束（方案2）

- Joint Name：lca_balljoint；
- I Part：._front_sus.gel_upright；
- J Part：._front_sus.ipl_lca_to_upright；
- Joint Type：spherical；
- Active：always；
- Location Dependency：Delta location from coordinate；
- Coordinate Reference：._front_sus.ground.hpl_lca_outer；
- Location：0, 0, 0；
- Location in：local；
- Orientation：None；
- 单击Apply，完成约束副._front_sus.jolsph_lca_balljoint的创建。

③部件upper_strut与lower_strut之间cylindrical约束。

- Joint Name：strut；
- I Part：._front_sus.gel_upper_strut；
- J Part：._front_sus.gel_lower_strut；
- Joint Type：cylindrical；
- Active：always；
- Location Dependency：Centered between coordinates；
- Centered between：Two Coordinates；
- Coordinate Reference #1：._front_sus.ground.hpl_top_mount；
- Coordinate Reference #2：._front_sus.ground.hpl_strut_lwr_mount；
- Orientation Dependency：Orient axis to point；
- Coordinate Reference：._front_sus.ground.hpl_top_mount；
- Axis：Z；
- 单击Apply，完成约束副._front_sus.jolcyl_strut的创建。

④部件tierod与upright之间spherical约束。

- Joint Name：tierod_outer；
- I Part：._front_sus.gel_tierod；
- J Part：._front_sus.gel_upright；
- Joint Type：spherical；
- Active：always；
- Location Dependency：Delta location from coordinate；
- Coordinate Reference：._front_sus.ground.hpl_tierod_outer；
- Location：0, 0, 0；
- Location in：local；

- Orientation：None；
- 单击Apply，完成约束副._front_sus.jolsph_tierod_outer的创建。

⑤部件tierod与安装件tierod_to_steering之间convel约束。

- Joint Name：tierod_inner；
- I Part： ._front_sus.gel_tierod；
- J Part： ._front_sus.mtl_tierod_to_steering；
- Joint Type：convel；
- Active： always；
- Location Dependency：Delta location from coordinate；
- Coordinate Reference：._front_sus.ground.hpl_tierod_inner；
- Location： 0, 0, 0；
- Location in：local；
- I-Part Axis： ._front_sus.ground.hpl_tierod_outer；
- J-Part Axis： ._front_sus.ground.hpr_tierod_inner；
- 单击Apply，完成约束副._front_sus.jolcon_tierod_inner的创建。

⑥部件tripot与安装件tripot_to_differential之间translational约束。

- Joint Name：tripot_to_differential；
- I Part： ._front_sus.gel_tripot；
- J Part： ._front_sus.mtl_tripot_to_differential；
- Joint Type：translational；
- Active： always；
- Location Dependency：Delta location from coordinate；
- Coordinate Reference：._front_sus.ground.hpl_drive_shaft_inr；
- Orientation Dependency：Orient to zpoint-xpoint；
- Coordinate Reference #1： ._front_sus.ground.hpr_drive_shaft_inr；
- Coordinate Reference #2： ._front_sus.ground.cfl_drive_shaft_otr；
- Axis：ZX；
- 单击Apply，完成约束副._front_sus.joltra_tripot_to_differential的创建。

⑦部件tripot与drive_shaft之间convel约束。

- Joint Name：drive_sft_int_jt；
- I Part： ._front_sus.gel_tripot；
- J Part： ._front_sus.gel_drive_shaft；
- Joint Type：convel；
- Active： always；
- Location Dependency：Delta location from coordinate；
- Coordinate Reference：._front_sus.ground.hpl_drive_shaft_inr；

- Location：0, 0, 0；
- Location in：local；
- I-Part Axis：._front_sus.ground.hpr_drive_shaft_inr；
- J-Part Axis：._front_sus.ground.cfl_drive_shaft_otr；
- 单击 Apply，完成约束副._front_sus.jolcon_drive_sft_int_jt 的创建。

⑧部件 spindle 与 drive_shaft 之间 convel 约束。

- Joint Name：drive_sft_otr；
- I Part：._front_sus.gel_drive_shaft；
- J Part：._front_sus.gel_spindle；
- Joint Type：convel；
- Active：always；
- Location Dependency：Delta location from coordinate；
- Coordinate Reference：._front_sus.ground.cfl_drive_shaft_otr；
- Location：0, 0, 0；
- Location in：local；
- I-Part Axis：._front_sus.ground.hpl_drive_shaft_inr；
- J-Part Axis：._front_sus.ground.hpl_wheel_center；
- 单击 Apply，完成约束副._front_sus.jolcon_drive_sft_otr 的创建。

⑨部件 spindle 与 upright 之间 revolute 约束。

- Joint Name：upright；
- I Part：._front_sus.gel_spindle；
- J Part：._front_sus.gel_upright；
- Joint Type：revolute；
- Active：always；
- Location Dependency：Delta location from coordinate；
- Coordinate Reference：._front_sus.ground.cfl_wheel_center；
- Location：0, 0, 0；
- Location in：local；
- Orientation Dependency：Delta orientation from coordinate；
- Construction Frame：._front_sus.ground.cfl_wheel_center；
- 单击 Apply，完成约束副._front_sus.jolrev_spindle_upright 的创建。

⑩部件 upright 与 lower_strut 之间 fixed 约束。

- Joint Name：upright_strut；
- I Part：._front_sus.gel_upright；
- J Part：._front_sus.gel_lower_strut；
- Joint Type：fixed；

- Active： always；
- Location Dependency：Delta location from coordinate；
- Coordinate Reference：._front_sus.ground.hpl_strut_lwr_mount；
- Location： 0, 0, 0；
- Location in：local；
- Orientation：None；
- 单击 Apply，完成约束副._front_sus.jolfix_upright_strut的创建。

⑪中间体部件lca_to_link与link_to_lca之间fixed约束。

- 单击 Build > Part > Interface Part > New命令，创建中间体部件，参考图1.24；
- Interface Part Name：link_to_lca；
- Flexible Body：._front_sus.fbl_lca_link；
- Left Node Id：1108；
- Right Node Id：1110；
- Geometry Length：15（中间体部件为边长为15 mm的正方体）；
- Color：blue；
- 单击 Apply，完成中间体部件._front_sus.ipl_link_to_lca的创建；
- 单击 Build > Part > Interface Part > New命令，创建中间体部件，参考图1.24；
- Interface Part Name：lca_to_link；
- Flexible Body：._front_sus.fbl_lca_link；
- Left Node Id：1103；
- Right Node Id：1106；
- Geometry Length：15（即中间体部件为边长为15 mm的正方体）；
- Color：blue；
- 单击 Apply，完成中间体部件._front_sus.ipl_lca_to_link的创建；
- Joint Name：lca_to_link；
- I Part： ._front_sus.ipl_lca_to_link；
- J Part： ._front_sus.ipl_link_to_lca；
- Joint Type：fixed；
- Active： always；
- Location Dependency：Delta location from coordinate；
- Coordinate Reference：._front_sus.ground.hpl_link_to_lca；
- Location： 0, 0, 0；
- Location in：local；
- Orientation：None；
- 单击 Apply，完成约束副._front_sus.jolfix_lca_to_link的创建。

⑫部件upper_strut与安装件strut_to_body之间hooke约束。

- Joint Name：top_mount；
- I Part：._front_sus.gel_upper_strut；
- J Part：._front_sus.mtl_strut_to_body；
- Joint Type：hooke；
- Active：kinematic mode；
- Location Dependency：Delta location from coordinate；
- Coordinate Reference：._front_sus.ground.hpl_top_mount；
- Location：0, 0, 0；
- Location in：local；
- I-Part Axis：._front_sus.ground.hpl_strut_lwr_mount；
- J-Part Axis：._front_sus.ground.cfl_top_mount_ext；
- 单击OK，完成约束副._front_sus.jklhoo_top_mount的创建。

(2)柔性约束

C特性决定整车的驾乘品质,衬套的匹配是整车设计研发的核心环节,目前国内整车设计大多采用比对标杆车(竞车)的方法,此种设计方法很难精确地提升整车的品质。正确的方法应该是在K模式下提取整车与悬架连接处(衬套连接处)的载荷,分析载荷在低、中、高频特性下的振动特性,然后根据载荷特性采用有限元方法逆向设计或优化出衬套的拓扑刚度模型,针对拓扑模型再做出衬套模型。

针对衬套特性,悬架模型建立过程中大多忽略衬套的预载,此时计算整车对应的参数会存在微小的误差,正确的做法是提取衬套在K模式下载荷并输入到衬套对应的预载框中,如图1.26中的位移预载与扭转预载。

①部件upper_strut与strut_to_body之间bushing约束。

- 单击Build > Attachments > Bushing > New命令，创建衬套，如图1.26所示；
- Bushing Name：top_mount；
- I Part：._front_sus.gel_upper_strut；
- J Part：._front_sus.mtl_strut_to_body；
- Inactive：never；
- Preload：-53,-452,2749；
- Tpreload：-238,-753,0；
- Offset：0, 0, 0；
- Roffset：0, 0, 0；
- Geometry Length：20；

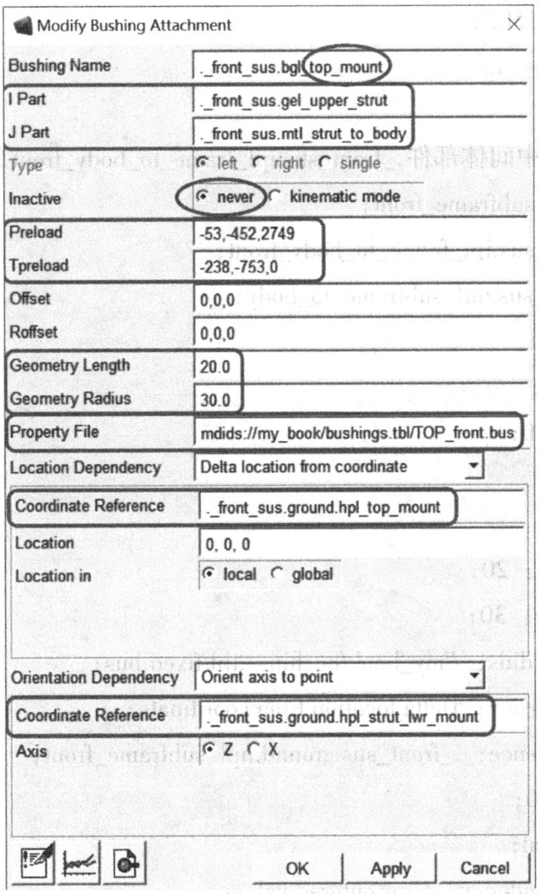

图1.26　衬套top_mount

- Geometry Radius：30；
- Property File：mdids：//my_book/bushings.tbl/TOP_front.bus；
- Location Dependency：Delta location from coordinate；
- Coordinate Reference：._front_sus.ground.hpl_top_mount；
- Location： 0, 0, 0；
- Location in：local；
- Orientation Dependency：Orient axis to point；
- Coordinate Reference：._front_sus.ground.hpl_strut_lwr_mount；
- Axis：Z；
- 单击OK，完成轴套._front_sus.bgl_top_mount的创建。

②部件frame_to_body_front与subframe_to_body之间bushing约束。

- 单击Build > Part > Interface Part > New命令，创建中间体部件参考图1.24；
- Interface Part Name：frame_to_body_front；
- Flexible Body：._front_sus.fbs_subframe；
- Left Node Id：1501；

- Right Node Id：1502；
- Geometry Length：15；
- Color：blue；
- 单击OK，完成中间体部件._front_sus.ipl_frame_to_body_front的创建；
- Bushing Name：subframe_front；
- I Part：._front_sus.ipl_frame_to_body_front；
- J Part：._front_sus.mtl_subframe_to_body；
- Inactive：never；
- Preload：0, 0, 0；
- Tpreload：0, 0, 0；
- Offset：0, 0, 0；
- Roffset：0, 0, 0；
- Geometry Length：20；
- Geometry Radius：30；
- Property File：mdids：//my_book/bushings.tbl/fixed.bus；
- Location Dependency：Delta location from coordinate；
- Coordinate Reference：._front_sus.ground.hpl_subframe_front；
- Location：0, 0, 0；
- Location in：local；
- Orientation Dependency：User entered values；
- Orient using：Euler Angles；
- Euler Angles：0, 0, 0；
- 单击OK，完成轴套._front_sus.bgl_subframe_front的创建。

③部件frame_to_body_rear与subframe_to_body之间bushing约束。

- 单击Build > Part > Interface Part > New命令，创建中间体部件，参考图1.24；
- Interface Part Name：frame_to_body_rear；
- Flexible Body：._front_sus.fbs_subframe；
- Left Node Id：1503；
- Right Node Id：1504；
- Geometry Length：15；
- Color：blue；
- 单击OK，完成中间体部件._front_sus.ipl_frame_to_body_rear的创建；
- Bushing Name：subframe_rear；
- I Part：._front_sus.ipl_frame_to_body_rear；
- J Part：._front_sus.mtl_subframe_to_body；

- Inactive：　never;
- Preload：0, 0, 0;
- Tpreload：　0, 0, 0;
- Offset：0, 0, 0;
- Roffset：0, 0, 0;
- Geometry Length：20;
- Geometry Radius：30;
- Property File：mdids：//my_book/bushings.tbl/fixed.bus;
- Location Dependency：Delta location from coordinate;
- Coordinate Reference：._front_sus.ground.hpl_subframe_rear;
- Location：　0, 0, 0;
- Location in：local;
- Orientation Dependency：User entered values;
- Orient using：Euler Angles;
- Euler Angles：0, 0, 0;
- 单击OK，完成轴套._front_sus.bgl_subframe_rear的创建。

④中间体部件lca_subframe与frame_to_lca之间bushing约束。

- 单击Build > Part > Interface Part > New命令，创建中间体部件，参考图1.24;
- Interface Part Name：lca_subframe;
- Flexible Body：._front_sus.fbl_lca;
- Left Node Id：1101;
- Right Node Id：1104;
- Geometry Length：15;
- Color：blue;
- 单击Apply，完成中间体部件._front_sus.ipl_lca_subframe的创建;
- Interface Part Name：frame_to_lca;
- Flexible Body：._front_sus.fbs_subframe;
- Left Node Id：1505;
- Right Node Id：1506;
- Geometry Length：15;
- Color：blue;
- 单击OK，完成中间体部件._front_sus.ipl_frame_to_lca的创建;
- Bushing Name：lca_front;
- I Part：　._front_sus.ipl_lca_subframe;
- J Part：　._front_sus.ipl_frame_to_lca;

- Inactive: never;
- Preload: -136,626,166;
- Tpreload: -410,-40,119;
- Offset: 0, 0, 0;
- Roffset: 0, 0, 0;
- Geometry Length: 20;
- Geometry Radius: 30;
- Property File: mdids: //V3_project/bushings.tbl/LCA_front.bus;
- Location Dependency: Delta location from coordinate;
- Coordinate Reference: ._front_sus.ground.hpl_lca_front;
- Location: 0, 0, 0;
- Location in: local;
- Orientation Dependency: Orient axis to point;
- Coordinate Reference: ._front_sus.ground.hpl_lca_rear;
- Axis: Z;
- 单击OK，完成轴套._front_sus.bgl_lca_front的创建。

⑤部件link_to_body与lca_rear_to_body之间bushing约束。

- 单击Build > Part > Interface Part > New命令，创建中间体部件，参考图1.24；
- Interface Part Name: link_to_body;
- Flexible Body: ._front_sus.fbl_lca_link;
- Left Node Id: 1107;
- Right Node Id: 1109;
- Geometry Length: 15;
- Color: blue;
- 单击OK，完成中间体部件._front_sus.ipl_link_to_body的创建；
- Bushing Name: lca_rear;
- I Part: ._front_sus.ipl_link_to_body;
- J Part: ._front_sus.mtl_lca_rear_to_body;
- Inactive: never;
- Preload: 46,151,-105;
- Tpreload: -164,12,-79;
- Offset: 0, 0, 0;
- Roffset: 0, 0, 0;
- Geometry Length: 20;
- Geometry Radius: 30;

- Property File：mdids：//my_book/bushings.tbl/LCA_link_to_body.bus；
- Location Dependency：Delta location from coordinate；
- Coordinate Reference：._front_sus.ground.hpl_lca_rear；
- Location：0, 0, 0；
- Location in：local；
- Orientation Dependency：Orient axis to point；
- Coordinate Reference：._front_sus.ground.hpl_link_to_lca；
- Axis：Z；
- 单击OK，完成轴套._front_sus.bgl_lca_rear的创建。

1.3 悬架变量参数

- 单击Build > Parameter Variable > New命令，创建变量参数，如图1.27所示；

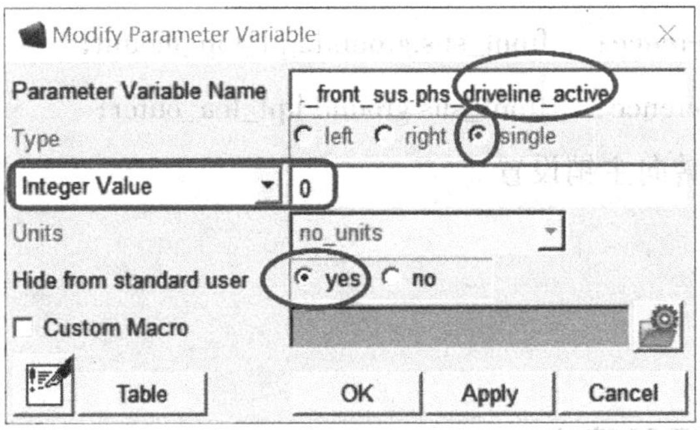

图1.27　变量参数

- Parameter Variable Name：driveline_active；
- Type：single；
- Integer Value：0；
- Units：no_units；
- Hide from standard user：yes；
- 单击Apply，完成变量._front_sus.phs_driveline_active的创建；
- Parameter Variable Name：kinematic_flag；
- Integer Value：0；
- Units：no_units；
- Hide from standard user：yes；
- 单击OK，完成变量._front_sus.phs_kinematic_flag的创建；

• 单击 Build > Suspension Parameters > Characteristics Arrary > Set 命令，悬架的转向主销设置，如图1.28所示；

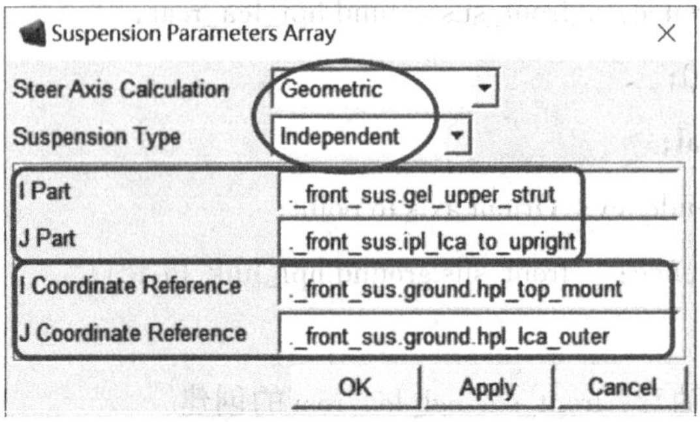

图1.28　变量参数（转向主销）

• Steer Axis Calculation：Geometric；
• Suspension Type：Independent（独立悬架）；
• I Part：._front_sus.gel_upper_strut；
• J Part：._front_sus.ipl_lca_to_upright；
• I Coordinate Reference：._front_sus.ground.hpl_top_mount；
• J Coordinate Reference：._front_sus.ground.hpl_lca_outer；
• 单击OK，完成转向主销设置。

1.4 通讯器

1.4.1 输入/输出通讯器建立

• 单击 Build > Communicator > Input > New 命令，创建输入通讯器，如图1.29所示；

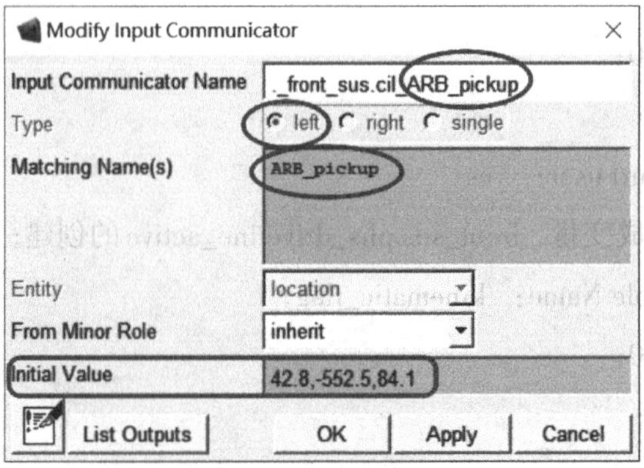

图1.29　输入通讯器

• Output Communicator Name：ARB_pickup；

• Type：left；

• Matching Name（s）：ARB_pickup；

• Entity：location；

• From Minor Role：inherit；

• Initial Value：42.8,-552.5,84.1；

• 单击OK，完成通讯器._front_sus.cil_ARB_pickup的创建；

• 单击Build > Communicator > Output >New命令，弹出输出通讯器对话框，如图1.30所示；

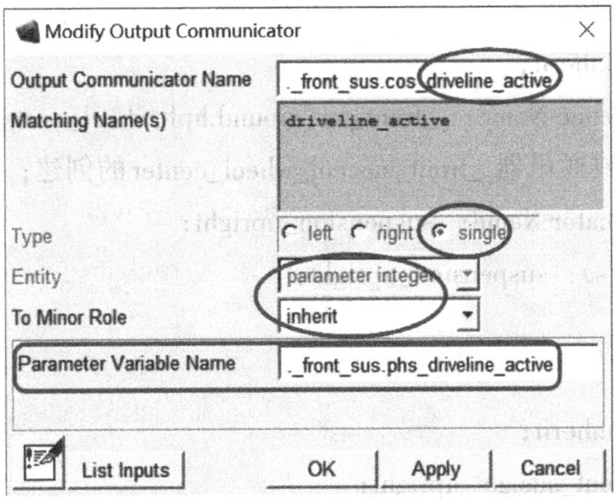

图1.30 输出通讯器

• Output Communicator Name： driveline_active；

• Matching Name（s）：driveline_active；

• Type：single；

• Entity：parameter integer；

• To Minor Role：inherit；

• Parameter Variable Name：._front_sus.phs_driveline_active；

• 单击Apply，完成通讯器._front_sus.cos_driveline_active的创建；

• Output Communicator Name： tripot_to_differential；

• Matching Name（s）：tripot_to_differential；

• Type：left；

• Entity：Location；

• To Minor Role：inherit；

• Coordinate Reference Name：._fsae_suspension_rear_axle.ground.hpl_drive_shaft_inr；

• 单击Apply，完成通讯器._front_sus.col_tripot_to_differential的创建；

• Output Communicator Name： suspension_mount；

• Matching Name（s）：suspension_mount；

- Type：left;
- Entity：mount;
- To Minor Role：inherit;
- Part Name：._front_sus.gel_spindle;
- 单击 Apply，完成通讯器._front_sus.col_suspension_mount 的创建；
- Output Communicator Name：wheel_center;
- Matching Name（s）：wheel_center;
- Type：left;
- Entity：Location;
- To Minor Role：inherit;
- Coordinate Reference Name：._front_sus.ground.hpl_wheel_center;
- 单击 Apply，完成通讯器._front_sus.col_wheel_center 的创建；
- Output Communicator Name：suspension_upright;
- Matching Name（s）：suspension_upright;
- Type：left;
- Entity：mount;
- To Minor Role：inherit;
- Part Name：._front_sus.gel_upright;
- 单击 OK，完成通讯器._front_sus.col_suspension_upright 的创建。

（1）中间体部件frame_to_steering_1

- 单击 Build > Part > Interface Part > New 命令，创建中间体部件，参考图1.24；
- Interface Part Name：frame_to_steering_1;
- Flexible Body：._front_sus.fbs_subframe;
- Node Id：1507;
- Geometry Length：15;
- Color：blue;
- 单击 OK，完成中间体部件._front_sus.ips_frame_to_steering_1 的创建；
- Output Communicator Name：steering_to_frame_1;
- Matching Name（s）：steering_to_frame_1;
- Type：left;
- Entity：mount;
- To Minor Role：inherit;
- Part Name：._front_sus.ips_frame_to_steering_1;
- 单击 Apply，完成通讯器._front_sus.cos_steering_to_frame_1 的创建。

(2)中间体部件frame_to_steering_2

- 单击Build > Part > Interface Part > New命令，创建中间体部件，参考图1.24；
- Interface Part Name：frame_to_steering_2；
- Flexible Body：._front_sus.fbs_subframe；
- Node Id：1508；
- Geometry Length：15；
- Color：blue；
- 单击OK，完成中间体部件._front_sus.ips_frame_to_steering_2的创建；
- Output Communicator Name： steering_to_frame_2；
- Matching Name (s)：steering_to_frame_2；
- Type：left；
- Entity：mount；
- To Minor Role：inherit；
- Part Name：._front_sus.ips_frame_to_steering_2；
- 单击Apply，完成通讯器._front_sus.cos_steering_to_frame_2的创建。

(3)中间体部件frame_to_steering_3

- 单击Build > Part > Interface Part > New命令，创建中间体部件，参考图1.24；
- Interface Part Name：frame_to_steering_3；
- Flexible Body：._front_sus.fbs_subframe；
- Node Id：1509；
- Geometry Length：15；
- Color：blue；
- 单击OK，完成中间体部件._front_sus.ips_frame_to_steering_3的创建；
- Output Communicator Name： steering_to_frame_3；
- Matching Name (s)：steering_to_frame_3；
- Type：left；
- Entity：mount；
- To Minor Role：inherit；
- Part Name：._front_sus.ips_frame_to_steering_3；
- 单击Apply，完成通讯器._front_sus.cos_steering_to_frame_3的创建；
- Output Communicator Name： droplink_to_suspension；
- Matching Name (s)：droplink_to_suspension；
- Type：left；
- Entity：mount；
- To Minor Role：inherit；

• Part Name：._front_sus.gel_lower_strut；

• 单击OK，完成通讯器._front_sus.col_droplink_to_suspension的创建。

1.4.2 悬架通讯器测试

• 单击Build > Communicator > Test命令，弹出输出通讯器测试对话框，如图1.31所示；

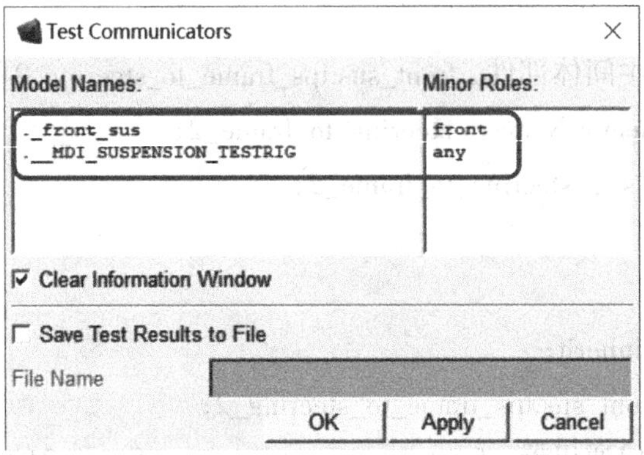

图1.31 通讯器测试

• Model Names：._front_sus，.__MDI_SUSPENSION_TESTRIG；

• Minor Roles：front，any；

• 单击OK，完成悬架模型和悬架试验台._front_sus，.__MDI_SUSPENSION_TESTRIGG的匹配测试，测试结果如下列信息所示。

```
!------------Matched communicators:---------------------! %匹配的通讯器
Communicator Matching Name：  tripot_to_differential
Input Communicator Name：  ci[lr]_tripot_to_differential
Located in：  _front_sus
Output Communicator Name：  co[lr]_tripot_to_differential
Output from：  __MDI_SUSPENSION_TESTRIG

Communicator Matching Name：  camber_angle
Input Communicator Name：  ci[lr]_camber_angle
Located in：  __MDI_SUSPENSION_TESTRIG
Output Communicator Name：  co[lr]_camber_angle
Output from：  _front_sus

Communicator Matching Name：  toe_angle
Input Communicator Name：  ci[lr]_toe_angle
Located in：  __MDI_SUSPENSION_TESTRIG
```

```
Output Communicator Name:  co[lr]_toe_angle
Output from:  _front_sus

Communicator Matching Name:  wheel_center
Input Communicator Name:  ci[lr]_wheel_center
Located in:  __MDI_SUSPENSION_TESTRIG
Output Communicator Name:  co[lr]_wheel_center
Output from:  _front_sus

Communicator Matching Name:  suspension_mount
Input Communicator Name:  ci[lr]_suspension_mount
Located in:  __MDI_SUSPENSION_TESTRIG
Output Communicator Name:  co[lr]_suspension_mount
Output from:  _front_sus

Communicator Matching Name:  driveline_active
Input Communicator Name:  cis_driveline_active
Located in:  __MDI_SUSPENSION_TESTRIG
Output Communicator Name:  cos_driveline_active
Output from:  _front_sus

Communicator Matching Name:  suspension_parameters_array
Input Communicator Name:  cis_suspension_parameters_ARRAY
Located in:  __MDI_SUSPENSION_TESTRIG
Output Communicator Name:  cos_suspension_parameters_ARRAY
Output from:  _front_sus

Communicator Matching Name:  tripot_to_differential
Input Communicator Name:  ci[lr]_diff_tripot
Located in:  __MDI_SUSPENSION_TESTRIG
Output Communicator Name:  co[lr]_tripot_to_differential
Output from:  _front_sus

Communicator Matching Name:  suspension_upright
Input Communicator Name:  ci[lr]_suspension_upright
Located in:  __MDI_SUSPENSION_TESTRIG
Output Communicator Name:  co[lr]_suspension_upright
Output from:  _front_sus
```

```
!---------- Unmatched input communicators: ------------! %不匹配的输入通讯器
Input Communicator Name:   ci[lr]_tierod_to_steering
Class:   mount
From Minor Role:   front
Matching Name (s):   tierod_to_steering
In Template:   _front_sus

Input Communicator Name:   ci[lr]_strut_to_body
Class:   mount
From Minor Role:   front
Matching Name (s):   strut_to_body
In Template:   _front_sus

Input Communicator Name:   ci[lr]_ARB_pickup
Class:   location
From Minor Role:   front
Matching Name (s):   arb_pickup
In Template:   _front_sus

Input Communicator Name:   ci[lr]_lca_rear_to_body
Class:   mount
From Minor Role:   front
Matching Name (s):   lca_rear_to_body
In Template:   _front_sus

Input Communicator Name:   ci[lr]_subframe_to_body
Class:   mount
From Minor Role:   front
Matching Name (s):   subframe_to_body
In Template:   _front_sus

Input Communicator Name:   ci[lr]_jack_frame
Class:   mount
From Minor Role:   any
Matching Name (s):   jack_frame
In Template:   __MDI_SUSPENSION_TESTRIG
```

```
Input Communicator Name:  cis_leaf_adjustment_steps
Class:  parameter_integer
From Minor Role:  any
Matching Name (s):  leaf_adjustment_steps
In Template:  __MDI_SUSPENSION_TESTRIG

Input Communicator Name:  cis_powertrain_to_body
Class:  mount
From Minor Role:  any
Matching Name (s):  powertrain_to_body
In Template:  __MDI_SUSPENSION_TESTRIG

Input Communicator Name:  cis_steering_rack_joint
Class:  joint_for_motion
From Minor Role:  any
Matching Name (s):  steering_rack_joint
In Template:  __MDI_SUSPENSION_TESTRIG

Input Communicator Name:  cis_steering_wheel_joint
Class:  joint_for_motion
From Minor Role:  any
Matching Name (s):  steering_wheel_joint
In Template:  __MDI_SUSPENSION_TESTRIG

!----------- Unmatched output communicators: ----------! %不匹配的输出通讯器
Output Communicator Name:  co[lr]_droplink_to_suspension
Class:  mount
To Minor Role:  front
Matching Name (s):  droplink_to_suspension
In Template:  _front_sus

Output Communicator Name:  cos_steering_to_frame_1
Class:  mount
To Minor Role:  front
Matching Name (s):  steering_to_frame_1
In Template:  _front_sus

Output Communicator Name:  cos_steering_to_frame_2
```

Class: mount

To Minor Role: front

Matching Name (s): steering_to_frame_2

In Template: _front_sus

Output Communicator Name: cos_steering_to_frame_3

Class: mount

To Minor Role: front

Matching Name (s): steering_to_frame_3

In Template: _front_sus

Output Communicator Name: cos_leaf_adjustment_multiplier

Class: array

To Minor Role: any

Matching Name (s): leaf_adjustment_multiplier

In Template: __MDI_SUSPENSION_TESTRIG

Output Communicator Name: cos_characteristics_input_ARRAY

Class: array

To Minor Role: any

Matching Name (s): characteristics_input_array

1.5 驱动轴显示组件

• 在模型树栏，单击Group菜单，在模型树栏右击New Group，弹出创建组件对话框，如图1.32所示；

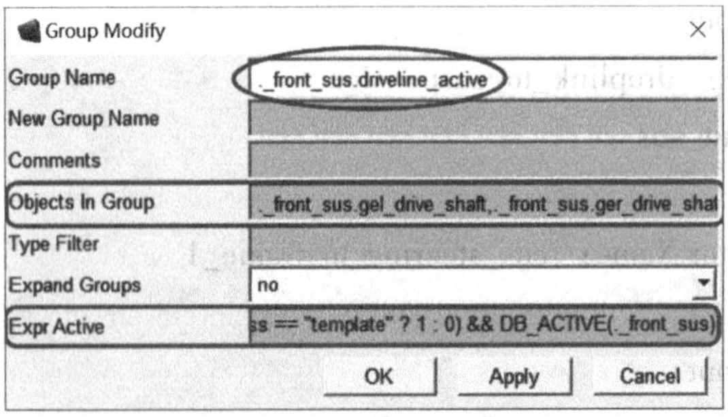

图1.32 驱动轴显示组件对话框

• Group Name: ._front_sus.driveline_active;

• Object In Group：

[1] ._front_sus.gel_drive_shaft,

[2] ._front_sus.ger_drive_shaft,

[3] ._front_sus.gel_tripot,

[4] ._front_sus.ger_tripot,

[5] ._front_sus.mtl_tripot_to_differential,

[6] ._front_sus.mtr_tripot_to_differential,

[7] ._front_sus.gel_spindle.gracyl_cv_jt_housing_extension,

[8] ._front_sus.ger_spindle.gracyl_cv_jt_housing_extension,

[9] ._front_sus.gel_drive_shaft.gralin_drive_shaft,

[10] ._front_sus.gel_drive_shaft.graell_otr_cv_housing,

[11] ._front_sus.ger_drive_shaft.gralin_drive_shaft,

[12] ._front_sus.ger_drive_shaft.graell_otr_cv_housing,

[13] ._front_sus.gel_tripot.gracyl_tripot_housing_extention,

[14] ._front_sus.gel_drive_shaft.graell_tripot_housing,

[15] ._front_sus.ger_tripot.gracyl_tripot_housing_extention,

[16] ._front_sus.ger_drive_shaft.graell_tripot_housing,

[17] ._front_sus.mtl_fixed_4,

[18] ._front_sus.mtr_fixed_4,

[19] ._front_sus.joltra_tripot_to_differential,

[20] ._front_sus.jortra_tripot_to_differential,

[21] ._front_sus.jolcon_drive_sft_int_jt,

[22] ._front_sus.jorcon_drive_sft_int_jt,

[23] ._front_sus.jolcon_drive_sft_otr,

[24] ._front_sus.jorcon_drive_sft_otr,

[25] ._front_sus.cil_tripot_to_differential,

[26] ._front_sus.cir_tripot_to_differential,

[27] ._front_sus.col_tripot_to_differential,

[28] ._front_sus.cor_tripot_to_differential。

• Expr Active:（(_front_sus.phs_driveline_active || ._front_sus.model_class == "template" ? 1： 0） && DB_ACTIVE（._front_sus)）；

• 单击Apply，完成组件driveline_active的创建；

• Group Name：._front_sus.driveline_inactive；

• Expr Active：（(！._front_sus.phs_driveline_active || ._front_sus.model_class == "template" ？ 1： 0） && DB_ACTIVE（._front_sus)）；

• 单击OK，完成组件driveline_inactive的创建。

• 单击File > Save As命令，保存模板对话框，如图1.33所示；

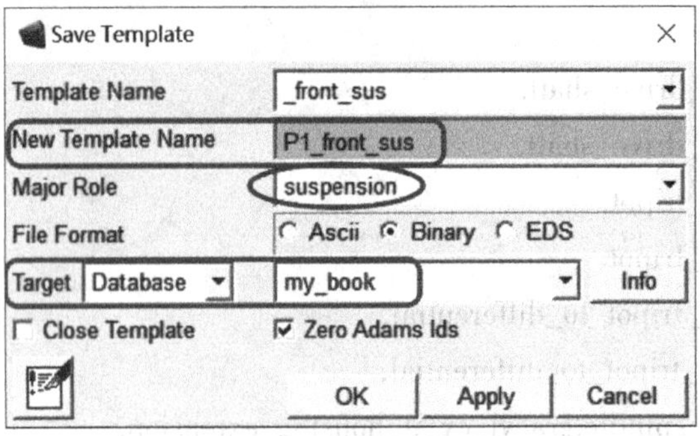

图1.33　悬架模型保存

- New Template Name：P1_front_sus；
- Major Role：suspension；
- File Format：Binary；
- Target：Datebase/my_book；
- 单击OK，完成悬架模型P1_front_sus的保存。

1.6 悬架装配

- 按F9，ADAMS界面切换到标准模式；
- 单击File > New > Suspension命令，创建子系统对话框，如图1.34所示；

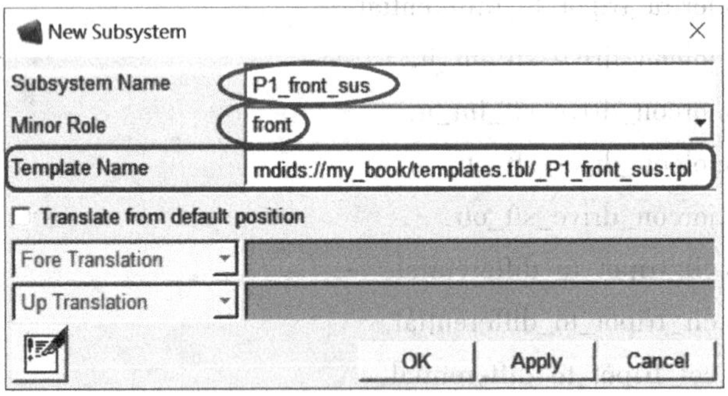

图1.34　悬架子系统

- Subsystem Name：P1_front_sus；
- Minor Role： rear；
- Template Name： mdids：//my_book/templates.tbl/_P1_front_sus.tpl；
- 单击OK，完成悬架子系统P1_front_sus的创建。
- 单击File > Save As > Subsystem命令；
- Minor Role：front；
- File Format：Binary；
- Target：Datebase/my_book；

- 单击OK，完成悬架子系统P1_front_sus的保存。
- 单击File > New > Suspension Assembly命令，创建悬架装配，如图1.35所示；

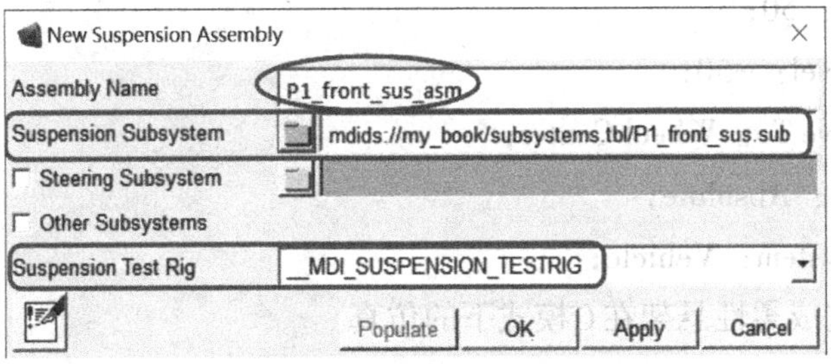

图1.35　悬架装配

- Assembly Name：P1_front_sus_asm；
- Suspension Subsystem：mdids：//my_book/subsystems.tbl/P1_front_sus.sub;
- Suspension Test Rig：_MDI_SUSPENSION_TESTRIG；
- 单击OK，完成柔性麦弗逊悬架与实验台架装配。

1.7 车轮激振分析

(1)C特性(仿真时默认)

- 单击Simulate > Suspension Analysis > Parallel Wheel Travel命令，双轮同向激振设置，如图1.36所示；

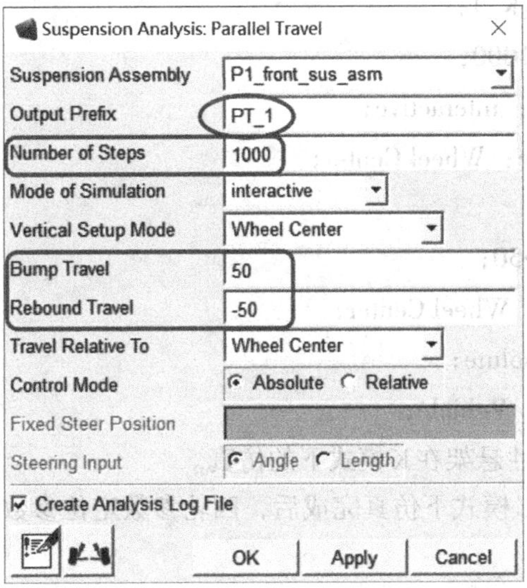

图1.36　双轮同向跳动

- Output Prefix：PT_1；
- Number of Steps：1000；

- Mode of Simulation：interactive；
- Vertical Setup Mode：Wheel Center；
- Bump Travel：50；
- Rebound Travel：-50；
- Travel Relative To：Wheel Center；
- Control Mode：Absolute；
- Coordinate System：Vehicle；
- 单击OK，完成柔性悬架在C模式下的仿真。

(2)K特性

- 单击Adjust > Kinematic Toggle…命令，显示K/C特性切换，如图1.37所示；

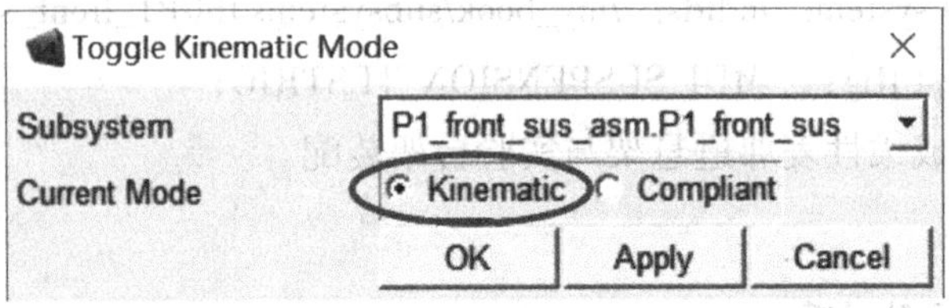

图1.37　K/C模式

- 选择Kinematic运动模式；
- 单击OK，完成模式切换；
- 单击Simulate > Suspension Analysis > Parallel Wheel Travel命令，重复上述双轮同向跳动仿真，参数设置保持不变；
- Output Prefix：PT_K_1；
- Number of Steps：1000；
- Mode of Simulation：interactive；
- Vertical Setup Mode：Wheel Center；
- Bump Travel：50；
- Rebound Travel：-50；
- Travel Relative To：Wheel Center；
- Control Mode：Absolute；
- Coordinate System：Vehicle；
- 单击OK，完成柔性悬架在K模式下的仿真。

车轮同向跳动在K&C模式下仿真完成后，四轮参数定位参数计算结果，如图1.38—图1.41所示。

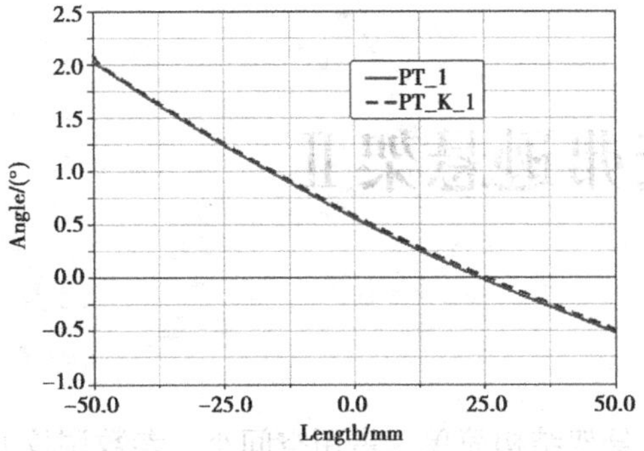

图1.38　车轮外倾角

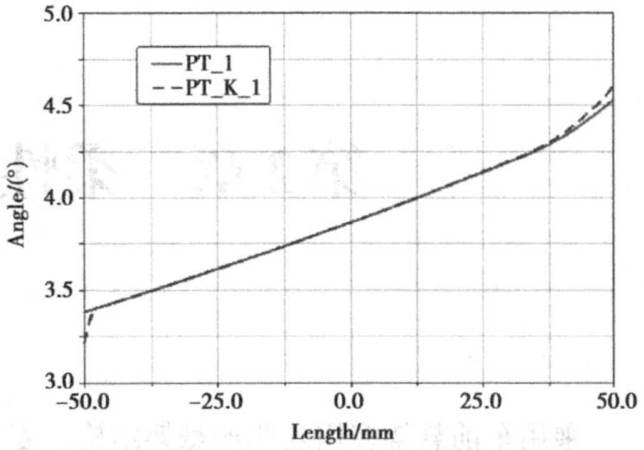

图1.39　主销后倾角

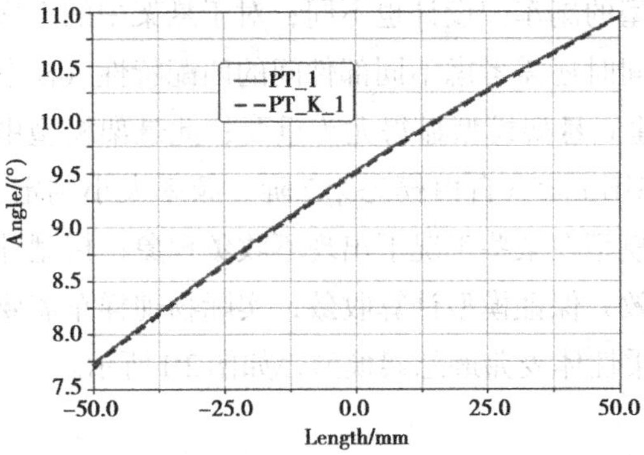

图1.40　主销内倾角

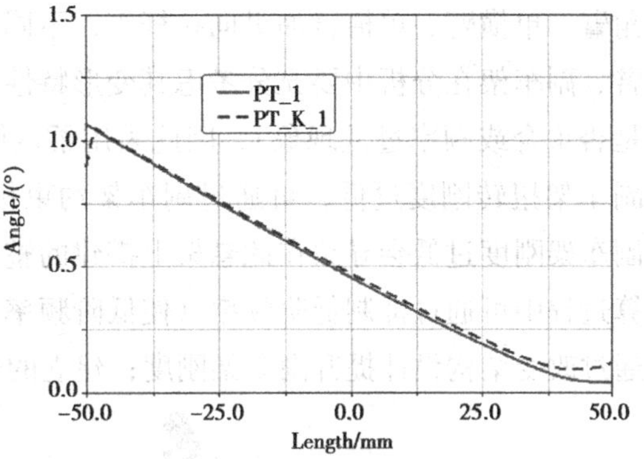

图1.41　车轮前束角

第2章　柔性麦弗逊悬架Ⅱ

乘用车前悬架多用麦弗逊悬架结构，麦弗逊悬架结构简单，占用空间小，参数调校方便简单。不同车型的麦弗逊悬架结构稍有不同，主要体现在下控制臂（下摆臂）有采用三角臂、单横臂、单横臂加纵向拉杆等；不同车型的副车架设计也不同；对于悬架中的下摆臂、副车架在分析中要充分考虑其变形特性，同时还需考虑不同部件间的匹配特性（模态是否重合或频率过低现象），因此采用柔性体建立悬架模型显得尤为重要；此悬架模型中副车架扭转刚度过低，可通过副车架约束模态第1阶（自由模态第7阶）频率大小判定，副车架刚度过低会导致在此悬架上搭建的整车模型在某些工况下出现不收敛现象；模型计算过程中可通过抑制低阶频率（使低阶频率失效）保证模型计算收敛，实际物理样车需要通过改变结构设计提升副车架刚度；建立的全柔性体麦弗逊悬架模型，如图2.1所示。

图2.1　全柔性体麦弗逊悬架模型

2.1　控制臂/副车架柔性体MNF

本章麦弗逊悬架模型中包含的柔性体为：副车架、左右下控制臂；柔性体模态MNF在Hypermesh中制作完成并存储在章节文件夹中，读者可自行调阅。

副车架的约束1阶模态（对应自由模态第7阶）为73 Hz，通过抑制低阶模态失效，使起始频率为305 Hz，频率查询及抑制，如图2.2、图2.3所示，对应的副车架1阶模态变形图，如图2.4所示，右侧下控制臂5阶模态变形，如图2.5所示。部件的刚度可通过频率大小评估判定。

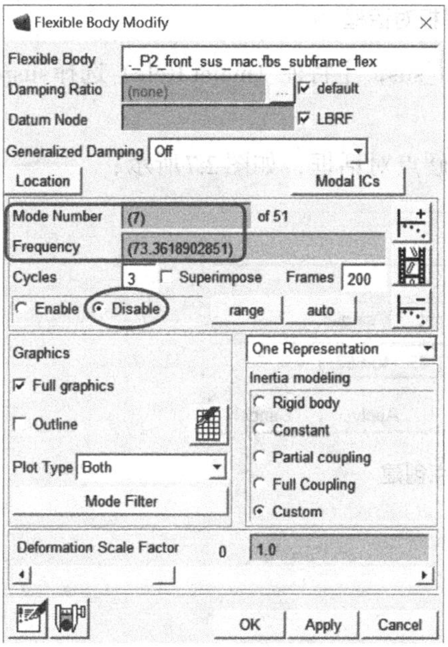

图2.2　副车架1阶模态（73 Hz）

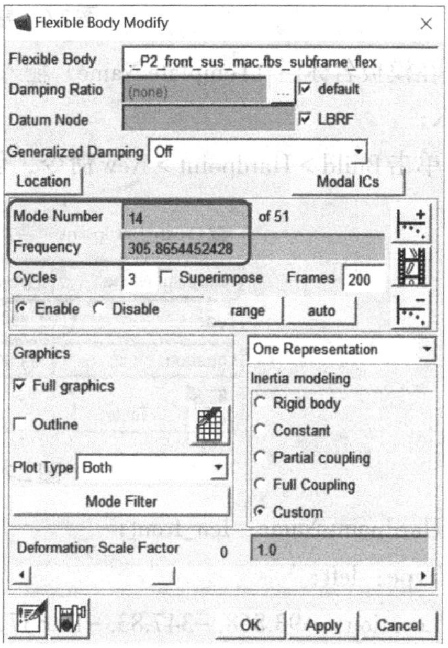

图2.3　副车架8阶模态（305 Hz）

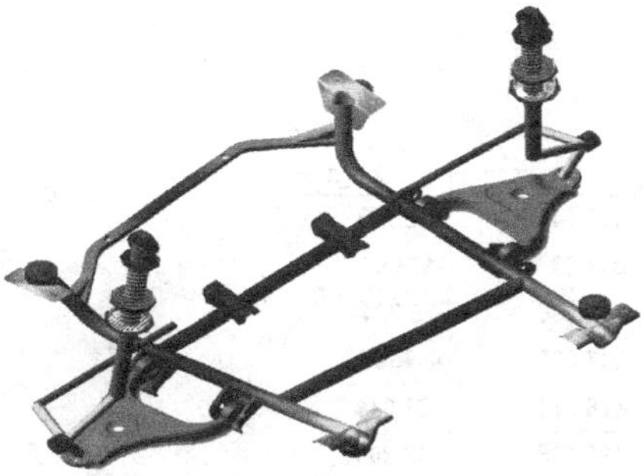

图2.4　副车架1阶模态变形

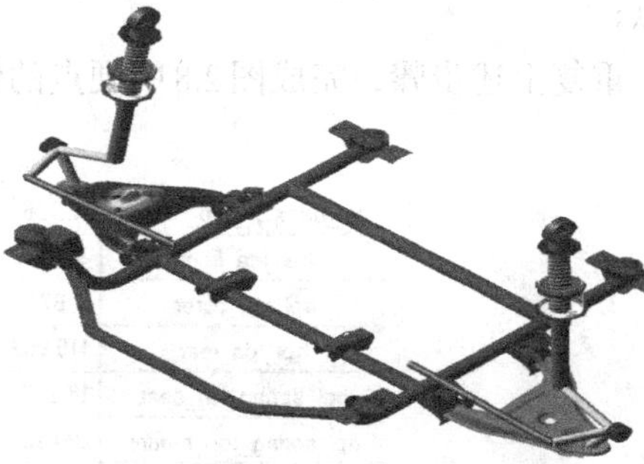

图2.5　右下控制臂5阶模态变形

2.2　柔性体麦弗逊悬架模型

2.2.1　部件/安装件

- 启动ADAMS/CAR，选择专家模块进入建模界面；
- 单击File > New命令，弹出建模对话框，如图2.6所示；

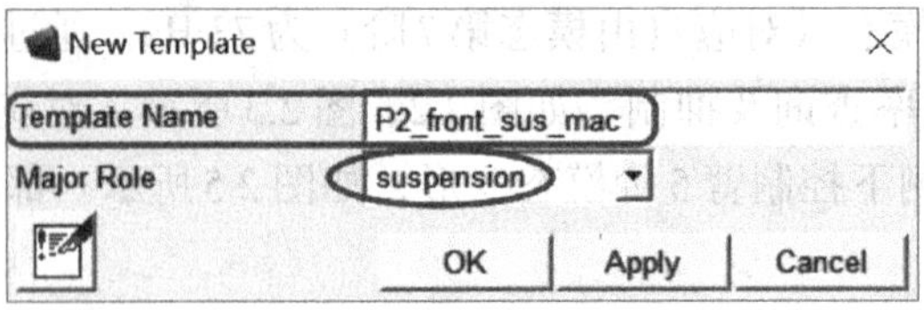

图2.6　悬架模板对话框

• 在模板名称栏（Template Name）输入front_sus，主特征（major Role）选择suspension，单击OK；

• 单击Build > Hardpoint > New命令，创建硬点对话框，如图2.7所示；

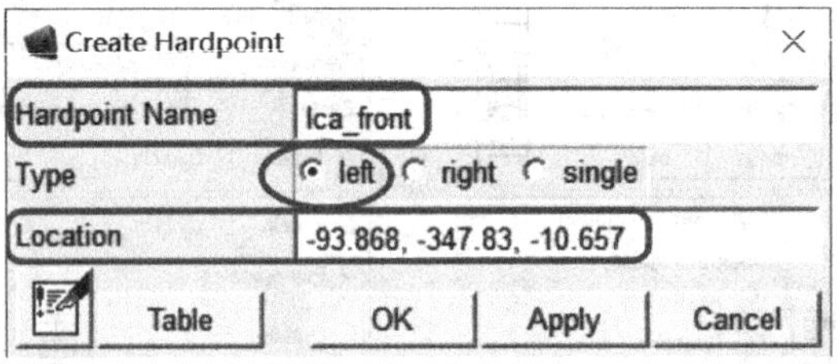

图2.7　硬点创建

• Hardpoint Name：lca_front；

• Type：left；

• Location：−93.868, −347.83, −10.657；

• 单击Apply，完成硬点lca_front的创建，此时在ADAMS窗口界面显示左右对称的两个硬点；

• 重复上述步骤，完成图2.8中硬点的创建。

	loc_x	loc_y	loc_z
hpl_damper_top_mount	32.755	-485.644	562.223
hpl_lca_front	-93.868	-347.83	-10.657
hpl_lca_outer	-7.078	-602.836	-29.234
hpl_lca_rear	119.902	-347.099	-0.758
hpl_spring_lwr_seat	18.226	-506.361	331.044
hpl_spring_top_mount	29.623	-490.126	512.383
hpl_strut_lwr_mount	3.312	-520.083	100.697
hpl_subframe_front	-313.04	-394.741	163.045
hpl_subframe_rear	377.2931	-298.54	58.71136
hpl_tierod_inner	-102.341	-272.57	68.608
hpl_tierod_outer	-106.54	-611.949	54.081
hpl_wheel_center	2.4E-02	-646.721	47.016
hps_rack_house_mont	-102.341	-122.82	68.608

图2.8　悬架硬点

2.2.2　转向节

(1)转向节部件

• 单击Build > Part > General Part > New命令，创建部件对话框，如图2.9所示；

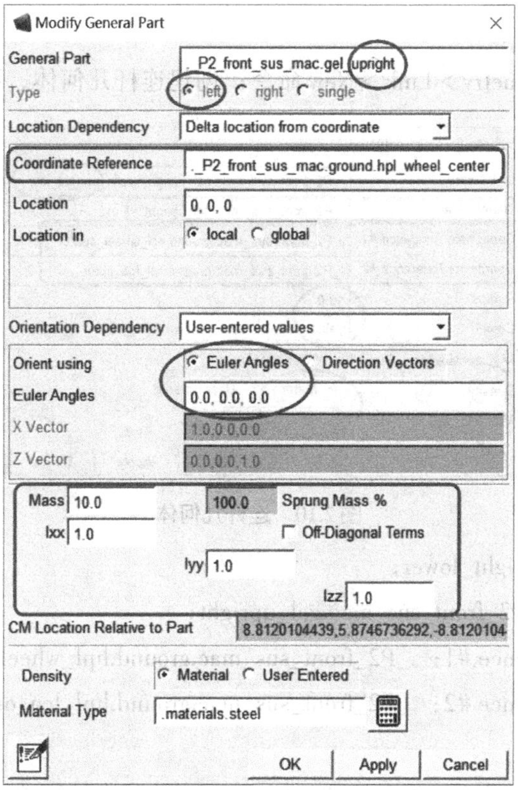

图2.9 转向节部件

- General Part：upright；
- Location Dependency：Delta location from coordinate；
- Coordinate Reference：._P2_front_sus_mac.ground.hpl_wheel_center；
- Location：0, 0, 0；
- Location in：local；
- Orientation Dependency：User-entered values；
- Orient using：Euler Angles；
- Euler Angles：0, 0, 0；
- Mass：10；
- Ixx：1；
- Iyy：1；
- Izz：1；
- Density：Material；
- Material Type：.materials.steel；
- 单击OK，完成部件._P2_front_sus_mac.gel_upright的创建。

(2)转向节几何体

• 单击Build > Geometry > Link > New命令；创建连杆几何体，如图2.10所示；

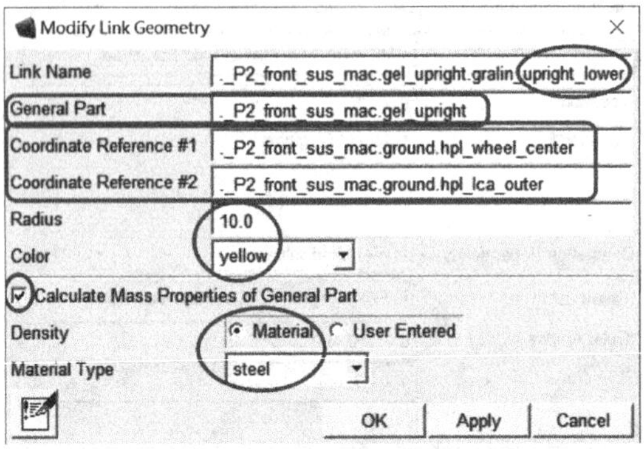

图2.10　连杆几何体

• Link Name：_upright_lower；

• General Part：._P2_front_sus_mac.gel_upright；

• Coordinate Reference #1：._P2_front_sus_mac.ground.hpl_wheel_center；

• Coordinate Reference #2：._P2_front_sus_mac.ground.hpl_lca_outer；

• Radius：10；

• Color：yellow；

• 勾选Calculate Mass Properties of General Part复选框，勾选后，几何体建立后会更新对应部件的质量和惯量参数；

• Density：Material；

• Material Type：steel；

• 单击Apply，完成连杆._P2_front_sus_mac.gel_upright.gralin_upright_lower几何体的创建；

• Link Name：upright_upper；

• General Part：upright_tierod；

• Coordinate Reference #1：._P2_front_sus_mac.ground.hpl_wheel_center；

• Coordinate Reference #2：._P2_front_sus_mac.ground.hpl_tierod_outer；

• Radius：10；

• Color：yellow；

• 勾选Calculate Mass Properties of General Part复选框；

• Density：Material；

• Material Type：steel；

• 单击Apply，完成连杆._P2_front_sus_mac.gel_upright.gralin_upright_tierod几何体的创建；

• Link Name：upright_upper；

- General Part：._P2_front_sus_mac.gel_upright；
- Coordinate Reference #1：._P2_front_sus_mac.ground.hpl_wheel_center；
- Coordinate Reference #2：._P2_front_sus_mac.ground.hpl_strut_lwr_mount；
- Radius：10；
- Color：yellow；
- 勾选Calculate Mass Properties of General Part复选框；
- Density：Material；
- Material Type：steel；
- 单击OK，完成连杆._P2_front_sus_mac.gel_upright.gralin_upright_upper几何体的创建。

2.2.3　部件upper_strut

- 单击Build > Part > General Part > New命令，创建部件对话框参考图2.9；
- General Part：upper_strut；
- Location Dependency：Located on a line；
- Coordinate Reference #1：._P2_front_sus_mac.ground.hpl_damper_top_mount；
- Coordinate Reference #2：._P2_front_sus_mac.ground.hpl_strut_lwr_mount；
- Relative Location（%）：50；
- Orientation Dependency：Orient axis to point；
- Coordinate Reference：._P2_front_sus_mac.ground.hpl_damper_top_mount；
- Axis：Z；
- Mass：4.9；
- Ixx：1；
- Iyy：1；
- Izz：1；
- Density：Material；
- Material Type：.materials.steel；
- 单击OK，完成部件._P2_front_sus_mac.gel_upper_strut的创建。

2.2.4　转向横拉杆

(1)部件tierod

- 单击Build > Part > General Part > New命令，创建部件对话框，参考图2.9；
- General Part：tierod；
- Location Dependency：Located on a line；
- Coordinate Reference #1：._P2_front_sus_mac.ground.hpl_tierod_outer；

- Coordinate Reference #2：._P2_front_sus_mac.ground.hpl_tierod_inner；
- Relative Location（%）：50；
- Orientation Dependency：Orient axis to point；
- Coordinate Reference：._P2_front_sus_mac.ground.hpl_tierod_outer；
- Axis：Z；
- Mass：1；
- Ixx：1；
- Iyy：1；
- Izz：1；
- Density：Material；
- Material Type：.materials.steel；
- 单击OK，完成部件._P2_front_sus_mac.gel_tierod的创建。

(2)连杆几何体tierod

- 单击Build > Geometry > Link > New命令，创建连杆几何体，参考图2.10；
- Link Name：tierod；
- General Part：._P2_front_sus_mac.gel_tierod；
- Coordinate Reference #1：._P2_front_sus_mac.ground.hpl_tierod_outer；
- Coordinate Reference #2：._P2_front_sus_mac.ground.hpl_tierod_inner；
- Radius：8；
- Color：blue gray；
- 勾选Calculate Mass Properties of General Part复选框；
- Density：Material；
- Material Type：steel；
- 单击OK，完成连杆._P2_front_sus_mac.gel_tierod.gralin_tierod几何体的创建。

2.2.5 轮毂spindle

(1)悬架前束角、外倾角参数

• 单击Build > Suspension Parameters > Toe/Camber Values> Set命令，弹出悬架参数（前束角与外倾角）对话框，如图2.11所示，前束角输入0；外倾角输入0，单击OK，完成参数创建，与此同时系统自动建立前束角与外倾角变量参数及对应的两个输出通讯器：col[r]_toe_angle、col[r]_camber_angle。

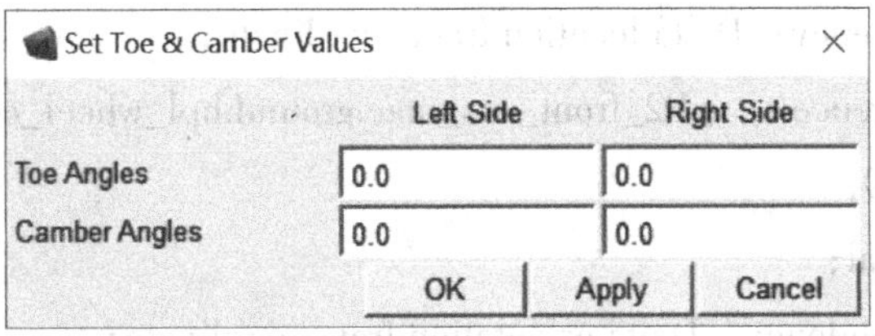

图2.11　悬架参数对话框

(2)结构框wheel_center

• 单击Build > Construction Frame > New命令，弹出创建结构框，如图2.12所示；

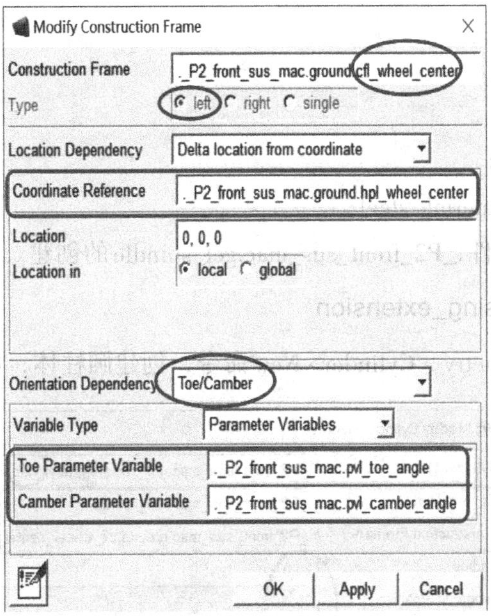

图2.12　结构框

• Construction Frame：wheel_center；

• Coordinate Reference：._P2_front_sus_mac.ground.hpl_wheel_center；

• Location：0, 0, 0；

• Location in：local；

• Orientation Dependency：Toe/Camber；

• Variable Type：Parameter Variable；

• Toe Parameter Variable：._P2_front_sus_mac.pvl_toe_angle；

• Camber Parameter Variable：._P2_front_sus_mac.pvl_camber_angle；

• 单击OK，完成._P2_front_sus_mac.ground.cfl_wheel_center结构框的创建。

(3)轮毂部件spindle

• 单击Build > Part > General Part > New命令，创建部件对话框，参考图2.12；

• General Part：spindle；

- Location Dependency：Delta location from coordinate；
- Coordinate Reference ：._P2_front_sus_mac.ground.hpl_wheel_center；
- Location：0, 0, 0；
- Location in：local；
- Orientation Dependency：Delta orientation from coordinate；
- Construction Frame：._P2_front_sus_mac.ground.cfl_wheel_center；
- Orientation：0, 0, 0；
- Mass：10；
- Ixx：1；
- Iyy：1；
- Izz：1；
- Density：Material；
- Material Type：.materials.steel；
- 单击OK，完成部件._P2_front_sus_mac.gel_spindle的创建。

(4)轮毂几何体housing_extension

- 单击Build > Geometry > Cylinder> New命令，创建圆柱体，如图2.13所示；

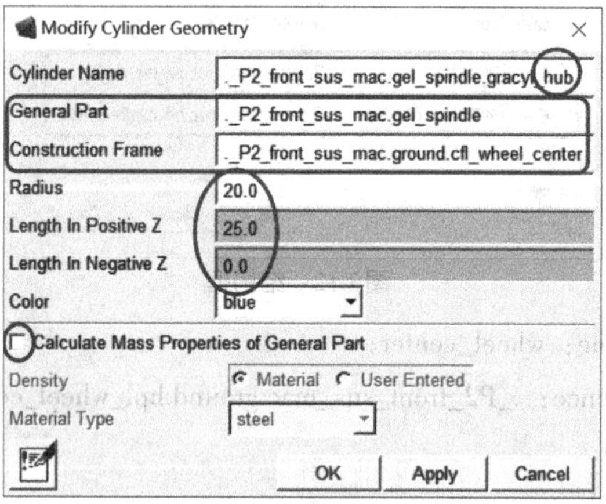

图2.13　轮毂圆柱体

- Cylinder Name：hub；
- General Part：._P2_front_sus_mac.gel_spindle；
- Construction Frame：._P2_front_sus_mac.ground.cfl_wheel_center；
- Radius：20；
- Length In Postive Z：25；
- Length In Negative Z：0；
- Color：blue；
- 不勾选Calculate Mass Properties of General Part复选框；

• 单击OK，完成轮毂圆柱体._P2_front_sus_mac.gel_spindle.gracyl_hub几何体的创建。

2.2.6　柔性体部件

(1)左下控制臂柔性体部件

• 单击Build > Part > Flexible Body > New命令，创建下控制臂柔性体部件，如图2.14所示。需要说明的是，模态中性文件需要提前制作并存放到对应的数据库中flex_bodys文件夹中，此处直接通过路径调出柔性部件模型；

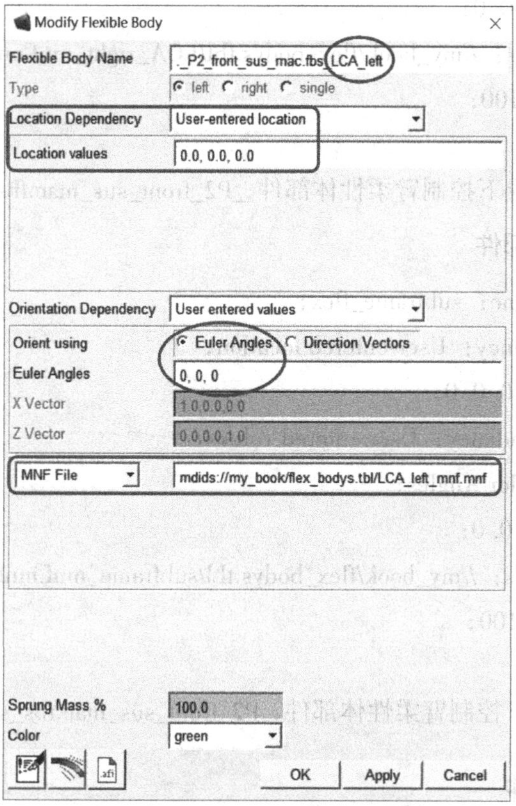

图2.14　左下控制臂柔性体部件

• Flexible Body Name：_LCA_left；
• Location Dependency：User-entered location；
• Location values：0, 0, 0；
• Orientation Dependency：User entered values
• Orient using：Euler Angles；
• Euler Angles：0, 0, 0；
• MNF File：mdids：//my_book/flex_bodys.tbl/LCA_left_mnf.mnf；
• Sprung Mass%：100；
• Color：green；

- 单击Apply，完成下控制臂柔性体部件 . _P2_front_sus_mac.fbs_LCA_left 的创建。

(2)右下控制臂柔性体部件

- Flexible Body Name：_LCA_right；
- Location Dependency：User-entered location；
- Location values：0, 0, 0；
- Orientation Dependency：User entered values；
- Orient using：Euler Angles；
- Euler Angles：0, 0, 0；
- MNF File： mdids：//my_book/flex_bodys.tbl/LCA_right_mnf.mnf；
- Sprung Mass%：100；
- Color：green；
- 单击Apply，完成下控制臂柔性体部件 ._P2_front_sus_mac.fbs_LCA_right 的创建。

(3)副车架柔性体部件

- Flexible Body Name：subframe_flex；
- Location Dependency：User-entered location；
- Location values：0, 0, 0；
- Orientation Dependency：User entered values；
- Orient using：Euler Angles；
- Euler Angles：0, 0, 0；
- MNF File： mdids：//my_book/flex_bodys.tbl/subframe_mnf.mnf；
- Sprung Mass%：100；
- Color：green；
- 单击OK，完成下控制臂柔性体部件 ._P2_front_sus_mac.fbs_subframe_flex 的创建。

2.2.7 悬架安装部件

- 单击Build > Construction Frame > New命令，创建副车架结构框，如图2.15所示；
- Construction Frame：subframe_fixed；
- Location Dependency：Centered between coordinates；
- Coordinate Reference #1：._P2_front_sus_mac.ground.hpl_lca_front；
- Coordinate Reference #2：._P2_front_sus_mac.ground.hpl_lca_rear；
- Coordinate Reference #3：._P2_front_sus_mac.ground.hpr_lca_front；
- Coordinate Reference #4：._P2_front_sus_mac.ground.hpr_lca_rear；
- Orientation Dependency：User entered values；
- Orient using：Euler Angles；

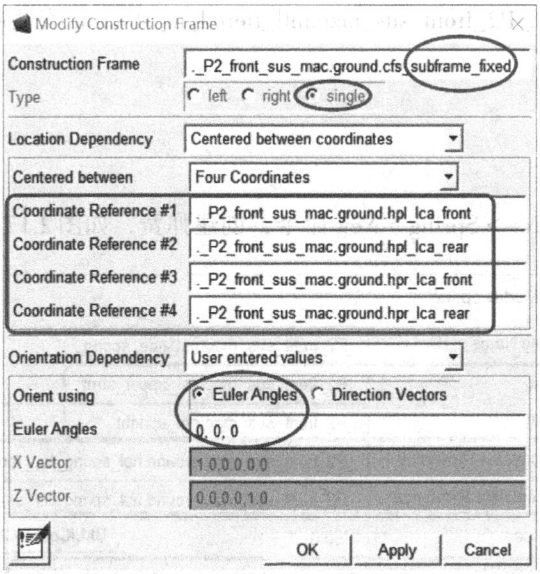

图2.15 结构框subframe_fixed

- Euler Angles：0, 0, 0；
- 单击OK，完成结构框._P2_front_sus_mac.ground.cfs_subframe_fixed的创建；
- 单击Build > Part > Mount > New命令，创建安装部件，如图2.16所示；

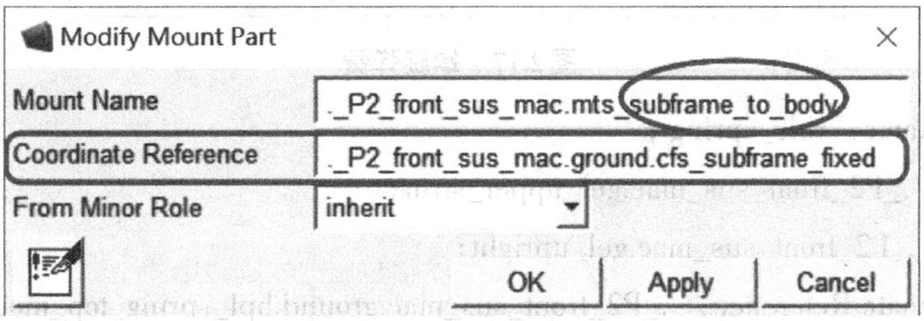

图2.16 安装部件

- Mount Name： subframe_to_body；
- Coordinate Reference：._P2_front_sus_mac.ground.cfs_subframe_fixed；
- From Minor Role：inherit；
- 单击Apply，完成._P2_front_sus_mac.mts_subframe_to_body安装部件的创建；
- Mount Name： strut_to_body；
- Coordinate Reference：._P2_front_sus_mac.ground.hpl_damper_top_mount；
- From Minor Role：inherit；
- 单击Apply，完成._P2_front_sus_mac.mtl_strut_to_body安装部件的创建；
- Mount Name： tierod_to_steering；
- Coordinate Reference：._P2_front_sus_mac.ground.hpl_tierod_inner；
- From Minor Role：inherit；

• 单击OK，完成._P2_front_sus_mac.mtl_tierod_to_steering安装部件的创建。

2.2.8 弹簧/避震器

(1)弹簧

• 单击Build > Force > Spring > New命令，创建弹簧，如图2.17所示；

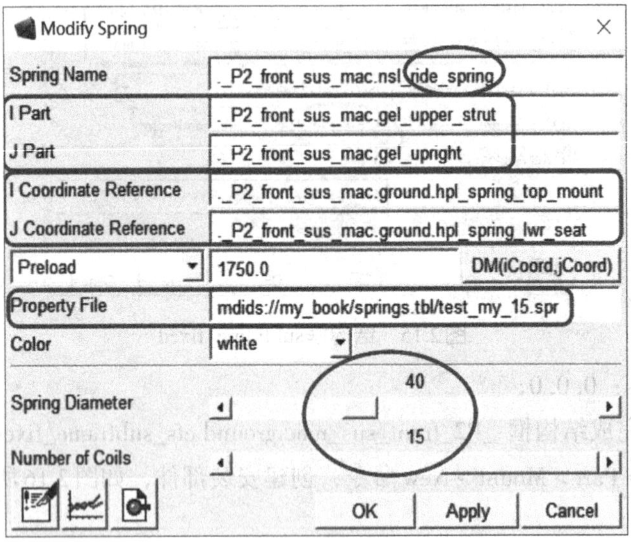

图2.17 螺旋弹簧

• Spring Name：ride_spring；
• I Part：._P2_front_sus_mac.gel_upper_strut；
• J Part：._P2_front_sus_mac.gel_upright；
• I Coordinate Reference：._P2_front_sus_mac.ground.hpl_spring_top_mount；
• J Coordinate Reference：._P2_front_sus_mac.ground.hpl_spring_lwr_seat；
• Preload（弹簧预载，按实际车辆真实载荷输入）：1750；
• Property File：mdids：//my_book/springs.tbl/test_my_15.spr；
• Spring Diameter：40；
• Spring of Coils：15；
• 单击OK，完成弹簧._P2_front_sus_mac.nsl_ride_spring的创建。

(2)避震器

• 单击Build > Force > Damper > New命令，创建避震器，如图2.18所示；

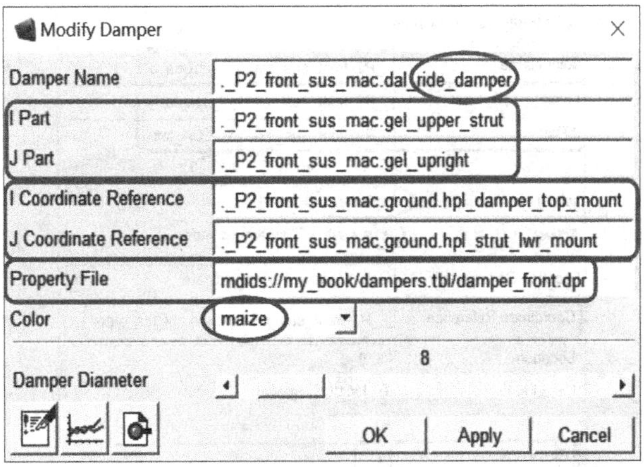

图2.18　避震器

- Damper Name：ride_damper ;
- I Part：._P2_front_sus_mac.gel_upper_strut;
- J Part：._P2_front_sus_mac.gel_upright;
- I Coordinate Reference：._P2_front_sus_mac.ground.hpl_damper_top_mount;
- J Coordinate Reference：._P2_front_sus_mac.ground.hpl_strut_lwr_mount;
- Property File：mdids：//my_book/dampers.tbl/damper_front.dpr;
- Color：maize;
- Damper Diameter：12;
- 单击OK，完成避震器._P2_front_sus_mac.dal_ride_damper的创建。

2.2.9 刚性/衬套约束

(1)刚性约束

刚体与柔性体之间可以直接约束，也可通过Interface part建立中间体接口（本质上是无质量部件），中间体接口会通过柔性体上的节点附加在柔性体上，此时建立刚体与中间体之间的约束等价于刚体与柔性体间的约束；本悬架模型中均采用刚体与柔性体直接约束方法。

①部件upright与下控制臂柔性体LCA_left之间spherical约束。

- 单击Build > Attachments > Joint > New命令，创建球形副约束，如图2.19所示；
- Joint Name：lca_out_l;
- I Part：._P2_front_sus_mac.gel_upright;
- J Part：._P2_front_sus_mac.fbs_LCA_left;
- Type：single;
- Joint Type：spherical;
- Active：always;

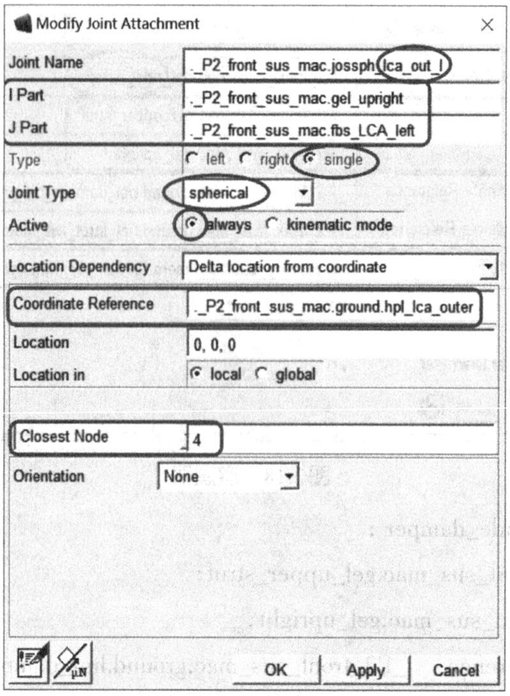

图2.19 转向节与下控制臂间球形副约束（左侧）

- Location Dependency：Delta location from coordinate；
- Coordinate Reference：._P2_front_sus_mac.ground.hpl_lca_outer；
- Location： 0, 0, 0；
- Location in：local；
- Closest Node：4（通过选取附近的节点，左右对应的节点会自动填入）；
- Orientation：None；
- 单击Apply，完成约束副._P2_front_sus_mac.jossph_lca_out_l的创建。

②部件upright与下控制臂柔性体LCA_right之间spherical约束。

- Joint Name：lca_out_r；
- I Part： ._P2_front_sus_mac.ger_upright；
- J Part： ._P2_front_sus_mac.fbs_LCA_right；
- Type： single；
- Joint Type：spherical；
- Active： always；
- Location Dependency：Delta location from coordinate；
- Coordinate Reference：._P2_front_sus_mac.ground.hpr_lca_outer；
- Location： 0, 0, 0；
- Location in：local；
- Closest Node：1；

• Orientation：None；

• 单击Apply，完成约束副._P2_front_sus_mac.jossph_lca_out_r的创建。

③柔性体部件LCA_left与subframe_flex之间revolute约束。

• Joint Name：lca_front_l；

• I Part：._P2_front_sus_mac.fbs_LCA_left；

• J Part：._P2_front_sus_mac.fbs_subframe_flex；

• Type：single；

• Joint Type：revolute；

• Active：kinematic mode；

• Location Dependency：Delta location from coordinate；

• Coordinate Reference：._P2_front_sus_mac.ground.hpl_lca_front；

• Location：0, 0, 0；

• Location in：local；

• Closest Node：5；

• Closest Node：4265；

• Orientation Dependency：Orient axis to point；

• Coordinate Reference：._P2_front_sus_mac.ground.hpl_lca_rear；

• Axis：Z；

• 单击Apply，完成约束副._P2_front_sus_mac.jksrev_lca_front_l的创建；

• Joint Name：lca_rear_l；

• I Part：._P2_front_sus_mac.fbs_LCA_left；

• J Part：._P2_front_sus_mac.fbs_subframe_flex；

• Type：single；

• Joint Type：revolute；

• Active：kinematic mode；

• Location Dependency：Delta location from coordinate；

• Coordinate Reference：._P2_front_sus_mac.ground.hpl_lca_rear；

• Location：0, 0, 0；

• Location in：local；

• Closest Node：6；

• Closest Node：4784；

• Orientation Dependency：Orient axis to point；

• Coordinate Reference：._P2_front_sus_mac.ground.hpl_lca_front；

• Axis：Z；

• 单击Apply，完成约束副._P2_front_sus_mac.jksrev_lca_rear_l的创建。

④柔性体部件LCA_right与subframe_flex之间revolute约束。

- Joint Name：lca_front_r;
- I Part：._P2_front_sus_mac.fbs_LCA_right;
- J Part：._P2_front_sus_mac.fbs_subframe_flex;
- Type：single;
- Joint Type：revolute;
- Active：kinematic mode;
- Location Dependency：Delta location from coordinate;
- Coordinate Reference：._P2_front_sus_mac.ground.hpr_lca_front;
- Location：0, 0, 0;
- Location in：local;
- Closest Node：2;
- Closest Node：5887;
- Orientation Dependency：Orient axis to point;
- Coordinate Reference：._P2_front_sus_mac.ground.hpr_lca_rear;
- Axis：Z;
- 单击Apply，完成约束副._P2_front_sus_mac.jksrev_lca_front_r的创建；
- Joint Name：lca_rear_r;
- I Part：._P2_front_sus_mac.fbs_LCA_right;
- J Part：._P2_front_sus_mac.fbs_subframe_flex;
- Type：single;
- Joint Type：revolute;
- Active：kinematic mode;
- Location Dependency：Delta location from coordinate;
- Coordinate Reference：._P2_front_sus_mac.ground.hpr_lca_rear;
- Location：0, 0, 0;
- Location in：local;
- Closest Node：3;
- Closest Node：5350;
- Orientation Dependency：Orient axis to point;
- Coordinate Reference：._P2_front_sus_mac.ground.hpr_lca_front;
- Axis：Z;
- 单击Apply，完成约束副._P2_front_sus_mac.jksrev_lca_rear_r的创建。

⑤部件subframe_flex与subframe_to_body之间fixed约束。

- Joint Name：subframe_front_l;

- I Part：._P2_front_sus_mac.fbs_subframe_flex；
- J Part：._P2_front_sus_mac.mts_subframe_to_body；
- Joint Type：fixed；
- Active：kinematic mode；
- Location Dependency：Delta location from coordinate；
- Coordinate Reference：._P2_front_sus_mac.ground.hpl_subframe_front；
- Location：0, 0, 0；
- Location in：local；
- Closest Node：7；
- 单击Apply，完成约束副._P2_front_sus_mac.jksfix_subframe_front_l的创建；
- Joint Name：subframe_front_r；
- I Part：._P2_front_sus_mac.fbs_subframe_flex；
- J Part：._P2_front_sus_mac.mts_subframe_to_body；
- Joint Type：fixed；
- Active：kinematic mode；
- Location Dependency：Delta location from coordinate；
- Coordinate Reference：._P2_front_sus_mac.ground.hpr_subframe_front；
- Location：0, 0, 0；
- Location in：local；
- Closest Node：9；
- 单击Apply，完成约束副._P2_front_sus_mac.jksfix_subframe_front_r的创建；
- Joint Name：subframe_rear_l；
- I Part：._P2_front_sus_mac.fbs_subframe_flex；
- J Part：._P2_front_sus_mac.mts_subframe_to_body；
- Joint Type：fixed；
- Active：kinematic mode；
- Location Dependency：Located at flexible body node；
- Flexible Body：fbs_subframe_flex；
- I Part Node ID：8；
- Offset：0, 0, 0；
- 单击Apply，完成约束副._P2_front_sus_mac.jksfix_subframe_rear_l的创建；
- Joint Name：subframe_rear_r；
- I Part：._P2_front_sus_mac.fbs_subframe_flex；
- J Part：._P2_front_sus_mac.mts_subframe_to_body；
- Joint Type：fixed；

- Active： kinematic mode；
- Location Dependency：Located at flexible body node；
- Flexible Body：fbs_subframe_flex；
- I Part Node ID： 10；
- Offset：0, 0, 0；
- 单击Apply，完成约束副._P2_front_sus_mac.jksfix_subframe_rear_r的创建。

⑥部件spindle与upright之间revolute约束。

- Joint Name：spindle_upright；
- I Part： ._P2_front_sus_mac.gel_spindle；
- J Part： ._P2_front_sus_mac.gel_upright；
- Joint Type：revolute；
- Active： always；
- Location Dependency：Delta location from coordinate；
- Coordinate Reference：._P2_front_sus_mac.ground.cfl_wheel_center；
- Location： 0, 0, 0；
- Location in：local；
- Orientation Dependency：Delta orientation from coordinate；
- Construction Frame：._P2_front_sus_mac.ground.cfl_wheel_center；
- 单击Apply，完成约束副._P2_front_sus_mac.jolrev_spindle_upright的创建。

⑦部件upper_strut与安装件strut_to_body之间hooke约束。

- Joint Name：top_mount_kinematic；
- I Part： ._P2_front_sus_mac.gel_upper_strut；
- J Part： ._P2_front_sus_mac.mtl_strut_to_body；
- Joint Type：hooke；
- Active： kinematic mode；
- Location Dependency：Delta location from coordinate；
- Coordinate Reference：._P2_front_sus_mac.ground.hpl_damper_top_mount；
- Location： 0, 0, 0；
- Location in：local；
- I-Part Axis： ._P2_front_sus_mac.ground.hpl_strut_lwr_mount；
- J-Part Axis： ._P2_front_sus_mac.ground.cfl_top_mount_ext；
- 单击Apply，完成约束副._P2_front_sus_mac.jklhoo_top_mount_kinematic的创建。

⑧部件tierod与安装件tierod_to_steering之间convel约束。

- Joint Name：tierod_inner；
- I Part： ._P2_front_sus_mac.gel_tierod；

- J Part：._P2_front_sus_mac.mtl_tierod_to_steering；
- Joint Type：convel；
- Active： always；
- Location Dependency：Delta location from coordinate；
- Coordinate Reference：._P2_front_sus_mac.ground.hpl_tierod_inner；
- Location： 0, 0, 0；
- Location in：local；
- I-Part Axis：._P2_front_sus_mac.ground.hpl_tierod_outer；
- J-Part Axis：._P2_front_sus_mac.ground.hpr_tierod_inner；
- 单击Apply，完成约束副._P2_front_sus_mac.jolcon_tierod_inner的创建。

⑨部件tierod与upright之间spherical约束。

- Joint Name：tierod_outer；
- I Part：._P2_front_sus_mac.gel_upright；
- J Part：._front_sus.gel_upright；
- Joint Type：spherical；
- Active： always；
- Location Dependency：Delta location from coordinate；
- Coordinate Reference：._P2_front_sus_mac.ground.hpl_tierod_outer；
- Location： 0, 0, 0；
- Location in：local；
- Orientation：None；
- 单击Apply，完成约束副._P2_front_sus_mac.jolsph_tierod_outer的创建。

⑩部件upright与upper_strut之间cylindrical约束。

- Joint Name：strut；
- I Part：._P2_front_sus_mac.gel_upright；
- J Part：._P2_front_sus_mac.gel_upper_strut；
- Joint Type：cylindrical；
- Active： always；
- Location Dependency：Centered between coordinates；
- Centered between：Two Coordinates；
- Coordinate Reference #1：._P2_front_sus_mac.ground.hpl_damper_top_mount；
- Coordinate Reference #2：._P2_front_sus_mac.ground.hpl_strut_lwr_mount；
- Orientation Dependency：Orient axis to point；
- Coordinate Reference：._P2_front_sus_mac.ground.hpl_damper_top_mount；
- Axis：Z；

- 单击OK，完成._P2_front_sus_mac.jolcyl_strut约束副的创建。

(2)柔性约束

①部件upper_strut与strut_to_body之间bushing约束。

- 单击Build > Attachments > Bushing > New命令，创建衬套，如图2.20所示；

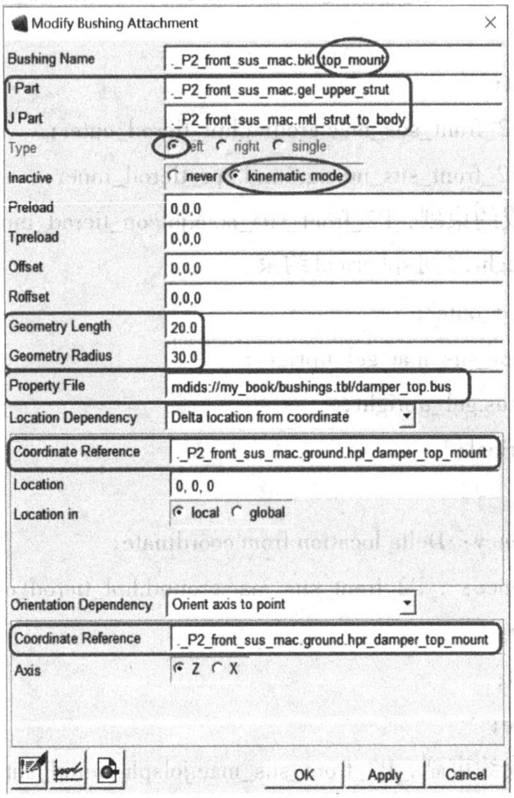

图2.20 衬套约束——top_mount

- Bushing Name：top_mount；
- I Part：._P2_front_sus_mac.gel_upper_strut；
- J Part：._P2_front_sus_mac.mtl_strut_to_body；
- Inactive：kinematic mode；
- Preload：0, 0, 0；
- Tpreload：0, 0, 0；
- Offset：0, 0, 0；
- Roffset：0, 0, 0；
- Geometry Length：20；
- Geometry Radius：30；
- Property File：mdids：//my_book/bushings.tbl/damper_top.bus；
- Location Dependency：Delta location from coordinate；

• Coordinate Reference: ._P2_front_sus_mac.ground.hpl_damper_top_mount;
• Location: 0, 0, 0;
• Location in: local;
• Orientation Dependency: Orient axis to point;
• Coordinate Reference: ._P2_front_sus_mac.ground.hpr_damper_top_mount;
• Axis: Z;
• 单击Apply，完成轴套._P2_front_sus_mac.bkl_top_mount的创建。

②部件LCA_left与_subframe_flex之间bushing约束。

• Bushing Name: lca_front_l;
• I Part: ._P2_front_sus_mac.fbs_LCA_left;
• J Part: ._P2_front_sus_mac.fbs_subframe_flex;
• Inactive: kinematic mode;
• Preload: 0, 0, 0;
• Tpreload: 0, 0, 0;
• Offset: 0, 0, 0;
• Roffset: 0, 0, 0;
• Geometry Length: 20;
• Geometry Radius: 30;
• Property File: mdids: //my_book/bushings.tbl/LCA_front.bus;
• Location Dependency: Delta location from coordinate;
• Coordinate Reference: ._P2_front_sus_mac.ground.hpl_lca_front;
• Location: 0, 0, 0;
• Location in: local;
• Closet Node: 5;
• Closet Node: 4265;
• Orientation Dependency: Orient axis to point;
• Coordinate Reference: ._P2_front_sus_mac.ground.hpl_lca_rear;
• Axis: Z;
• 单击Apply，完成轴套._P2_front_sus_mac.bks_lca_front_l的创建；
• Bushing Name: lca_rear_l;
• I Part: ._P2_front_sus_mac.fbs_LCA_left;
• J Part: ._P2_front_sus_mac.fbs_subframe_flex;
• Inactive: kinematic mode;
• Preload: 0, 0, 0;
• Tpreload: 0, 0, 0;

- Offset: 0, 0, 0;
- Roffset: 0, 0, 0;
- Geometry Length: 20;
- Geometry Radius: 30;
- Property File: mdids: //my_book/bushings.tbl/LCA_rear.bus;
- Location Dependency: Delta location from coordinate;
- Coordinate Reference: ._P2_front_sus_mac.ground.hpl_lca_rear;
- Location: 0, 0, 0;
- Location in: local;
- Closet Node: 6;
- Closet Node: 4784;
- Orientation Dependency: Orient axis to point;
- Coordinate Reference: ._P2_front_sus_mac.ground.hpl_lca_front;
- Axis: Z;
- 单击Apply，完成轴套._P2_front_sus_mac.bks_lca_rear_l的创建。

③部件LCA_right与_subframe_flex之间bushing约束。

- Bushing Name: lca_front_r;
- I Part: ._P2_front_sus_mac.fbs_LCA_right;
- J Part: ._P2_front_sus_mac.fbs_subframe_flex;
- Inactive: kinematic mode;
- Preload: 0, 0, 0;
- Tpreload: 0, 0, 0;
- Offset: 0, 0, 0;
- Roffset: 0, 0, 0;
- Geometry Length: 20;
- Geometry Radius: 30;
- Property File: mdids: //my_book/bushings.tbl/LCA_front.bus;
- Location Dependency: Delta location from coordinate;
- Coordinate Reference: ._P2_front_sus_mac.ground.hpr_lca_front;
- Location: 0, 0, 0;
- Location in: local;
- Closet Node: 2;
- Closet Node: 5887;
- Orientation Dependency: Orient axis to point;
- Coordinate Reference: ._P2_front_sus_mac.ground.hpr_lca_rear;

- Axis：Z；
- 单击Apply，完成轴套._P2_front_sus_mac.bks_lca_front_r的创建；
- Bushing Name：lca_rear_r；
- I Part： ._P2_front_sus_mac.fbs_LCA_right；
- J Part： ._P2_front_sus_mac.fbs_subframe_flex；
- Inactive： kinematic mode；
- Preload：0, 0, 0；
- Tpreload： 0, 0, 0；
- Offset：0, 0, 0；
- Roffset：0, 0, 0；
- Geometry Length：20；
- Geometry Radius：30；
- Property File：mdids：//my_book/bushings.tbl/LCA_rear.bus；
- Location Dependency：Delta location from coordinate；
- Coordinate Reference： ._P2_front_sus_mac.ground.hpr_lca_rear；
- Location： 0, 0, 0；
- Location in：local；
- Closet Node：3；
- Closet Node：5350；
- Orientation Dependency：Orient axis to point；
- Coordinate Reference： ._P2_front_sus_mac.ground.hpr_lca_front；
- Axis：Z；
- 单击Apply，完成轴套._P2_front_sus_mac.bks_lca_rear_r的创建。

④部件subframe_flex与subframe_to_body之间bushing约束。

- Bushing Name：subframe_front_left；
- I Part： ._P2_front_sus_mac.fbs_subframe_flex；
- J Part： ._P2_front_sus_mac.mts_subframe_to_body；
- Inactive： kinematic mode；
- Preload：0, 0, 0；
- Tpreload： 0, 0, 0；
- Offset：0, 0, 0；
- Roffset：0, 0, 0；
- Geometry Length：20；
- Geometry Radius：30；
- Property File：mdids：//my_book/bushings.tbl/fixed.bus；

- Location Dependency：Delta location from coordinate；
- Coordinate Reference：._P2_front_sus_mac.ground.hpl_subframe_front；
- Location： 0, 0, 0；
- Location in：local；
- Closet Node：7；
- Orientation Dependency：User entered values；
- Orient using：Euler Angles；
- Euler Angles：0, 0, 0；
- 单击Apply，完成轴套._P2_front_sus_mac.bks_subframe_front_left的创建；
- Bushing Name：subframe_front_right；
- I Part： ._P2_front_sus_mac.fbs_subframe_flex；
- J Part： ._P2_front_sus_mac.mts_subframe_to_body；
- Inactive： kinematic mode；
- Preload：0, 0, 0；
- Tpreload： 0, 0, 0；
- Offset：0, 0, 0；
- Roffset：0, 0, 0；
- Geometry Length：20；
- Geometry Radius：30；
- Property File：mdids：//my_book/bushings.tbl/fixed.bus；
- Location Dependency：Delta location from coordinate；
- Coordinate Reference：._P2_front_sus_mac.ground.hpr_subframe_front；
- Location： 0, 0, 0；
- Location in：local；
- Closet Node：9；
- Orientation Dependency：User entered values；
- Orient using：Euler Angles；
- Euler Angles：0, 0, 0；
- 单击Apply，完成轴套._P2_front_sus_mac.bks_subframe_front_right的创建；
- Bushing Name：subframe_front_right；
- I Part： ._P2_front_sus_mac.fbs_subframe_flex；
- J Part： ._P2_front_sus_mac.mts_subframe_to_body；
- Inactive： kinematic mode；
- Preload：0, 0, 0；
- Tpreload： 0, 0, 0；

- Offset：0, 0, 0;
- Roffset：0, 0, 0;
- Geometry Length：20;
- Geometry Radius：30;
- Property File：mdids：//my_book/bushings.tbl/fixed.bus;
- Location Dependency：Delta location from coordinate;
- Coordinate Reference：._P2_front_sus_mac.ground.hpr_subframe_front;
- Location：0, 0, 0;
- Location in：local;
- Closet Node：9;
- Orientation Dependency：User entered values;
- Orient using：Euler Angles;
- Euler Angles：0, 0, 0;
- 单击Apply，完成轴套._P2_front_sus_mac.bks_subframe_front_right的创建；
- Bushing Name：subframe_rear_left;
- I Part：._P2_front_sus_mac.fbs_subframe_flex;
- J Part：._P2_front_sus_mac.mts_subframe_to_body;
- Inactive：kinematic mode;
- Preload：0, 0, 0;
- Tpreload：0, 0, 0;
- Offset：0, 0, 0;
- Roffset：0, 0, 0;
- Geometry Length：20;
- Geometry Radius：30;
- Property File：mdids：//my_book/bushings.tbl/fixed.bus;
- Location Dependency：Delta location from coordinate;
- Coordinate Reference：._P2_front_sus_mac.ground.hpl_subframe_rear;
- Location：0, 0, 0;
- Location in：local;
- Closet Node：8;
- Orientation Dependency：User entered values;
- Orient using：Euler Angles;
- Euler Angles：0, 0, 0;
- 单击Apply，完成轴套._P2_front_sus_mac.bks_subframe_rear_left的创建；
- Bushing Name：subframe_rear_right;

- I Part: ._P2_front_sus_mac.fbs_subframe_flex;
- J Part: ._P2_front_sus_mac.mts_subframe_to_body;
- Inactive: kinematic mode;
- Preload: 0, 0, 0;
- Tpreload: 0, 0, 0;
- Offset: 0, 0, 0;
- Roffset: 0, 0, 0;
- Geometry Length: 20;
- Geometry Radius: 30;
- Property File: mdids: //my_book/bushings.tbl/fixed.bus;
- Location Dependency: Delta location from coordinate;
- Coordinate Reference: ._P2_front_sus_mac.ground.hpr_subframe_rear;
- Location: 0, 0, 0;
- Location in: local;
- Closet Node: 10;
- Orientation Dependency: User entered values;
- Orient using: Euler Angles;
- Euler Angles: 0, 0, 0;
- 单击OK，完成轴套._P2_front_sus_mac.bks_subframe_rear_right的创建。

2.2.10 限位缓冲块

(1)上跳限位缓冲块

- 单击Build > Force > Bumpstop > New命令，创建缓冲块，如图2.21所示；

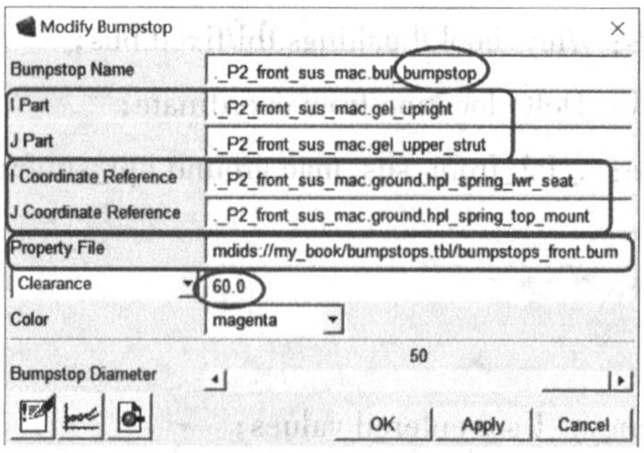

图2.21 上限位缓冲块

- Bumpstop Name: bumpstop;
- I Part: ._P2_front_sus_mac.gel_upright;
- J Part: ._P2_front_sus_mac.gel_upper_strut;

• I Coordinate Reference: ._P2_front_sus_mac.ground.hpl_spring_lwr_seat;

• J Coordinate Reference: ._P2_front_sus_mac.ground.hpl_spring_top_mount;

• Property File: mdids://my_book/bumpstops.tbl/bumpstops_front.bum; 弹性缓冲块刚度曲线，如图2.22所示；

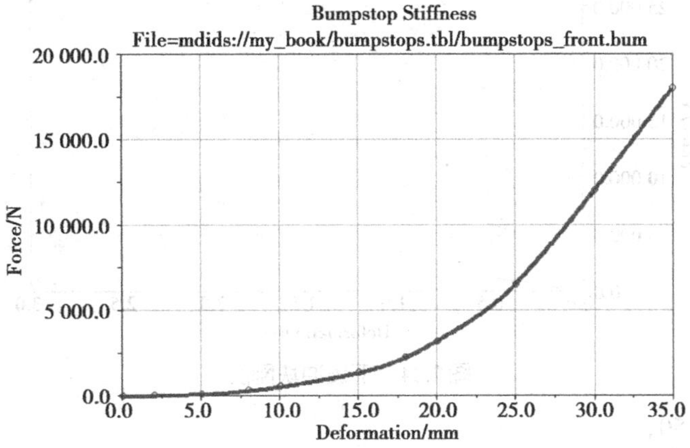

图2.22　上缓冲块刚度

• Clearance: 60;

• Bumpstop Diameter: 50;

• 单击OK，完成上限位缓冲块._P2_front_sus_mac.bul_bumpstop的创建。

(2)下跳限位缓冲块

• 单击Build > Force > Reboundstop > New命令，创建缓冲块，如图2.23所示；

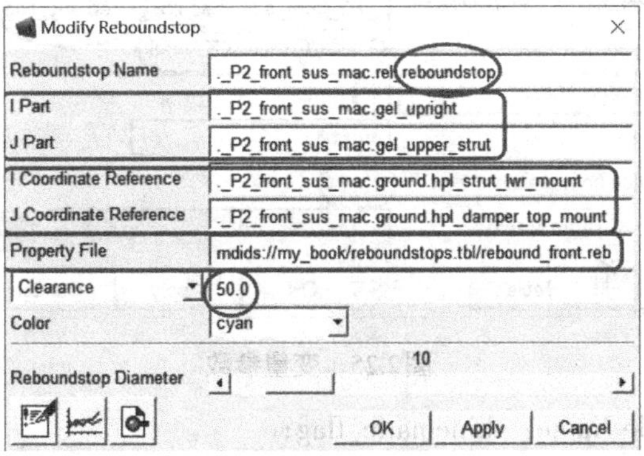

图2.23　下限位缓冲块

• Reboundstop Name: reboundstop;

• I Part: ._P2_front_sus_mac.gel_upright;

• J Part: ._P2_front_sus_mac.gel_upper_strut;

• I Coordinate Reference: ._P2_front_sus_mac.ground.hpl_strut_lwr_mount;

• J Coordinate Reference: ._P2_front_sus_mac.ground.hpl_damper_top_mount;

• Property File: mdids://my_book/bumpstops.tbl/bumpstops_front.bum; 下缓冲块刚

度，如图2.24所示；上下缓冲块刚度属性文件均调用共享数据库中的文件，实际样车可通过试验获取刚度参数；

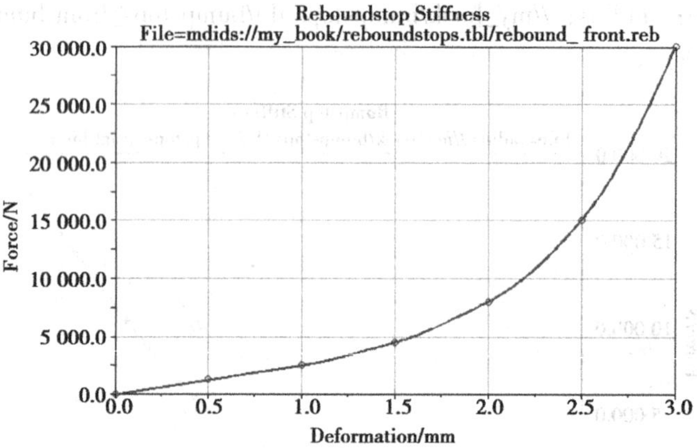

图2.24　下缓冲块刚度

- Clearance：50；
- Reboundstop Diameter：10；
- 单击OK，完成下限位缓冲块._P2_front_sus_mac.rel_reboundstop的创建。

2.2.11　悬架变量参数

- 单击Build > Parameter Variable > New命令，创建变量参数，如图2.25所示；

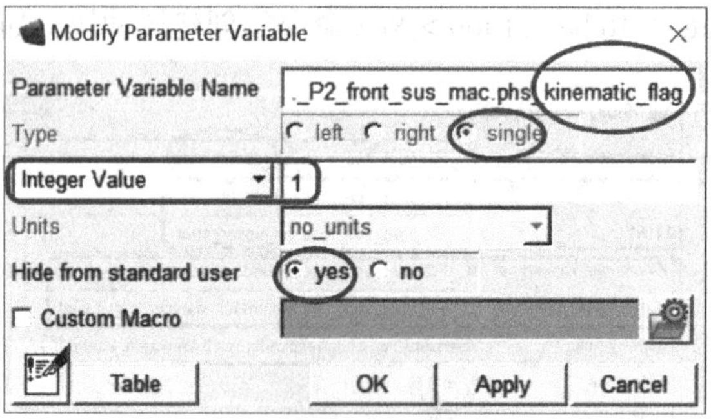

图2.25　变量参数

- Parameter Variable Name： kinematic_flag；
- Type：single；
- Integer Value：1；
- Units：no_units；
- Hide from standard user： yes；
- 单击OK，完成变量._P2_front_sus_mac.phs_kinematic_flag的创建；
- 单击Build > Suspension Parameters > Characteristics Arrary > Set命令，悬架的转向主销设置，如图2.26所示；

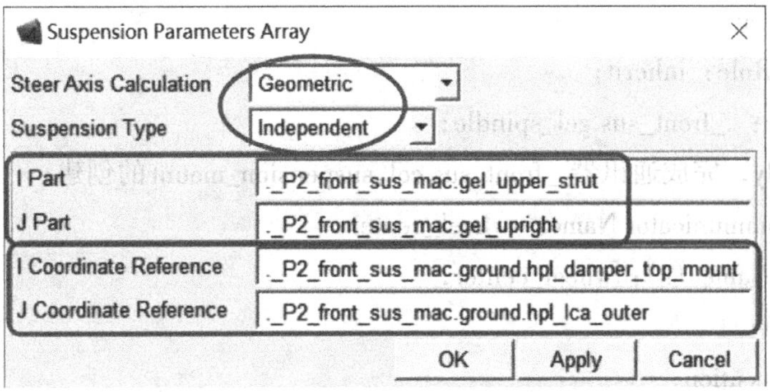

图2.26　变量参数（转向主销）

- Steer Axis Calculation：Geometric；
- Suspension Type：Independent；
- I Part：._P2_front_sus_mac.gel_upper_strut；
- J Part：._P2_front_sus_mac.gel_upright；
- I Coordinate Reference：._P2_front_sus_mac.ground.hpl_damper_top_mount；
- J Coordinate Reference：._P2_front_sus_mac.ground.hpl_lca_outer；
- 单击OK，完成转向主销设置。

2.2.12　通讯器

(1)输出通讯器建立

- 单击Build > Communicator > Output >New命令，弹出输出通讯器对话框，如图2.27所示；

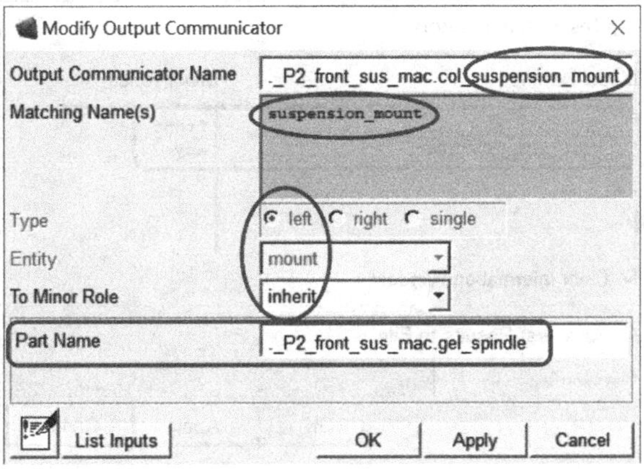

图2.27　输出通讯器suspension_mount

- Output Communicator Name：suspension_mount；
- Matching Name（s）：suspension_mount；
- Type：left；

• Entity：mount；
• To Minor Role：inherit；
• Part Name：._front_sus.gel_spindle；
• 单击Apply，完成通讯器._front_sus.col_suspension_mount的创建；
• Output Communicator Name： wheel_center；
• Matching Name（s）：wheel_center；
• Type：left；
• Entity：Location；
• To Minor Role：inherit；
• Coordinate Reference Name：._P2_front_sus_mac.ground.hpl_wheel_center；
• 单击Apply，完成通讯器._P2_front_sus_mac.ground.hpl_wheel_center的创建；
• Output Communicator Name： suspension_upright；
• Matching Name（s）：suspension_upright；
• Type：left；
• Entity：mount；
• To Minor Role：inherit；
• Part Name：._P2_front_sus_mac.gel_upright；
• 单击OK，完成通讯器._P2_front_sus_mac.col_suspension_upright的创建。

(2)悬架通讯器测试

• 单击Build > Communicator > Test命令，弹出输出通讯器测试对话框，如图2.28所示；

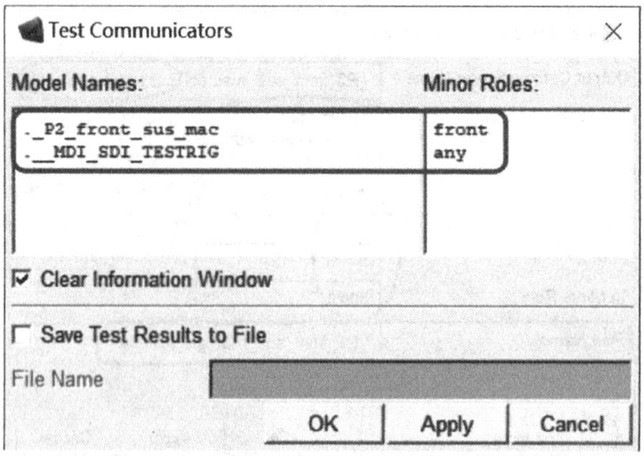

图2.28 通讯器测试

• Model Names：_P2_front_sus_mac，.__MDI_SUSPENSION_TESTRIG；
• Minor Roles：front，any；
• 单击OK，完成悬架模型和悬架试验台_P2_front_sus_mac，.__MDI_SUSPENSION_

TESTRIG的匹配测试，通过测试信息可以查看输入输出通讯器间的关系。

- 单击File > Save As命令，保存模板对话框，如图2.29所示；

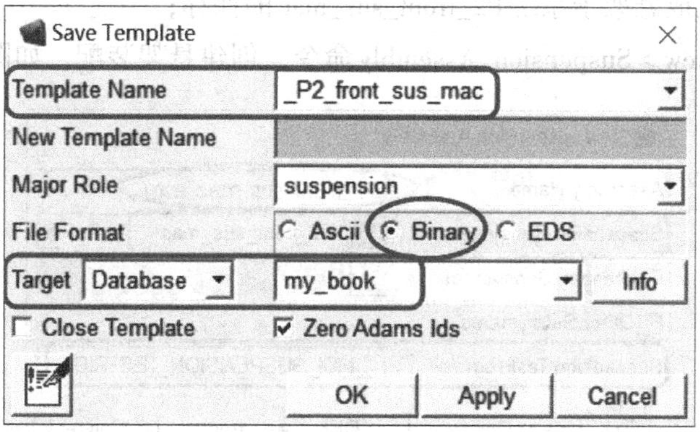

图2.29　悬架模型保存

- New Template Name：P2_front_sus_mac；
- Major Role：suspension；
- File Format：Binary；
- Target：Datebase/my_book；
- 单击OK，完成悬架模型P2_front_sus_mac的保存。

2.2.13　悬架装配

- 按F9，ADAMS界面切换到标准模式；
- 单击File > New > Suspension命令，创建子系统对话框，如图2.30所示；

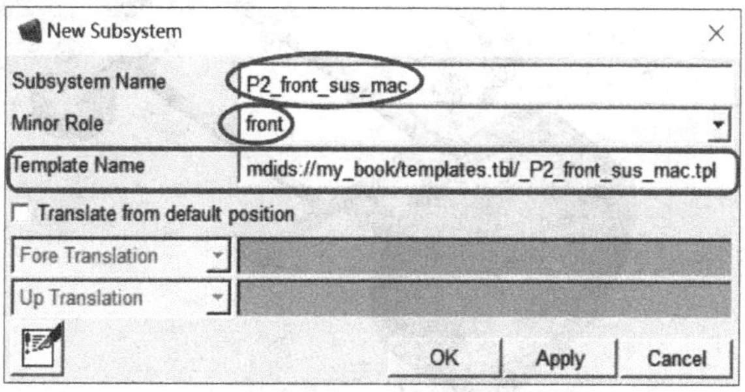

图2.30　悬架子系统

- Subsystem Name：P2_front_sus_mac；
- Minor Role：　front；
- Template Name：　mdids：//my_book/templates.tbl/_P2_front_sus_mac.tpl；
- 单击OK，完成悬架子系统P2_front_sus_mac的创建。
- 单击File > Save As > Subsystem命令；
- Minor Role：front；

• File Format：Binary；
• Target：Datebase/my_book；
• 单击OK，完成悬架子系统P2_front_sus_mac的保存；
• 单击File > New > Suspension Assembly命令，创建悬架装配，如图2.31所示；

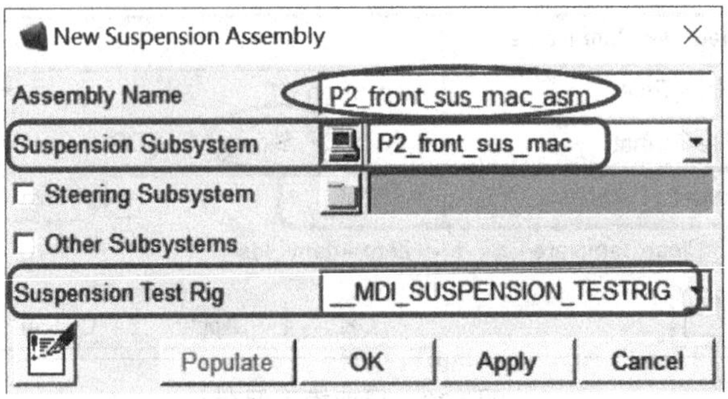

图2.31　悬架装配

• Assembly Name：P2_front_sus_mac_asm；
• Suspension Subsystem： mdids：//my_book/subsystems.tbl/P2_front_sus_mac.sub；
• Suspension Test Rig： _MDI_SUSPENSION_TESTRIG；
• 单击OK，完成柔性麦弗逊悬架与实验台架装配，如图2.32所示。

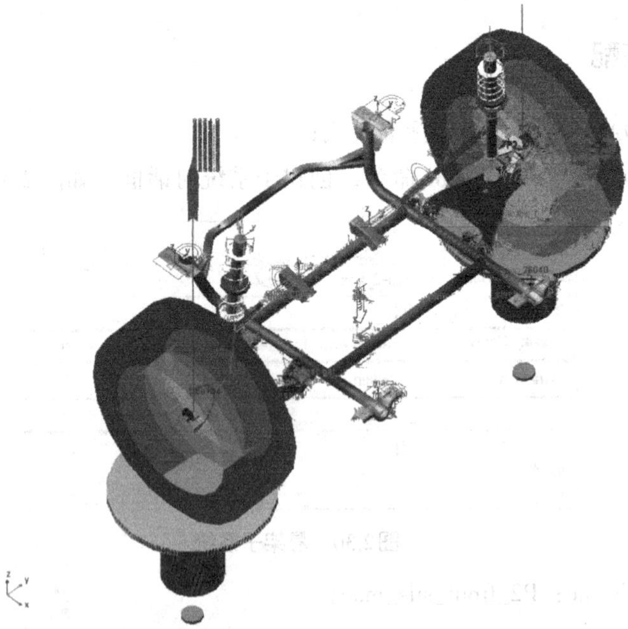

图2.32　悬架与试验台装配模型（车轮反向跳动实验）

2.3　车轮反向跳动仿真

• 单击 Simulate > Suspension Analysis > Parallel Wheel Travel 命令，双轮同向激振设置，如图 2.33—图 2.37 所示；

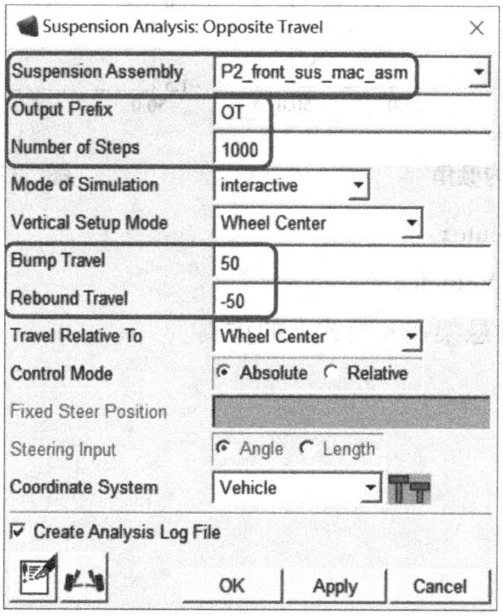

图 2.33　双轮反向跳动

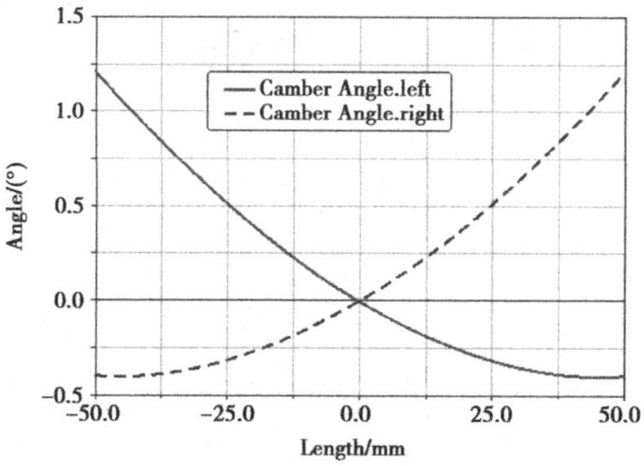

图 2.34　车轮外倾角

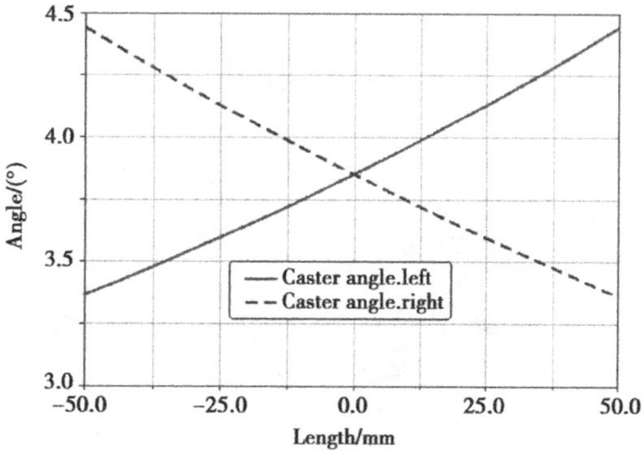

图 2.35　主销后倾角

• Output Prefix：OT；
• Number of Steps：1000；
• Mode of Simulation：interactive；
• Vertical Setup Mode：Wheel Center；
• Bump Travel：50；
• Rebound Travel：−50；
• Travel Relative To：Wheel Center；

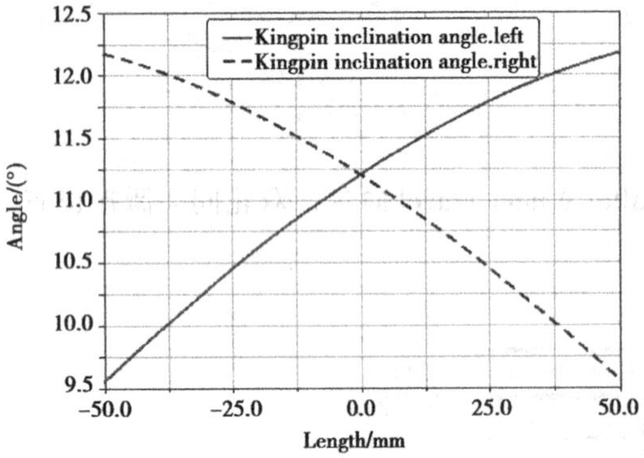

图2.36 主销内倾角

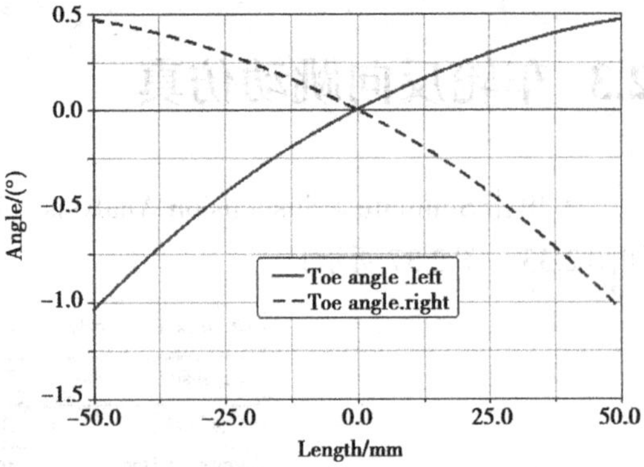

图2.37 车轮前束角

- Control Mode：Absolute；
- Coordinate System：Vehicle；
- 单击OK，完成柔性悬架在K模式下的仿真。

第3章　钢板弹簧模型

——Nonlinear Beam

钢板弹簧建模方法较多，推荐采用Beam梁建立板簧模型，其综合特性较好。本章中通过案例介绍4片叠加板簧模型的建立，建模的核心是非线性梁及接触的施加，接触重复施加过程需要谨慎，务必保证接触面的准确对应关系；另外通过点面约束模拟弹簧夹，保证弹簧装配体在运动过程中接触面不产生分离，否则会导致在大载荷状态下模型计算错误。此案例主要讲解板簧的建模方法，商用车整车研发设计过程中需要保证板簧垂向刚度与实验刚度曲线准确吻合，此过程需要多次调试模型才能完成。建立的4片板簧装配模型如图3.1所示。

图3.1　板簧模型

3.1 非线性梁

3.1.1　板簧硬点参数

- 启动ADAMS/CAR，选择专家模块进入建模界面；
- 单击File > New命令，弹出建模对话框，如图3.2所示；
- 在模板名称（Template Name）输入my_leaf_4，主特征选择（Major Role）suspension，单击OK；
- 单击Build > Hardpoint > New命令，

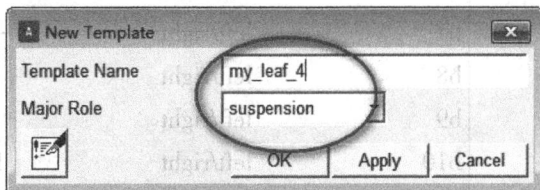

图3.2　新建模板对话框

弹出创建硬点对话框，如图3.3所示；

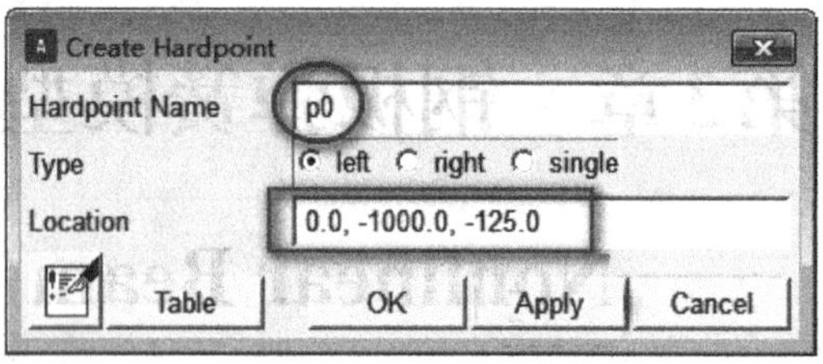

图3.3　硬点对话框

• 硬点名称（Hardpoint Name）输入p0，类型（Type）选择left；位置（Location）文本框输入：0.0, −1000.0, −125.0；

• 单击Apply，完成p0硬点的创建；

• 重复硬点建立，完成如下硬点参数的建立。

硬点参数

hardpoint name	symmetry	x_value	y_value	z_value
a2	left/right	−550.0	−600.0	0.0
a3	left/right	−450.0	−600.0	0.0
a4	left/right	−350.0	−600.0	0.0
a5	left/right	−250.0	−600.0	0.0
a6	left/right	−150.0	−600.0	0.0
a7	left/right	−50.0	−600.0	0.0
a8	left/right	0.0	−600.0	0.0
a9	left/right	50.0	−600.0	0.0
a10	left/right	150.0	−600.0	0.0
a11	left/right	250.0	−600.0	0.0
a12	left/right	350.0	−600.0	0.0
a13	left/right	450.0	−600.0	0.0
a14	left/right	550.0	−600.0	0.0
b3	left/right	−450.0	−600.0	−30.0
b4	left/right	−350.0	−600.0	−30.0
b5	left/right	−250.0	−600.0	−30.0
b6	left/right	−150.0	−600.0	−30.0
b7	left/right	−50.0	−600.0	−30.0
b8	left/right	0.0	−600.0	−30.0
b9	left/right	50.0	−600.0	−30.0
b10	left/right	150.0	−600.0	−30.0
b11	left/right	250.0	−600.0	−30.0
b12	left/right	350.0	−600.0	−30.0

b13	left/right	450.0	−600.0	−30.0
c5	left/right	−250.0	−600.0	−60.0
c6	left/right	−150.0	−600.0	−60.0
c7	left/right	−50.0	−600.0	−60.0
c8	left/right	0.0	−600.0	−60.0
c9	left/right	50.0	−600.0	−60.0
c10	left/right	150.0	−600.0	−60.0
c11	left/right	250.0	−600.0	−60.0
p0	left/right	0.0	−1000.0	−125.0
p1	left/right	−650.0	−600.0	30.0
p2	left/right	−550.0	−600.0	30.0
p3	left/right	−450.0	−600.0	30.0
p4	left/right	−350.0	−600.0	30.0
p5	left/right	−250.0	−600.0	30.0
p6	left/right	−150.0	−600.0	30.0
p7	left/right	−50.0	−600.0	30.0
p8	left/right	0.0	−600.0	30.0
p9	left/right	50.0	−600.0	30.0
p10	left/right	150.0	−600.0	30.0
p11	left/right	250.0	−600.0	30.0
p12	left/right	350.0	−600.0	30.0
p13	left/right	450.0	−600.0	30.0
p14	left/right	550.0	−600.0	30.0
p15	left/right	650.0	−600.0	30.0
p16	left/right	600.0	−600.0	250.0

- 单击 Build > Suspension Parameters > Toe/Camber Values> Set 命令，弹出悬架参数对话框，如图3.4所示。前束角输入0；外倾角输入0；单击OK，完成参数创建；与此同时系统自动建立两个输出通讯器：col[r]_toe_angle、col[r]_camber_angle；

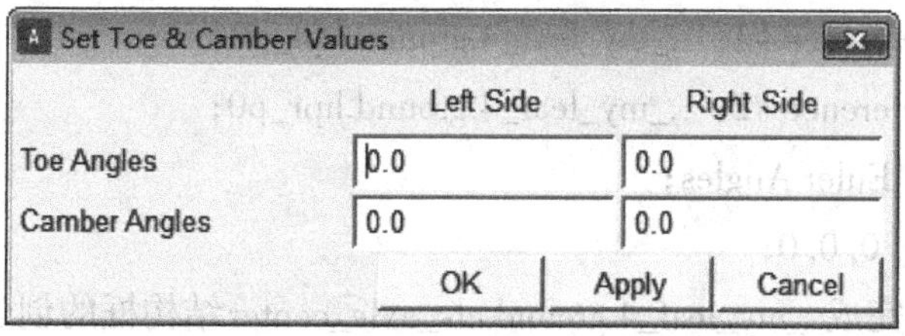

图3.4　悬架参数

• 单击Build > Construction Frame > New命令，弹出创建结构框，如图3.5所示；

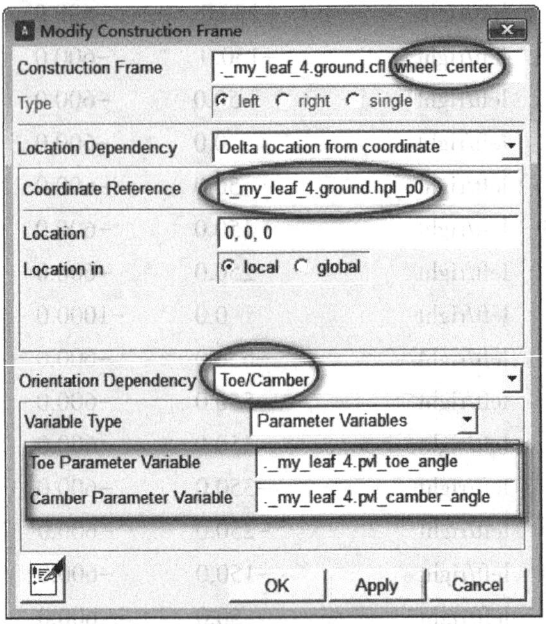

图3.5 wheel_center结构框

• Construction Frame：wheel_center；
• Type：left；
• Coordinate Reference ：._my_leaf_4.ground.hpl_p0；
• Location：0, 0, 0；
• Location in：local；
• Orientation Dependency：Toe/Camber；
• Variable Type：Parameter Variable；
• Toe Parameter Variable：._my_leaf_4.pvl_toe_angle；
• Camber Parameter Variable：._my_leaf_4.pvl_camber_angle；
• 单击Apply，完成._my_leaf_4.ground.cfl_wheel_center结构框的创建。
• Construction Frame：axle_center；
• Type：single；
• Centered between：Two Coordinates；
• Coordinate Reference #1：._my_leaf_4.ground.hpl_p0；
• Coordinate Reference #2：._my_leaf_4.ground.hpr_p0；
• Orient using：Euler Angles；
• Euler Angles：0, 0, 0；
• 单击Apply，完成._my_leaf_4.ground.cfs_axle_center结构框的创建；
• Construction Frame：p1；

- Type：left；
- Coordinate Reference ：._my_leaf_4.ground.hpl_p1；
- Location：0, 0, 0；
- Location in：local；
- Orientation Dependency：User-entered values；
- Orient using：Euler Angles；
- Euler Angles：0, 0, 0；
- 单击Apply，完成._my_leaf_4.ground.cfl_p1结构框的创建；
- Construction Frame：p8；
- Type：left；
- Coordinate Reference ：._my_leaf_4.ground.hpl_p8；
- Location：0, 0, 0；
- Location in：local；
- Orientation Dependency：User-entered values；
- Orient using：Euler Angles；
- Euler Angles：0,90,0；
- 单击Apply，完成._my_leaf_4.ground.cfl_p8结构框的创建；
- Construction Frame：p15；
- Type：left；
- Coordinate Reference ：._my_leaf_4.ground.hpl_p15；
- Location：0, 0, 0；
- Location in：local；
- Orientation Dependency：User-entered values；
- Orient using：Euler Angles；
- Euler Angles：0,90,0；
- 单击Apply，完成._my_leaf_4.ground.cfl_p15结构框的创建；
- Construction Frame：p16；
- Type：left；
- Coordinate Reference：._my_leaf_4.ground.hpl_p16；
- Location：0, 0, 0；
- Location in：local；
- Orientation Dependency：User-entered values；
- Orient using：Euler Angles；
- Euler Angles：0,90,0；
- 单击OK，完成._my_leaf_4.ground.cfl_p16结构框的创建。

• 单击 Build > Suspension Parameters > Characteristics Arrary > Set 命令，此设置主要用于设置悬架的转向主销，如图3.6所示；

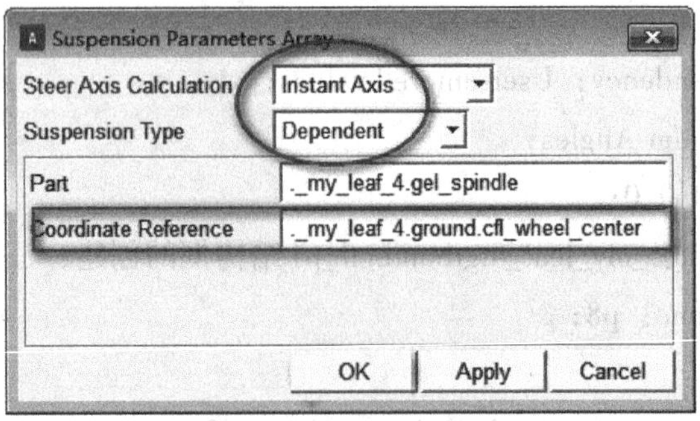

图3.6　悬架参数变量设置

• Steer Axis Calculation：Instant Axis；

• Suspension Type： Dependent；

• Part： ._my_leaf_4.gel_spindle；

• Coordinate Reference：._my_leaf_4.ground.cfl_wheel_center；

• 单击OK，完成悬架参数变量设置。

3.1.2　非线性梁部件

• 单击 Build > Part > Nonlinear Beam > New 命令，弹出创建非线性梁对话框，如图3.7所示；

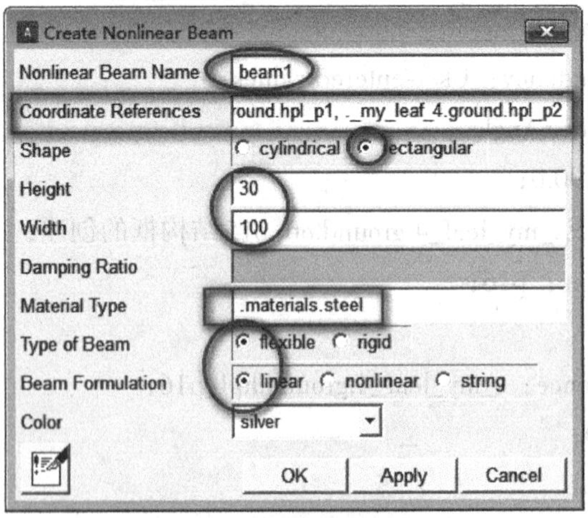

图3.7　非线性梁部件 Beam1

• Nonlinear Beam Name：beam1；

• Coordinate Reference：

[1] ._my_leaf_4.ground.hpl_p1,

[2] ._my_leaf_4.ground.hpl_p2,
[3] ._my_leaf_4.ground.hpl_p3,
[4] ._my_leaf_4.ground.hpl_p4,
[5] ._my_leaf_4.ground.hpl_p5,
[6] ._my_leaf_4.ground.hpl_p6,
[7] ._my_leaf_4.ground.hpl_p7,
[8] ._my_leaf_4.ground.hpl_p8,
[9] ._my_leaf_4.ground.hpl_p9,
[10] ._my_leaf_4.ground.hpl_p10,
[11] ._my_leaf_4.ground.hpl_p11,
[12] ._my_leaf_4.ground.hpl_p12,
[13] ._my_leaf_4.ground.hpl_p13,
[14] ._my_leaf_4.ground.hpl_p14,
[15] ._my_leaf_4.ground.hpl_p15;

- Shape：rectangular;
- Height：30;
- Width：100;
- Material Type：.materials. steel;
- Type of Beam：flexible;
- Beam Formulation：linear;
- 单击Apply，完成._my_leaf_4.nrl_1_beam1部件的创建；
- Nonlinear Beam Name：beam2;
- Coordinate Reference：

[1] ._my_leaf_4.ground.hpl_a2,
[2] ._my_leaf_4.ground.hpl_a3,
[3] ._my_leaf_4.ground.hpl_a4,
[4] ._my_leaf_4.ground.hpl_a5,
[5] ._my_leaf_4.ground.hpl_a6,
[6] ._my_leaf_4.ground.hpl_a7,
[7] ._my_leaf_4.ground.hpl_a8,
[8] ._my_leaf_4.ground.hpl_a9,
[9] ._my_leaf_4.ground.hpl_a10,
[10] ._my_leaf_4.ground.hpl_a11,
[11] ._my_leaf_4.ground.hpl_a12,
[12] ._my_leaf_4.ground.hpl_a13,
[13] ._my_leaf_4.ground.hpl_a14;

- Shape：rectangular;

• Height：30；
• Width：100；
• Material Type：.materials. steel；
• Type of Beam：flexible；
• Beam Formulation：linear；
• 单击Apply，完成._my_leaf_4.nrl_1_beam2部件的创建；
• Nonlinear Beam Name：beam3；
• Coordinate Reference：
[1] ._my_leaf_4.ground.hpl_b3,
[2] ._my_leaf_4.ground.hpl_b4,
[3] ._my_leaf_4.ground.hpl_b5,
[4] ._my_leaf_4.ground.hpl_b6,
[5] ._my_leaf_4.ground.hpl_b7,
[6] ._my_leaf_4.ground.hpl_b8,
[7] ._my_leaf_4.ground.hpl_b9,
[8] ._my_leaf_4.ground.hpl_b10,
[9] ._my_leaf_4.ground.hpl_b11,
[10] ._my_leaf_4.ground.hpl_b12,
[11] ._my_leaf_4.ground.hpl_b13;
• Shape：rectangular；
• Height：30；
• Width：100；
• Material Type：.materials. steel；
• Type of Beam：flexible；
• Beam Formulation：linear；
• 单击Apply，完成._my_leaf_4.nrl_1_beam3部件的创建；
• Nonlinear Beam Name：beam4；
• Coordinate Reference：
[1] ._my_leaf_4.ground.hpl_c5,
[2] ._my_leaf_4.ground.hpl_c6,
[3] ._my_leaf_4.ground.hpl_c7,
[4] ._my_leaf_4.ground.hpl_c8,
[5] ._my_leaf_4.ground.hpl_c9,
[6] ._my_leaf_4.ground.hpl_c10,
[7] ._my_leaf_4.ground.hpl_c11;
• Shape：rectangular；

- Height：30；
- Width：100；
- Material Type：materials. steel；
- Type of Beam：flexible；
- Beam Formulation：linear；
- 单击OK，完成._my_leaf_4.nrl_1_beam4部件的创建。

3.1.3　车轴rear_axle部件

- 单击Build > Part > General Part > New命令，弹出创建部件对话框，如图3.8所示；

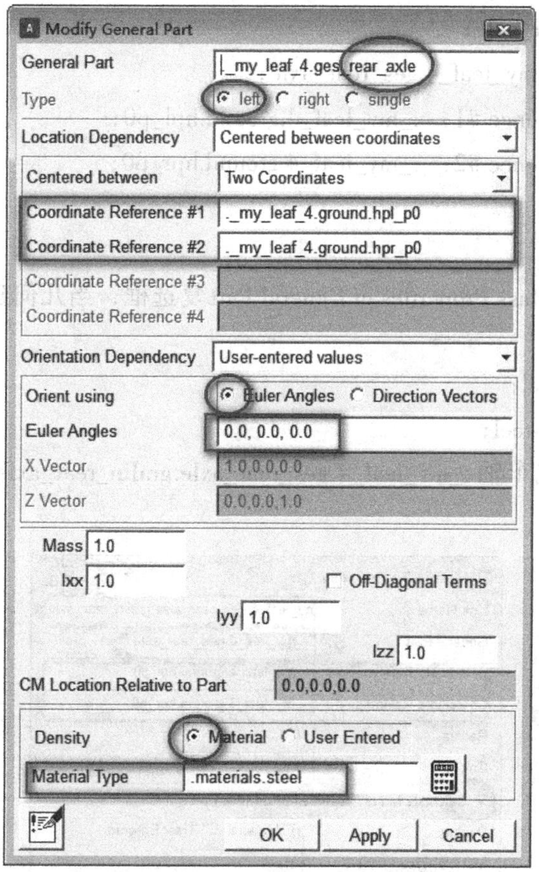

图3.8　rear_axle 部件创建对话框

- General Part：rear_axle；
- Type：left；
- Location Dependency：Centered between coordinates；
- Centered between：Two Coordinates；
- Coordinate Reference #1：._my_leaf_4.ground.hpl_p0；
- Coordinate Reference #2：._my_leaf_4.ground.hpr_p0；

- Orient using：Euler Angles；
- Euler Angles：0, 0, 0；
- Mass：1；
- Ixx：1；
- Iyy：1；
- Izz：1；
- Density：Material；
- Material Type：.materials.steel；
- 单击OK，完成部件._my_leaf_4.ges_rear_axle的创建；
- 单击Build > Geometry > Link > New命令：
- Link Name：rear_axle；
- General Part：._my_leaf_4.ges_rear_axle；
- Coordinate Reference #1：._my_leaf_4.ground.hpl_p0；
- Coordinate Reference #2：._my_leaf_4.ground.hpr_p0；
- Radius：50；
- Color：white；
- 勾选Calculate Mass Properties of General Part复选框，当几何建立后会更新对应部件的质量和惯量参数；
- Density：Material；
- Material Type：steel；
- 单击OK，完成车轴._my_leaf_4.ges_rear_axle.gralin_rear_axle几何体的创建，如图3.9所示。

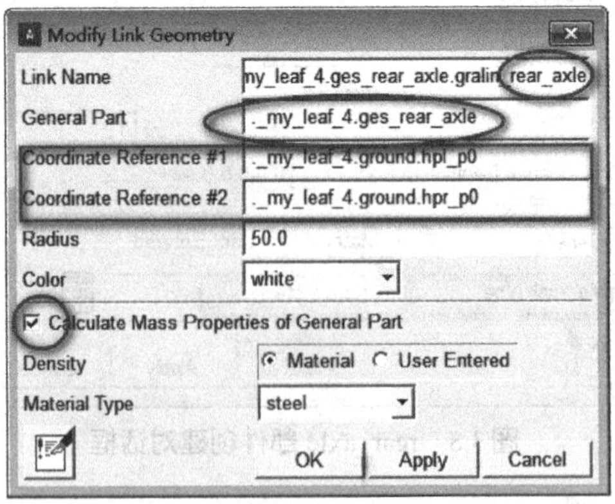

图3.9 车轴几何体创建对话框

3.1.4 轮毂spindle部件

- 单击Build > Part > General Part > New命令，弹出创建部件对话框，参考图3.8；
- General Part：spindle；

- Location Dependency：Delta location from coordinate；
- Coordinate Reference ：._my_leaf_4.ground.cfl_wheel_center；
- Location：0, 0, 0；
- Location in：local；
- Orientation Dependency：Delta orientation from coordinate；
- Construction Frame：._my_leaf_4.ground.cfl_wheel_center；
- Orientation：0, 0, 0；
- Mass：1；
- Ixx：1；
- Iyy：1；
- Izz：1；
- Density：Material；
- Material Type：.materials.steel；
- 单击OK，完成部件._my_leaf_4.gel_spindle的创建；
- 单击Build > Geometry > Cylinder > New命令，弹出创建几何体对话框，如图3.10所示；

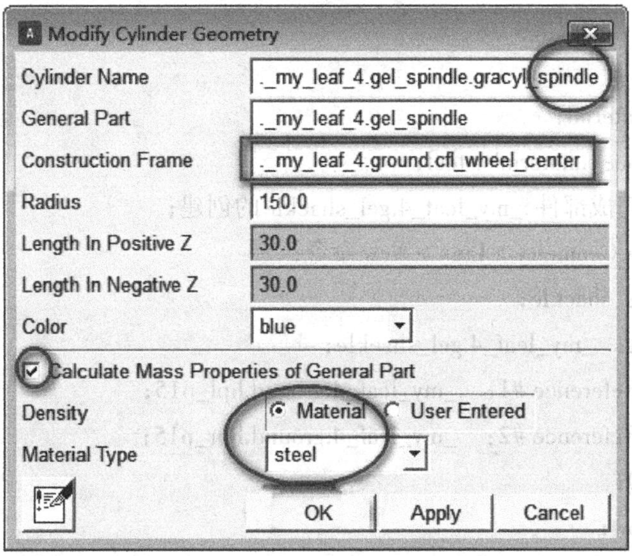

图3.10　车轴几何体spindle创建对话框

- Cylinder Name：spindle；
- General Part：._my_leaf_4.gel_spindle；
- Construction Frame：._my_leaf_4.ground.cfl_wheel_center；
- Radius：150；
- Length In Postive Z：30；
- Length In Negative Z：30；

- Color：blue；
- 勾选Calculate Mass Properties of General Part复选框；
- 单击OK，完成轮毂圆柱体._my_leaf_4.gel_spindle.gracyl_spindle几何体的创建。

3.1.5 吊耳shackle部件

- 单击Build > Part > General Part > New命令，弹出创建部件对话框，参考图3.8；
- General Part：shackle；
- Type：single；
- Location Dependency：Centered between coordinates；
- Centered between：Two Coordinates；
- Coordinate Reference #1：._my_leaf_4.ground.hpl_p15；
- Coordinate Reference #2：._my_leaf_4.ground.hpr_p15；
- Orient using：Euler Angles；
- Euler Angles：0, 0, 0；
- Mass：1；
- Ixx：1；
- Iyy：1；
- Izz：1；
- Density：Material；
- Material Type：.materials.steel；
- 单击OK，完成部件._my_leaf_4.gel_shackle的创建；
- 单击Build > Geometry > Link > New命令；
- Link Name：shackle；
- General Part：._my_leaf_4.gel_shackle；
- Coordinate Reference #1：._my_leaf_4.ground.hpl_p15；
- Coordinate Reference #2：._my_leaf_4.ground.hpr_p15；
- Radius：20；
- Color：yellow；
- 勾选Calculate Mass Properties of General Part复选框；
- Density：Material；
- Material Type：steel；
- 单击OK，完成车轴._my_leaf_4.gel_shackle.gralin_shackle几何体的创建。

3.2 接触力

- 单击Tools > Adams/View Interface命令，切换到View通用界面，如图3.11所示；

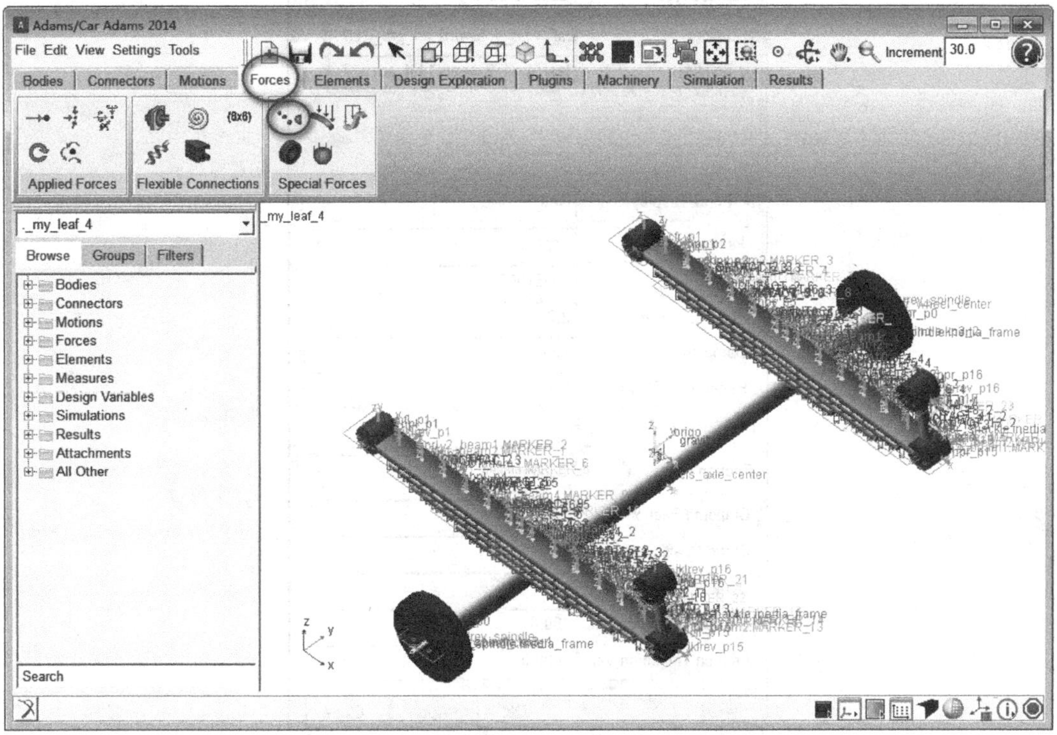

图3.11　Adams/View Interface界面

- 单击Forces > Create a Contact命令，弹出创建接触对话框，如图3.12所示；
- Contant Type：Solid to Solid；
- I Solid（s）：._my_leaf_4.nrl_1_beam2.nrl_gra_i_29；
- J Solid（s）：._my_leaf_4.nrl_2_beam1.nrl_gra_i_3；
- Force Display：Red；
- Normal Force：Impact；
- Force Exponent：2.2；
- Damping：10；
- Friction Force：Coulomb；
- Coulomb Friction：On；
- Static Coefficient：0.3；
- Dynamic Coefficient：0.1；
- 其余参数保持默认，单击Apply，完成._my_leaf_4.CONTACT_1接触设置，重复上述步骤，完成所有对应接触面的接触力设置，特别强调接触面要一一对应，此模型包含102个接触。

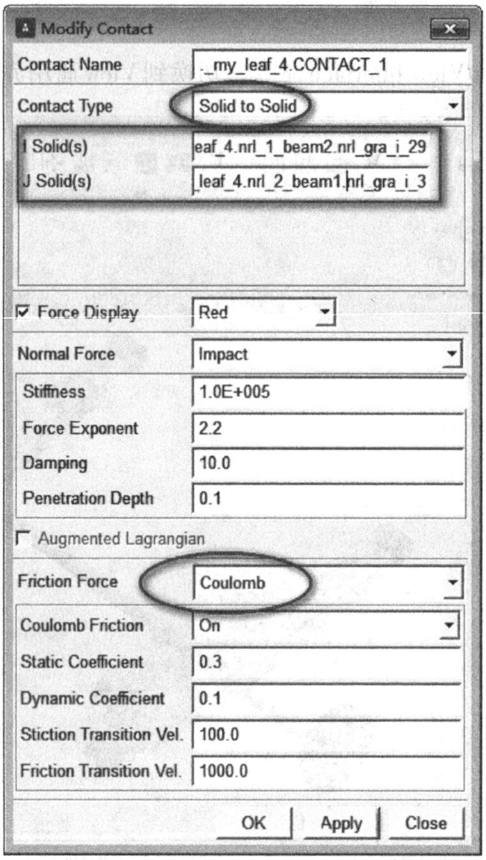

图3.12　接触力创建对话框

3.3 弹簧夹

钢板弹簧弹簧夹的主要作用是保障弹簧在上下运动过程中装配（模型中为接触）的两个簧片不产生分离，通过约束关系中的点面约束抽象为弹簧夹。当钢板弹簧长度较大时，在板簧接触的端部和大概中间部位约束。在大载荷冲击下，点面约束是保障整车静平衡或者板簧计算模型收敛的必要条件。

• 单击 Connectors > Primitives> Create an inplane Joint Primitive 命令；

• Construction：2 Bodies—1 Location；

• Normal To Grid；

• 用鼠标分别选择钢板弹簧部件._my_leaf_4.nrl_1_beam2，._my_leaf_4.nrl_2_beam1及._my_leaf_4.ground.hpl_p1点，完成._my_leaf_4.JPRIM_1点面约束的创建；

• 在模型树上右击点面约束._my_leaf_4.JPRIM_1单击Modify或者双击点面约束._my_leaf_4.JPRIM_1弹出约束对话框，如图3.13所示。此模型建立过程中共包含12个点面约束。本章提供板簧模型_my_leaf_4.tpl，读者可以根据模型详细查看接触与点面约束的施加。

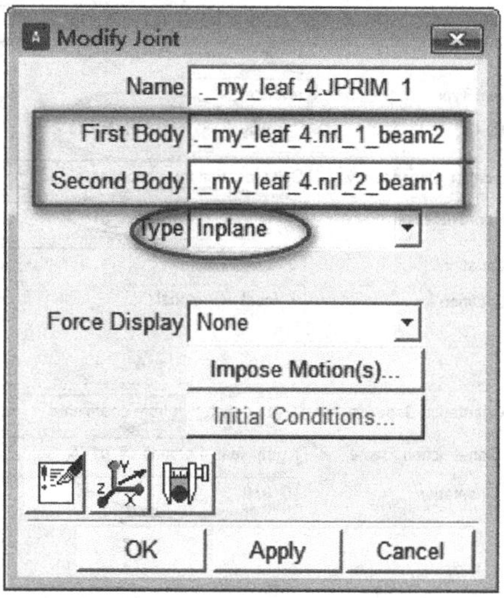

图3.13　点面约束对话框

3.4 板簧模型约束

• 单击 Tools > Select Mode > Switch To A/Car Template Builder 命令，切换到 ADAMS/CAR专家界面；

• 单击Build > Part > Mount > New命令；

• Mount Name：leafspring_to_body；

• Coordinate Reference：._my_leaf_4.ground.cfs_axle_center；

• From Minor Role：inherit；

• 单击OK，完成._my_leaf_4.mts_leafspring_to_body安装部件的创建。

①部件nrl_1_beam1与安装件leafspring_to_body之间revolute约束。

• 单击 Build > Attachments > Joint > New 命令，弹出创建约束件对话框，如图3.14所示；

• Joint Name：p1；

• I Part：._my_leaf_4.nrl_1_beam1；

• J Part：._my_leaf_4.mts_leafspring_to_body；

• Joint Type：revolute；

• Active：kinematic mode；

• Location Dependency：Delta location from coordinate；

• Coordinate Reference：._my_leaf_4.ground.hpl_p1；

• Location：0, 0, 0；

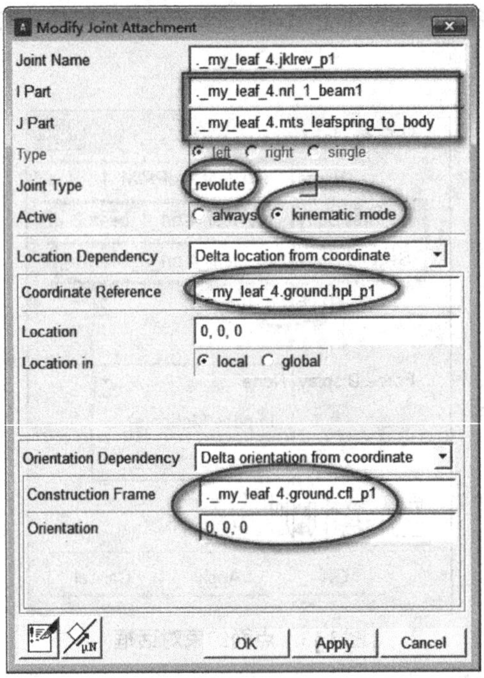

图3.14 刚性约束对话框—revolute

- Location in：local；
- Orientation Dependency：Delta orientation from coordinate；
- Construction Frame：._my_leaf_4.ground.cfl_p1；
- 单击Apply，完成约束副._my_leaf_4.jklrev_p1的创建。

②部件nrl_15_beam1与安装件leafspring_to_body之间revolute约束。

- Joint Name：p15；
- I Part：._my_leaf_4.nrl_15_beam1；
- J Part：._my_leaf_4.gel_shackle；
- Joint Type：revolute；
- Active：kinematic mode；
- Location Dependency：Delta location from coordinate；
- Coordinate Reference：._my_leaf_4.ground.hpl_p15；
- Location：0, 0, 0；
- Location in：local；
- Orientation Dependency：Delta orientation from coordinate；
- Construction Frame：._my_leaf_4.ground.cfl_p15；
- 单击Apply，完成约束副._my_leaf_4.jklrev_p15的创建。

③部件shackle与安装件leafspring_to_body之间revolute约束。

- Joint Name：p16；

• I Part：._my_leaf_4.gel_shackle；
• J Part：._my_leaf_4.mts_leafspring_to_body；
• Joint Type：revolute；
• Active：kinematic mode；
• Location Dependency：Delta location from coordinate；
• Coordinate Reference：._my_leaf_4.ground.hpl_p16；
• Location：0, 0, 0；
• Location in：local；
• Orientation Dependency：Delta orientation from coordinate；
• Construction Frame：._my_leaf_4.ground.cfl_p16；
• 单击Apply，完成约束副._my_leaf_4.jklrev_p16的创建。

④部件spindle与rear_axle之间revolute约束。

• Joint Name：spindle；
• I Part：._my_leaf_4.gel_spindle；
• J Part：._my_leaf_4.ges_rear_axle；
• Joint Type：revolute；
• Active：always；
• Location Dependency：Delta location from coordinate；
• Coordinate Reference：._my_leaf_4.ground.cfl_wheel_center；
• Location：0, 0, 0；
• Location in：local；
• Orientation Dependency：Delta orientation from coordinate；
• Construction Frame：._my_leaf_4.ground.cfl_wheel_center；
• 单击Apply，完成约束副._my_leaf_4.jolrev_spindle的创建。

⑤部件rear_axle与nrl_4_beam4之间fixed约束。

• Joint Name：axle；
• I Part：._my_leaf_4.ges_rear_axle；
• J Part：._my_leaf_4.nrl_4_beam4；
• Joint Type：fixed；
• Active：always；
• Location Dependency：Delta location from coordinate；
• Coordinate Reference：._my_leaf_4.ground.hpl_c8；
• Location：0, 0, 0；
• Location in：local；

- 单击Apply，完成约束副._my_leaf_4.jolfix_axle的创建。

⑥部件nrl_8_beam1与nrl_7_beam2之间fixed约束。

- Joint Name：beam1；
- I Part：._my_leaf_4.nrl_8_beam1；
- J Part：._my_leaf_4.nrl_7_beam2；
- Joint Type：fixed；
- Active：always；
- Location Dependency：Delta location from coordinate；
- Coordinate Reference：._my_leaf_4.ground.hpl_p8；
- Location：0, 0, 0；
- Location in：local；
- 单击Apply，完成约束副._my_leaf_4.jolfix_beam1的创建。

⑦部件nrl_6_beam3与nrl_7_beam2之间fixed约束。

- Joint Name：beam2；
- I Part：._my_leaf_4.nrl_7_beam2；
- J Part：._my_leaf_4.nrl_6_beam3；
- Joint Type：fixed；
- Active：always；
- Location Dependency：Delta location from coordinate；
- Coordinate Reference：._my_leaf_4.ground.hpl_a8；
- Location：0, 0, 0；
- Location in：local；
- 单击Apply，完成约束副._my_leaf_4.jolfix_beam2的创建。

⑧部件nrl_6_beam3与nrl_4_beam4之间fixed约束。

- Joint Name：beam3；
- I Part：._my_leaf_4.nrl_6_beam3；
- J Part：._my_leaf_4.nrl_4_beam4；
- Joint Type：fixed；
- Active：always；
- Location Dependency：Delta location from coordinate；
- Coordinate Reference：._my_leaf_4.ground.hpl_b8；
- Location：0, 0, 0；
- Location in：local；
- 单击OK，完成约束副._my_leaf_4.jolfix_beam3的创建。

⑨部件nrl_1_beam1与leafspring_to_body之间bushing约束。

- 单击Build > Attachments > Bushing > New命令，弹出创建衬套对话框；
- Bushing Name：p1；
- I Part： ._my_leaf_4.nrl_1_beam1；
- J Part： ._my_leaf_4.mts_leafspring_to_body；
- Inactive： kinematic mode；
- Preload：0, 0, 0；
- Tpreload：0, 0, 0；
- Offset：0, 0, 0；
- Roffset：0, 0, 0；
- Geometry Length：100；
- Geometry Radius：50；
- Property File：mdids：//acar_shared/bushings.tbl/mdi_0001.bus；
- Location Dependency：Delta location from coordinate；
- Coordinate Reference：._my_leaf_4.ground.hpl_p1；
- Location： 0, 0, 0；
- Location in：local；
- Orientation Dependency：Delta location from coordinate；
- Construction Frame：._my_leaf_4.ground.cfl_p1；
- Orientation： 0, 0, 0；
- 单击Apply，完成轴套._my_leaf_4.bkl_p1的创建。

⑩部件nrl_15_beam1与shackle之间bushing约束。

- Bushing Name：p15；
- I Part： ._my_leaf_4.nrl_1_beam1；
- J Part： ._my_leaf_4.gel_shackle；
- Inactive： kinematic mode；
- Preload：0, 0, 0；
- Tpreload：0, 0, 0；
- Offset：0, 0, 0；
- Roffset：0, 0, 0；
- Geometry Length：100；
- Geometry Radius：50；
- Property File：mdids：//acar_shared/bushings.tbl/mdi_0001.bus；
- Location Dependency：Delta location from coordinate；
- Coordinate Reference：._my_leaf_4.ground.hpl_p15；

- Location：0, 0, 0；
- Location in：local；
- Orientation Dependency：Delta location from coordinate；
- Construction Frame：._my_leaf_4.ground.cfl_p15；
- Orientation：0, 0, 0；
- 单击Apply，完成轴套._my_leaf_4.bkl_p15的创建。

⑪部件leafspring_to_body与shackle之间bushing约束。

- Bushing Name：p15；
- I Part：._my_leaf_4.mts_leafspring_to_body；
- J Part：._my_leaf_4.gel_shackle
- Inactive：kinematic mode；
- Preload：0, 0, 0；
- Tpreload：0, 0, 0；
- Offset：0, 0, 0；
- Roffset：0, 0, 0；
- Geometry Length：100；
- Geometry Radius：50；
- Property File：mdids：//acar_shared/bushings.tbl/mdi_0001.bus；
- Location Dependency：Delta location from coordinate；
- Coordinate Reference：._my_leaf_4.ground.hpl_p16；
- Location：0, 0, 0；
- Location in：local；
- Orientation Dependency：Delta location from coordinate；
- Construction Frame：._my_leaf_4.ground.cfl_p16；
- Orientation：0, 0, 0；
- 单击OK，完成轴套._my_leaf_4.bkl_p16的创建。

3.5 板簧悬架通讯器

- 单击Build > Communicator > Output >New命令，弹出输出通讯器对话框；
- Output Communicator Name：suspension_mount；
- Matching Name（s）：suspension_mount；
- Type：left；

- Entity：mount；
- To Minor Role：inherit；
- Part Name：._my_leaf_4.gel_spindle；
- 单击Apply，完成通讯器._my_leaf_4.col_suspension_mount的创建；
- Output Communicator Name： wheel_center；
- Matching Name（s）：wheel_center；
- Type：left；
- Entity：Location；
- To Minor Role：inherit；
- Coordinate Reference Name：._my_leaf_4.ground.cfl_wheel_center；
- 单击Apply，完成通讯器._my_leaf_4.col_wheel_center的创建；
- Output Communicator Name：suspension_upright；
- Matching Name（s）：suspension_upright；
- Type：left；
- Entity：mount；
- To Minor Role：inherit；
- Part Name：._my_leaf_4.ges_rear_axle；
- 单击OK，完成通讯器._my_leaf_4.col_suspension_upright的创建；
- 保存模型，至此4片装配体板簧模型建立完成。

3.6 反向激振实验

车辆反向激振实验完成后，如图3.15所示。车辆上下跳动幅值在-30~30 mm，由于板簧接触特性的存在，模型在计算过程中速度较为缓慢，计算完成后板簧接触力及各参数，如图3.16—图3.25所示。

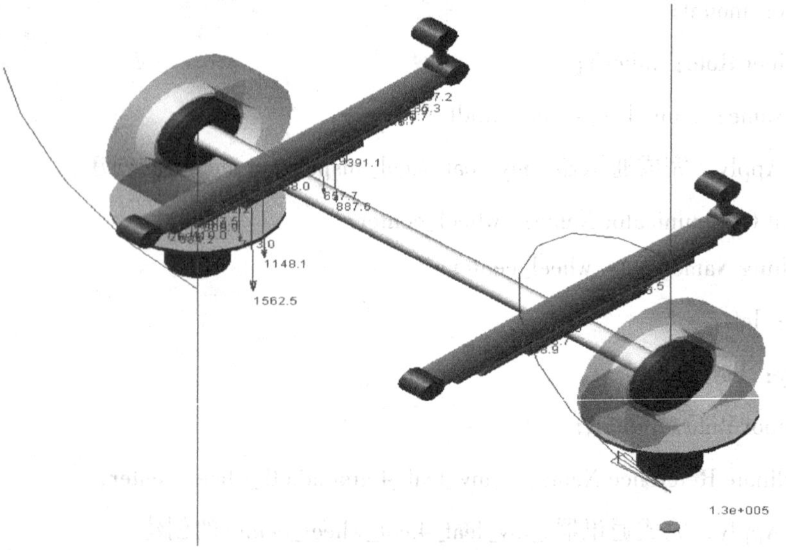

图3.15 车轮反向激振实验

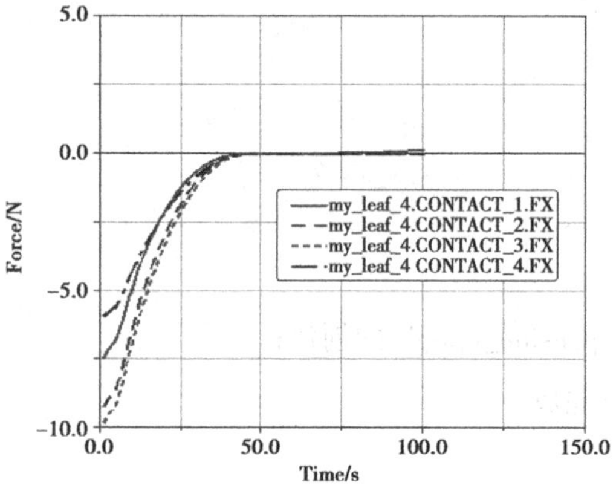

图3.16 *X*方向接触力

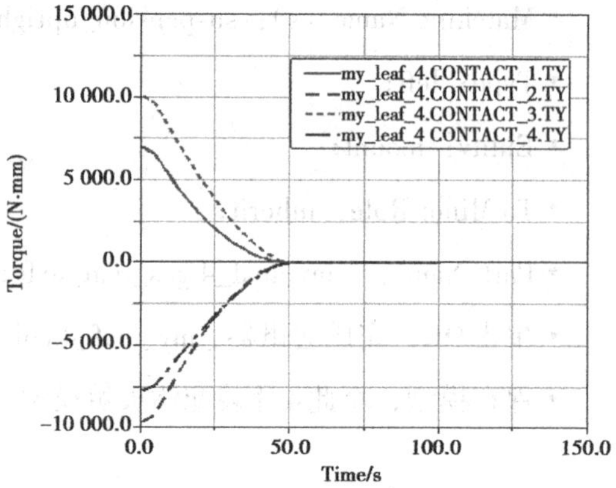

图3.17 *Y*方向接触力

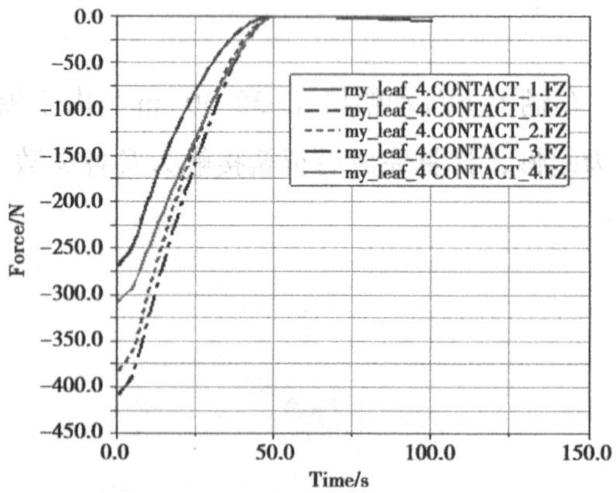

图3.18 *Z*方向接触力

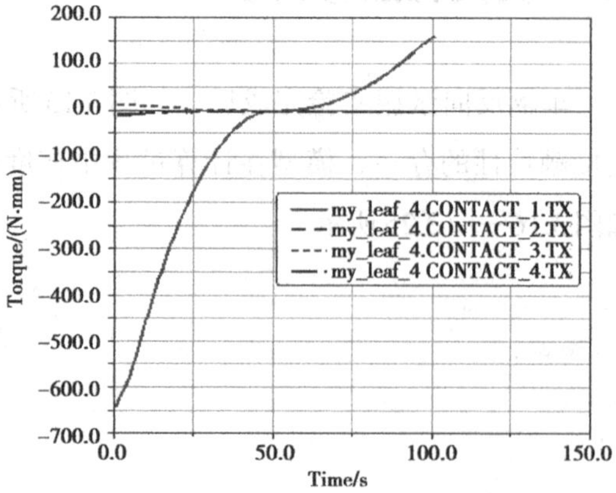

图3.19 *X*方向扭转接触力

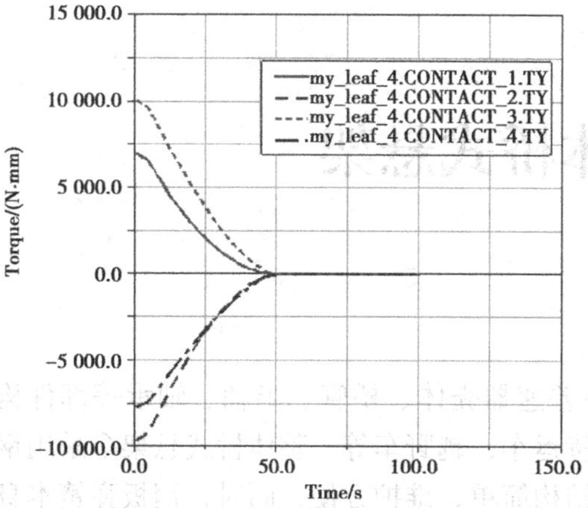

图3.20　Y方向扭转接触力

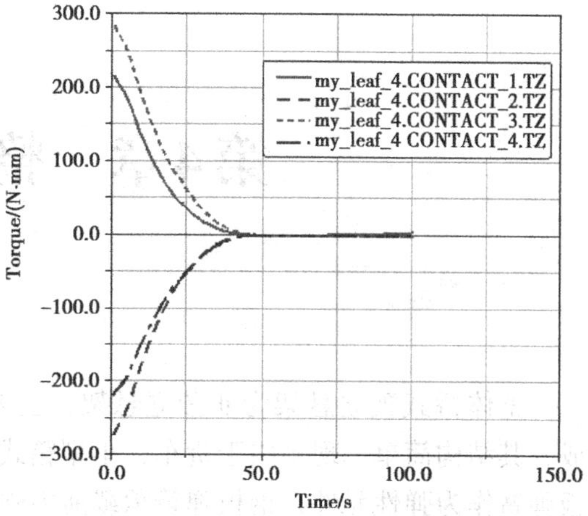

图3.21　Z方向扭转接触力

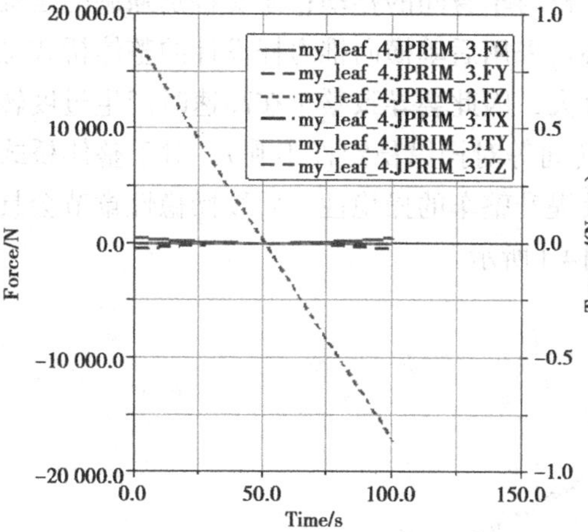

图3.22　板簧中段弹簧夹受力状态

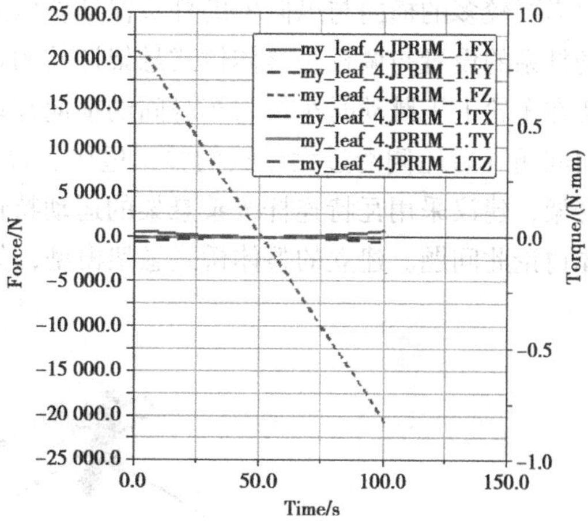

图3.23　板簧前段弹簧夹受力状态

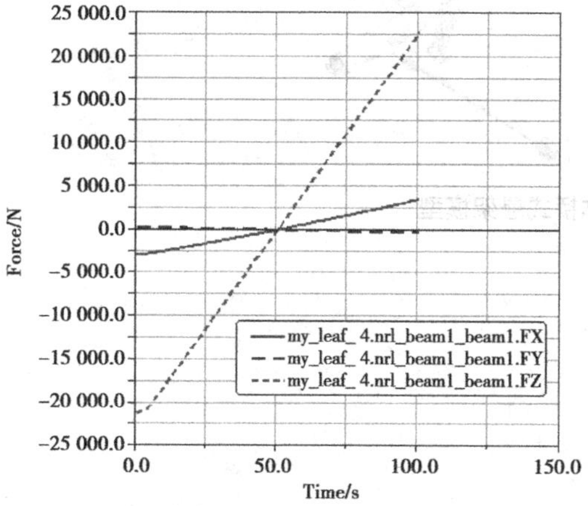

图3.24　柔性梁垂向受力状态

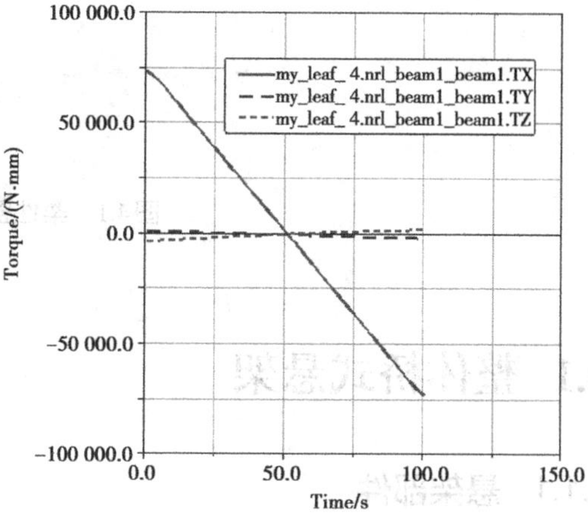

图3.25　柔性梁扭转受力状态

第4章　整体桥式悬架

整体桥式独立悬架为非独立悬架，主要由差速器壳体、桥管、半轴、轴承等部件构成，其结构简单，现多用于货车，小型箱式客货运车，越野车等；整体桥式悬架多采用钢板弹簧作为弹性元件，钢板弹簧承载能力强，结构简单，维护方便，同时，钢板弹簧本身又会起到纵向与横向稳定杆作用。采用螺旋弹簧作为弹性元件可以提供更大的轮胎行程，但需要较多的横向与纵向辅助杆系保证整体式车桥与车身间的移动；需要特别强调的是辅助杆系的设置与调校是整体桥式悬架调校的核心。采用后单横向推力杆设计的整体桥式悬架在车轮上下跳动时车桥与车身间的横向移动过大，因此会导致整车在高速时产生过度转向问题（后轮侧滑过大导致的整车甩尾、过度转向等对操纵稳定性不利）。对于整体桥式悬架，建议采用瓦特连杆改善悬架的运动特性及提升整车的操稳性，后续操稳性章节会具体讨论此问题。建立的整体桥式悬架模型，如图4.1所示。

图4.1　柔性整体桥式悬架模型

4.1 整体桥式悬架

4.1.1 悬架部件

- 启动ADAMS/CAR，选择专家模块进入建模界面；
- 单击File > New命令，弹出建模对话框，如图4.2所示；

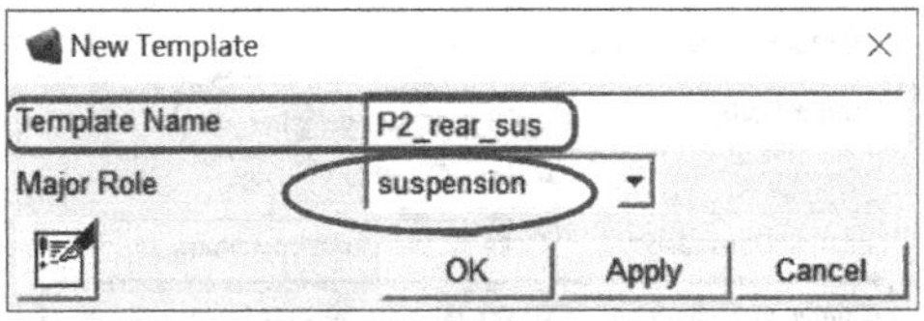

图4.2　悬架模板

• 模板名称（Template Name）输入P2_rear_sus，主特征（Major Role）选择suspension，单击OK；

• 单击Build > Hardpoint > New命令，创建硬点参数，如图4.3所示；

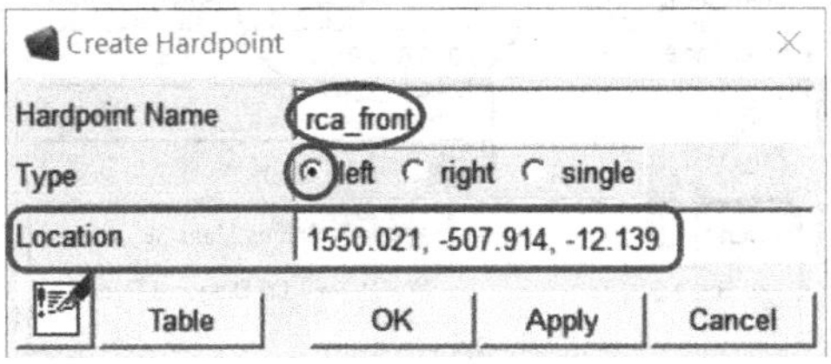

图4.3　硬点

• Hardpoint Name：rca_front；

• Type：left；

• Location：1550.021, −507.914, −12.139；

• 单击Apply，完成硬点rca_front的创建；

• 重复上述步骤完成图4.4中硬点的创建，创建完成后单击OK。

	loc_x	loc_y	loc_z
hpl_rca_front	1550.021	-507.914	-12.139
hpl_rca_mid	1975.65	-498.007	-12.551
hpl_rca_rear	2097.732	-494.901	-30.652
hpl_shaft_inner	2050.024	-100.0	20.305
hpl_shock_lower	1975.186	-414.126	-41.294
hpl_shock_lower_ref	1978.715	-418.5	-119.497
hpl_shock_up	1902.07	-418.403	307.599
hpl_shock_up_ref	1894.878	-418.482	345.967
hpl_spring_lower	2047.479	-461.523	43.206
hpl_spring_up	2034.793	-464.872	255.016
hpl_wheel_center	2049.857	-645.0	20.31
hps_axle_housle	2017.875	-31.547	23.373
hps_prod_to_axle	2155.221	497.941	26.859
hps_prod_to_body	2176.857	-449.275	55.467

图4.4　整体桥式悬架硬点

(1)部件Strut_up

• 单击Build > Part > General Part > New命令，创建部件，如图4.5所示；

• General Part：strut_up；

• Location Dependency：Delta location from coordinate；

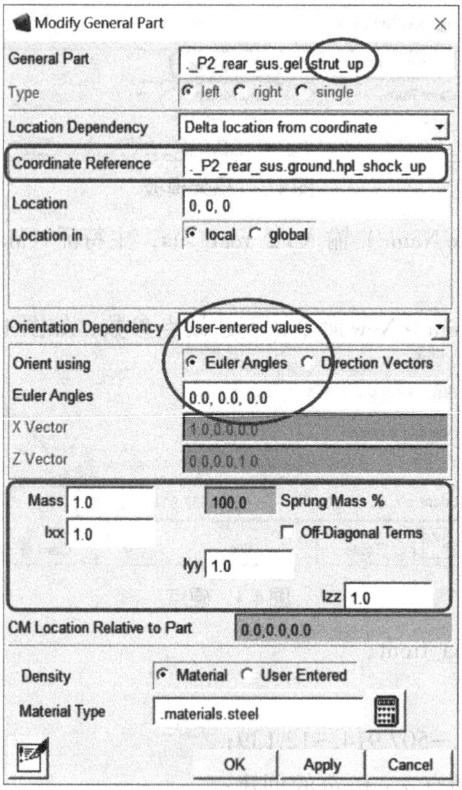

图4.5　部件strut_up

- Coordinate Reference： ._P2_rear_sus.ground.hpl_shock_up;
- Location：0, 0, 0;
- Location in：local;
- Orientation Dependency：User-entered values;
- Orient using：Euler Angles;
- Euler Angles：0, 0, 0;
- Mass：1;
- Ixx：1;
- Iyy：1;
- Izz：1;
- Density：Material;
- Material Type：.materials.steel;
- 单击OK，完成部件._P2_rear_sus.gel_strut_up的创建。

(2)部件Strut_down

- 单击Build > Part > General Part > New命令，创建部件参考图4.5;
- General Part：strut_down;

- Location Dependency：Delta location from coordinate；
- Coordinate Reference ：._P2_rear_sus.ground.hpl_shock_lower；
- Location：0, 0, 0；
- Location in：local；
- Orientation Dependency：User-entered values；
- Orient using：Euler Angles；
- Euler Angles：0, 0, 0；
- Mass：1；
- Ixx：1；
- Iyy：1；
- Izz：1；
- Density：Material；
- Material Type：.materials.steel；
- 单击OK，完成部件._P2_rear_sus.gel_strut_down的创建。

(3)轮毂spindle部件

• 单击Build > Suspension Parameters > Toe/Camber Values> Set命令，创建悬架参数，如图4.6所示；

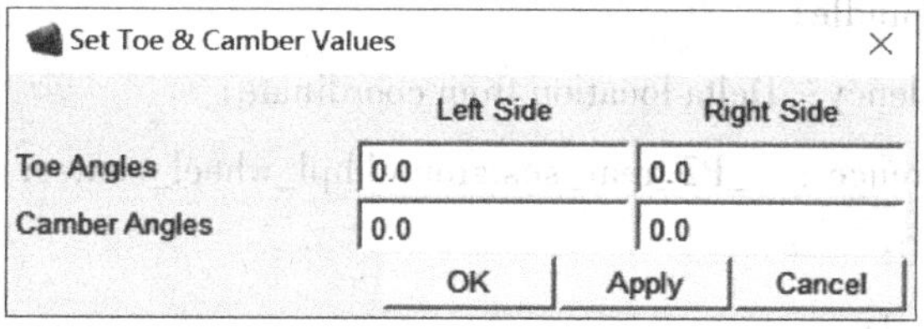

图4.6 悬架参数

- Toe Angles：0，0；
- Camber Angles：0，0；

• 单击OK，完成参数的创建；与此同时系统自动建立两个输出通讯器：col[r]_toe_angle，col[r]_camber_angle；

- 单击Build > Construction Frame > New命令，弹出创建结构框，如图4.7所示；
- Construction Frame：wheel_center；
- Coordinate Reference ：._P2_rear_sus.ground.hpl_wheel_center；
- Location：0, 0, 0；
- Location in：local；
- Orientation Dependency：User-entered values；
- Variable Type：Parameter Variable；
- Toe Parameter Variable：._P2_rear_sus.pvl_toe_angle；

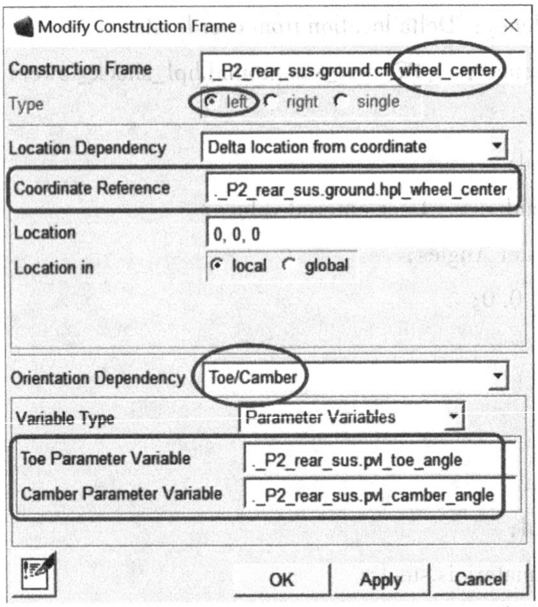

图4.7 wheel_center 结构框

- Camber Parameter Variable：._P2_rear_sus.pvl_camber_angle；
- 单击OK，完成._P2_rear_sus.ground.cfl_wheel_center结构框的创建。
- 单击Build > Part > General Part > New命令，创建部件，参考图4.5；
- General Part：spindle；
- Location Dependency：Delta location from coordinate；
- Coordinate Reference ：._P2_rear_sus.ground.hpl_wheel_center；
- Location：0, 0, 0；
- Location in：local；
- Orientation Dependency：Toe/Camber；
- Variable Type：Parameter Variable；
- Toe Parameter Variable：._P2_rear_sus.pvl_toe_angle；
- Camber Parameter Variable：._P2_rear_sus.pvl_camber_angle；
- Ixx：1；
- Iyy：1；
- Izz：1；
- Density：Material；
- Material Type：.materials.steel；
- 单击OK，完成部件._P2_rear_sus.gel_spindle的创建；
- 单击Build > Geometry > Cylinder > New命令，弹出创建部件对话框，如图4.8所示；
- Cylinder Name：hub；

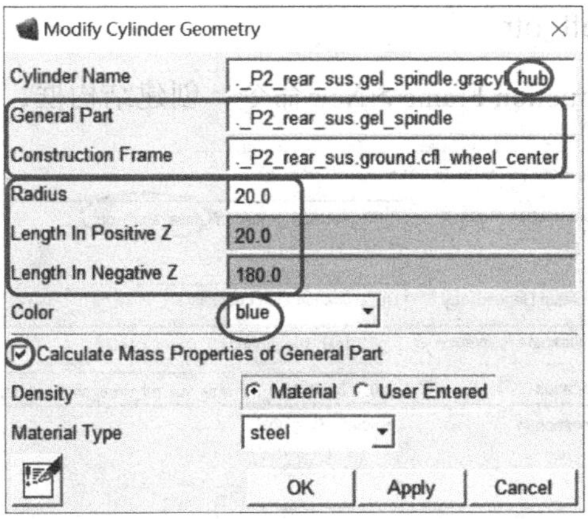

图4.8　轮毂几何体创建对话框

- General Part：._P2_rear_sus.gel_spindle；
- Construction Frame：._P2_rear_sus.ground.cfl_wheel_center；
- Radius：20；
- Length In Postive Z：20；
- Length In Negative Z：180；
- Color：blue；
- 勾选Calculate Mass Properties of General Part复选框；
- 单击OK，完成轮毂圆柱体._P2_rear_sus.gel_spindle.gracyl_hub几何体的创建。

(4)变量参数drive_shaft_offset

- 单击Build > Parameter Variable > New命令，参数变量对话框，如图4.9所示；

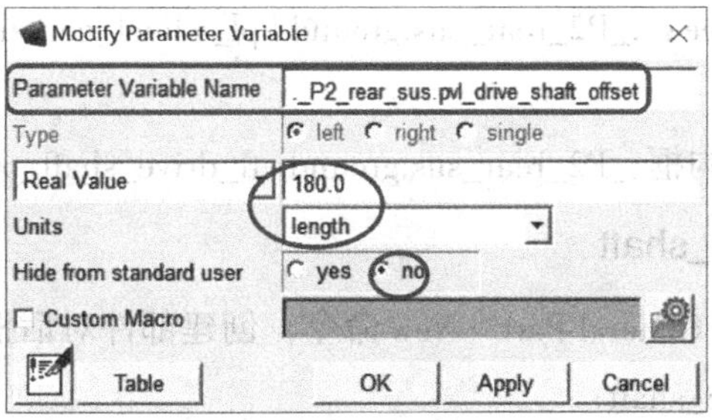

图4.9　drive_shaft_offset变量

- Parameter Variable Name：drive_shaft_offset;
- Real Value：180；
- Units：length；
- Hide from standard user：no；
- 单击OK，完成变量._P2_rear_sus.pvl_drive_shaft_offset的创建。

(5)结构框drive_shaft_otr

- 单击Build > Construction Frame > New命令，创建结构框，如图4.10所示；

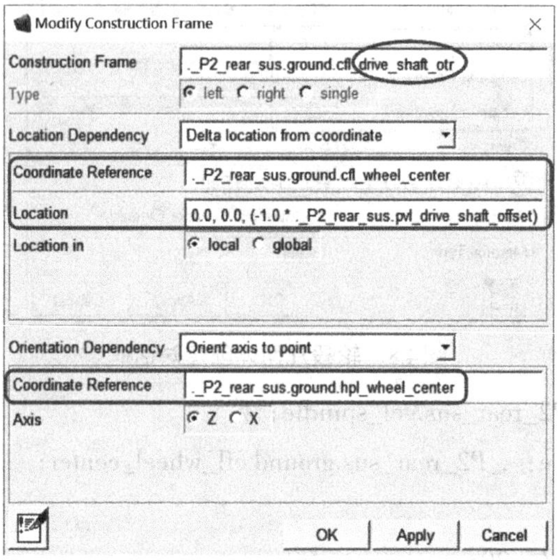

图4.10　结构框drive_shaft_otr

- Construction Frame：drive_shaft_otr；
- Location Dependency：Delta location from coordinate；
- Coordinate Reference：._P2_rear_sus.ground.cfl_wheel_center；
- Location：0.0, 0.0, （-1.0 * ._P2_rear_sus.pvl_drive_shaft_offset）；
- Location in：local；
- Orientation Dependency：Orient axis to point；
- Coordinate Reference：._P2_rear_sus.ground.hpl_wheel_center：
- Axis：Z；
- 单击OK，完成结构框._P2_rear_sus.ground.cfl_drive_shaft_otr的创建。

(6)驱动轴部件drive_shaft

- 单击Build > Part > General Part > New命令，创建部件对话框，参考图4.5；
- General Part：drive_shaft；
- Location Dependency：Delta location from coordinate；
- Coordinate Reference：._P2_rear_sus.ground.hpl_shaft_inner；
- Location：0, 0, 0；
- Location in：local；
- Orientation Dependency：Orient in plane；
- Coordinate Reference #1：._P2_rear_sus.ground.cfl_drive_shaft_otr；
- Coordinate Reference #2：._P2_rear_sus.ground.hpl_shaft_inner；
- Coordinate Reference #3：._P2_rear_sus.ground.hpl_wheel_center；

- Axis：ZX；
- Mass：1；
- Ixx：1；
- Iyy：1；
- Izz：1；
- Density：Material；
- Material Type：.materials.steel；
- 单击OK，完成部件._P2_rear_sus.gel_drive_shaft的创建。

(7)驱动轴几何体drive_shaft

- 单击Build > Geometry > Link > New命令；
- Link Name ：drive_shaft；
- General Part：._P2_rear_sus.gel_drive_shaft；
- Coordinate Reference #1：._P2_rear_sus.ground.hpl_shaft_inner；
- Coordinate Reference #2：._P2_rear_sus.ground.cfl_drive_shaft_otr；
- Radius： 10；
- Color：skyblue；
- 勾选Calculate Mass Properties of General Part复选框；
- Density：Material；
- Material Type：steel；
- 单击OK，完成._P2_rear_sus.gel_drive_shaft.gralin_drive_shaft几何体的创建。

(8)驱动轴几何体drive_shaft

- 单击Build > Geometry > Ellipsoid > New命令，创建椭球体（球体），如图4.11所示；

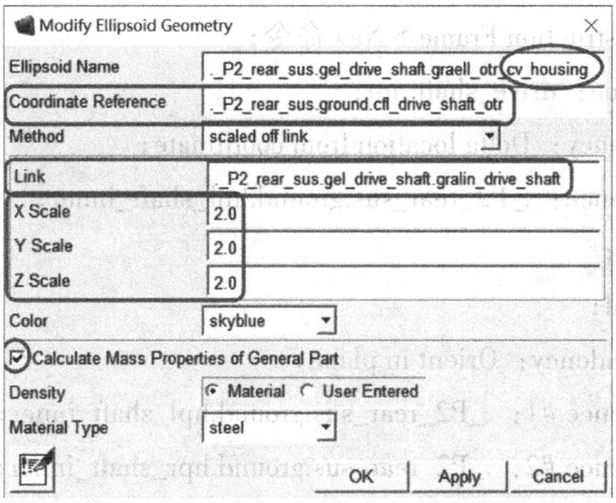

图4.11　椭球体（球体）otr_cv_housing

- Ellipsoid Name ：otr_cv_housing；
- Coordinate Reference ：._P2_rear_sus.ground.cfl_drive_shaft_otr；

- Method：scaled off link；
- Link：._P2_rear_sus.gel_drive_shaft.gralin_drive_shaft；
- X Scale：2；
- Y Scale：2；
- Z Scale：2；
- Color：bluesky；
- 勾选 Calculate Mass Properties of General Part 复选框；
- Density：Material；
- Material Type：steel；
- 单击 Apply，完成._P2_rear_sus.gel_drive_shaft.graell_otr_cv_housing 几何体的创建；
- Ellipsoid Name：tripot_housing；
- Coordinate Reference：._P2_rear_sus.ground.hpl_shaft_inner；
- Method：scaled off link；
- Link：._P2_rear_sus.gel_drive_shaft.gralin_drive_shaft；
- X Scale：2；
- Y Scale：2；
- Z Scale：2；
- Color：cyan；
- 勾选 Calculate Mass Properties of General Part 复选框；
- Density：Material；
- Material Type：steel；
- 单击 OK，完成._P2_rear_sus.gel_drive_shaft.graell_tripot_housing 几何体的创建。

(9)结构框 drive_shaft_inr

- 单击 Build > Construction Frame > New 命令；
- Construction Frame：drive_shaft_inr；
- Location Dependency：Delta location from coordinate；
- Coordinate Reference：._P2_rear_sus.ground.hpl_shaft_inner；
- Location：0, 0, 0；
- Location in：local；
- Orientation Dependency：Orient in plane；
- Coordinate Reference #1：._P2_rear_sus.ground.hpl_shaft_inner；
- Coordinate Reference #2：._P2_rear_sus.ground.hpr_shaft_inner；
- Coordinate Reference #3：._P2_rear_sus.ground.cfl_drive_shaft_otr；
- Axis：ZX；
- 单击 OK，完成._P2_rear_sus.ground.cfl_drive_shaft_inr 结构框的创建。

(10)万向节部件drive_shaft

- 单击Build > Part > General Part > New命令，创建部件对话框参考图4.5；
- General Part：tripot；
- Location Dependency：Delta location from coordinate；
- Coordinate Reference ：._P2_rear_sus.ground.hpl_shaft_inner；
- Location：0, 0, 0；
- Location in：local；
- Orientation Dependency：Orient to zpoint-xppoint；
- Coordinate Reference #1：._P2_rear_sus.ground.hpr_shaft_inner；
- Coordinate Reference #2：._P2_rear_sus.ground.cfl_drive_shaft_otr；
- Axes：ZX；
- Mass：1；
- Ixx：1；
- Iyy：1；
- Izz：1；
- Density：Material；
- Material Type：.materials.steel；
- 单击OK，完成部件._P2_rear_sus.gel_tripot的创建。

(11)万向节几何体tripot_housing_extention

- 单击Build > Geometry > Cylinder> New命令，创建万向节圆柱体参考图4.11；
- Cylinder Name ：tripot_housing_extention；
- General Part：._P2_rear_sus.gel_tripot；
- Construction Frame：._P2_rear_sus.ground.cfl_drive_shaft_inr；
- Radius：20；
- Length In Postive Z：50；
- Length In Negative Z：0；
- Color：red；
- 勾选Calculate Mass Properties of General Part复选框；
- 单击OK，完成万向节._P2_rear_sus.gel_tripot.gracyl_tripot_housing_extention几何体的创建。

(12)整体式桥壳部件

- 单击Build > Part > General Part > New命令，创建部件，参考图4.5；
- General Part：axle_housle；
- Location Dependency：Delta location from coordinate；

- Coordinate Reference ： ._P2_rear_sus.ground.hps_axle_housle；
- Location：0, 0, 0；
- Location in：local；
- Orientation Dependency：User-entered values；
- Orient using：Euler Angles；
- Euler Angles：0, 0, 0；
- Mass：50.72；
- Ixx：9.0804E+04；
- Iyy：1419.0；
- Izz：9.0804E+04；
- Density：Material；
- Material Type：.materials.steel；
- 单击OK，完成部件._P2_rear_sus.ges_axle_housle的创建。

(13)整体式驱动桥几何体axle_housle

- 单击Build > Geometry > Link > New命令；
- Link Name：axle_housle；
- General Part：._P2_rear_sus.ges_axle_housle；
- Coordinate Reference #1：._P2_rear_sus.ground.hpr_wheel_center；
- Coordinate Reference #2：._P2_rear_sus.ground.hpl_wheel_center；
- Radius：30；
- Color：peach；
- 不勾选Calculate Mass Properties of General Part复选框；
- Density：Material；
- Material Type：steel；
- 单击OK，完成._P2_rear_sus.ges_axle_housle.gralin_axle_housle几何体的创建。

(14)拖拽臂部件

- 单击Build > Part > General Part > New命令，创建部件，参考图4.5；
- General Part：rca；
- Location Dependency：Centered between coordinates；
- Centered between：Three Coordinates；
- Coordinate Reference #1：._P2_rear_sus.ground.hpl_rca_front；
- Coordinate Reference #2：._P2_rear_sus.ground.hpl_rca_mid；
- Coordinate Reference #3：._P2_rear_sus.ground.hpl_rca_rear；
- Location：0, 0, 0；
- Location in：local；

- Orientation Dependency：User-entered values；
- Orient using：Euler Angles；
- Euler Angles：0, 0, 0；
- Mass：50.72；
- Ixx：9.0804E+04；
- Iyy：1419.0；
- Izz：9.0804E+04；
- Density：Material；
- Material Type：.materials.steel；
- 单击OK，完成部件._P2_rear_sus.gel_rca的创建。

(15)拖拽臂几何体

- 单击Build > Geometry > Link > New命令；
- Link Name：rca1；
- General Part：._P2_rear_sus.gel_rca；
- Coordinate Reference #1：._P2_rear_sus.ground.hpl_rca_front；
- Coordinate Reference #2：._P2_rear_sus.ground.hpl_rca_mid；
- Radius：10；
- Color：yellow；
- 不勾选Calculate Mass Properties of General Part复选框；
- Density：Material；
- Material Type：steel；
- 单击Apply，完成._P2_rear_sus.gel_rca.gralin_rca1几何体的创建；
- Link Name：rca2；
- General Part：._P2_rear_sus.gel_rca；
- Coordinate Reference #1：._P2_rear_sus.ground.hpl_rca_mid；
- Coordinate Reference #2：._P2_rear_sus.ground.hpl_rca_rear；
- Radius：10；
- Color：yellow；
- 不勾选Calculate Mass Properties of General Part复选框；
- Density：Material；
- Material Type：steel；
- 单击OK，完成._P2_rear_sus.gel_rca.gralin_rca2几何体的创建。

(16)横向推力杆部件

- 单击Build > Part > General Part > New命令，创建部件，参考图4.5；

- General Part：rear_bar；
- Location Dependency：Centered between coordinates；
- Centered between：Two Coordinates；
- Coordinate Reference #1：._P2_rear_sus.ground.hps_prod_to_axle；
- Coordinate Reference #2：._P2_rear_sus.ground.hps_prod_to_body；
- Location：0, 0, 0；
- Location in：local；
- Orientation Dependency：User-entered values；
- Orient using：Euler Angles；
- Euler Angles：0, 0, 0；
- Mass：1.12；
- Ixx：7.074372973E+04；
- Iyy：5.2846034294E+06；
- Izz：5.3530130524E+06；
- Density：Material；
- Material Type：.materials.steel；
- 单击OK，完成部件._P2_rear_sus.ges_rear_bar的创建。

(17)横向推力杆几何体

- 单击Build > Geometry > Link > New命令；
- Link Name ：rear_bar；
- General Part：._P2_rear_sus.ges_rear_bar；
- Coordinate Reference #1：._P2_rear_sus.ground.hps_prod_to_axle；
- Coordinate Reference #2：._P2_rear_sus.ground.hps_prod_to_body；
- Radius： 10；
- Color：red；
- 不勾选Calculate Mass Properties of General Part复选框；
- Density：Material；
- Material Type：steel；
- 单击OK，完成._P2_rear_sus.ges_rear_bar.gralin_rear_bar几何体的创建。

(18)安装部件strut_to_body

- 单击Build > Part > Mount > New命令，创建安装部件，如图4.12所示；
- Mount Name： strut_to_body；
- Coordinate Reference：._P2_rear_sus.ground.hpl_shock_up；

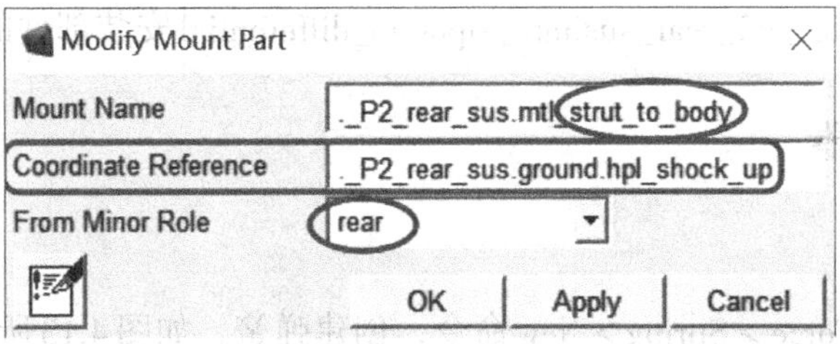

图4.12　安装部件

- From Minor Role：rear；
- 单击 Apply，完成._P2_rear_sus.mtl_strut_to_body 安装部件的创建。

(19)安装部件 subframe_to_body

- 单击 Build > Construction Frame > New 命令；
- Construction Frame：subframe_fixed；
- Location Dependency：Centered between coordinates；
- Centered between：Four Coordinates；
- Coordinate Reference #1：._P2_rear_sus.ground.hpl_rca_front；
- Coordinate Reference #2：._P2_rear_sus.ground.hpr_rca_front；
- Coordinate Reference #3：._P2_rear_sus.ground.hpl_rca_mid；
- Coordinate Reference #4：._P2_rear_sus.ground.hpr_rca_mid；
- Orientation Dependency：User-entered values；
- Orient using：Euler Angles；
- Euler Angles：0, 0, 0；
- 单击 OK，完成._P2_rear_sus.ground.cfs_subframe_fixed 结构框的创建；
- Mount Name：subframe_to_body；
- Coordinate Reference：._P2_rear_sus.ground.cfs_subframe_fixed；
- From Minor Role：inherit；
- 单击 Apply，完成._P2_rear_sus.mts_subframe_to_body 安装部件的创建。

(20)安装部件 spring_to_body

- Mount Name：spring_to_body；
- Coordinate Reference：._P2_rear_sus.ground.hpl_spring_up；
- From Minor Role：inherit；
- 单击 Apply，完成._P2_rear_sus.mtl_spring_to_body 安装部件的创建。

(21)安装部件 tripot_to_differential

- Mount Name：tripot_to_differential；
- Coordinate Reference：._P2_rear_sus.ground.hpl_shaft_inner；
- From Minor Role：inherit；

• 单击OK，完成._P2_rear_sus.mtl_tripot_to_differential安装部件的创建。

4.1.2 弹簧/避震器

(1)弹簧

• 单击Build > Force > Spring > New命令，创建弹簧，如图4.13所示；

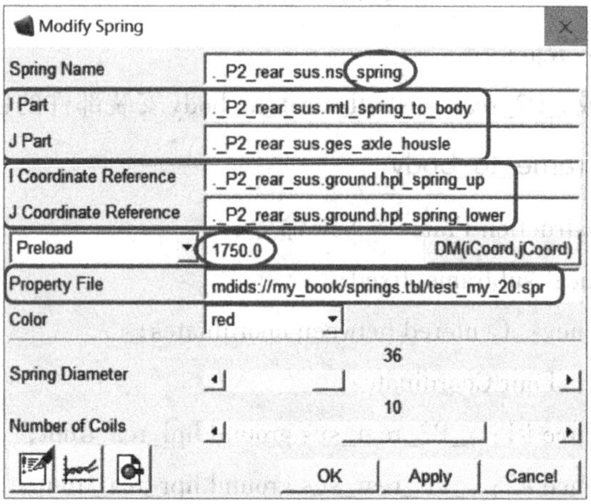

图4.13　螺旋弹簧

• Spring Name：spring；

• I Part：._P2_rear_sus.mtl_spring_to_body；

• J Part：._P2_rear_sus.ges_axle_housle；

• I Coordinate Reference：._P2_rear_sus.ground.hpl_spring_up；

• J Coordinate Reference：._P2_rear_sus.ground.hpl_spring_lower；

• Preload：1750；

• Property File：mdids：//my_book/springs.tbl/test_my_20.spr；

• Spring Diameter：36；

• Spring of Coils ：10；

• 单击OK，完成弹簧._P2_rear_sus.nsl_spring的创建。

(2)避震器

• 单击Build > Force > Damper > New命令，创建避震器，如图4.14所示；

• Damper Name：damper ；

• I Part：._P2_rear_sus.gel_strut_up；

• J Part：._P2_rear_sus.gel_strut_down；

• I Coordinate Reference：._P2_rear_sus.ground.hpl_shock_up；

• J Coordinate Reference：._P2_rear_sus.ground.hpl_shock_lower；

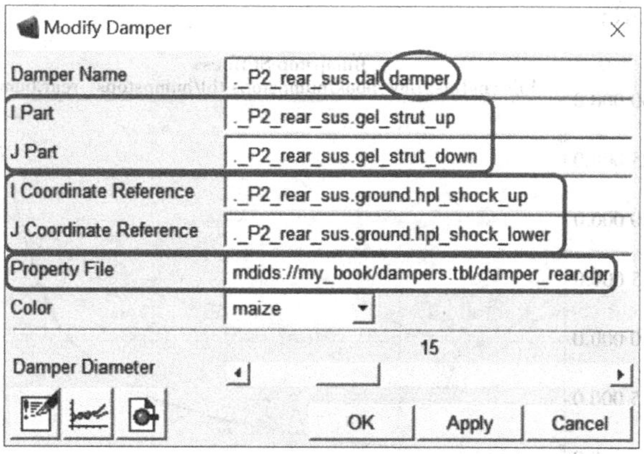

图4.14 避震器

- Property File：mdids：//my_book/dampers.tbl/damper_rear.dpr；
- Color：maize；
- Damper Diameter：15；
- 单击OK，完成避震器._P2_rear_sus.dal_damper的创建。

4.1.3 上下限位缓冲块

(1)上跳限位缓冲块

- 单击Build > Force > Bumpstop > New命令，创建缓冲块，如图4.15所示；

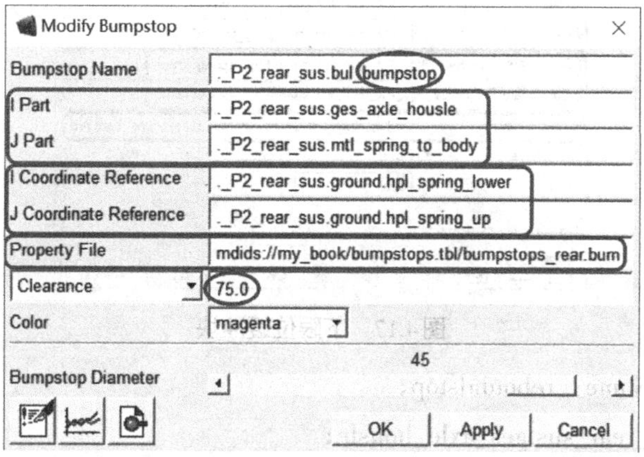

图4.15 上限位缓冲块

- Bumpstop Name：bumpstop；
- I Part：._P2_rear_sus.ges_axle_housle；
- J Part：._P2_rear_sus.mtl_spring_to_body；
- I Coordinate Reference：._P2_rear_sus.ground.hpl_spring_lower；
- J Coordinate Reference：._P2_rear_sus.ground.hpl_spring_up；
- Property File：mdids：//my_book/bumpstops.tbl/bumpstops_rear.bum；弹性缓冲块刚

度曲线，如图4.16所示；

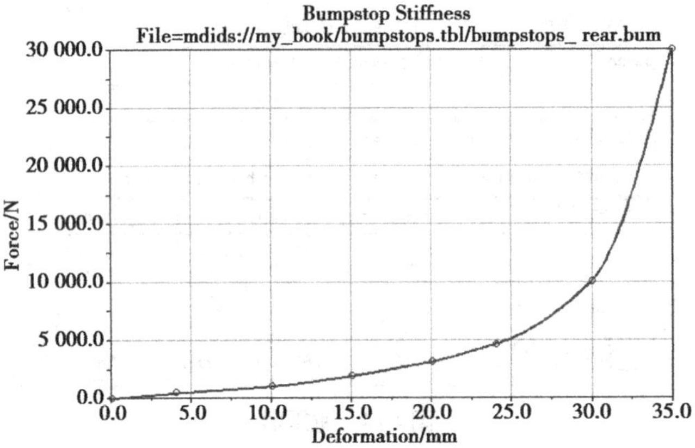

图4.16　上缓冲块刚度

- Clearance：75；
- Bumpstop Diameter：45；
- 单击OK，完成上限位缓冲块._P2_rear_sus.bul_bumpstop的创建。

(2)下跳限位缓冲块

- 单击Build > Force > Reboundstop > New命令，创建缓冲块，如图4.17所示；

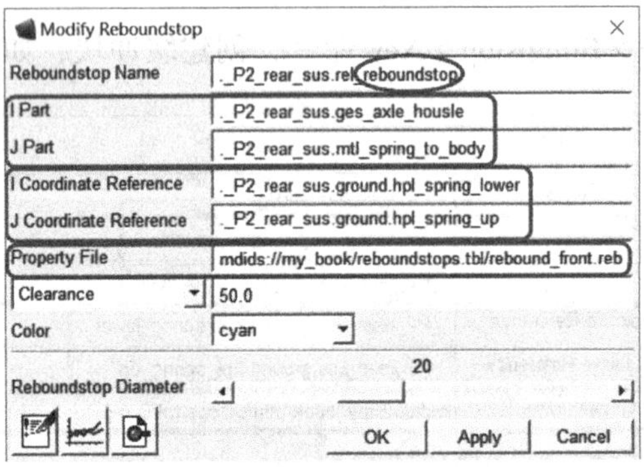

图4.17　下限位缓冲块

- Reboundstop Name：reboundstop；
- I Part：._P2_rear_sus.ges_axle_housle；
- J Part：._P2_rear_sus.mtl_spring_to_body；
- I Coordinate Reference：._P2_rear_sus.ground.hpl_spring_lower；
- J Coordinate Reference：._P2_rear_sus.ground.hpl_spring_up；
- Property File：mdids：//my_book/reboundstops.tbl/rebound_front.reb；下缓冲块刚度，如图4.18所示，上下缓冲块刚度属性文件均调用共享数据库中的文件，实际样车可通过试验获取刚度参数；

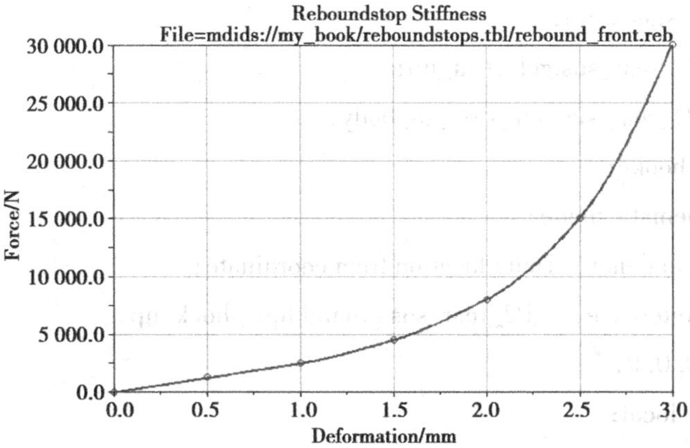

图4.18　下缓冲块刚度

- Clearance：50；
- Bumpstop Diameter：20；
- 单击OK，完成下限位缓冲块._P2_rear_sus.rel_reboundstop的创建。

4.1.4　刚性约束

- 单击Build > Attachments > Joint > New命令，创建约束件对话框，如图4.19所示。

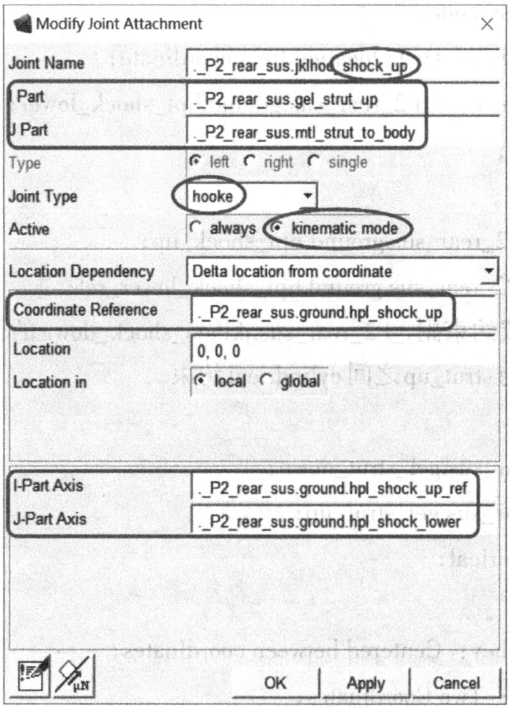

图4.19　约束副shock_up

①部件strut_up与安装件strut_to_body之间hooke约束。

- Joint Name：shock_up；
- I Part：._P2_rear_sus.gel_strut_up；
- J Part：._P2_rear_sus.mtl_strut_to_body；
- Joint Type：hooke；
- Active：kinematic mode；
- Location Dependency：Delta location from coordinate；
- Coordinate Reference：._P2_rear_sus.ground.hpl_shock_up；
- Location：0, 0, 0；
- Location in：local；
- I-Part Axis：._P2_rear_sus.ground.hpl_shock_up_ref；
- J-Part Axis：._P2_rear_sus.ground.hpl_shock_lower；
- 单击Apply，完成约束副._P2_rear_sus.jklhoo_shock_up的创建。

②部件strut_down与axle_housle之间hooke约束。

- Joint Name：shock_down；
- I Part：._P2_rear_sus.gel_strut_down；
- J Part：._P2_rear_sus.ges_axle_housle；
- Joint Type：hooke；
- Active：kinematic mode；
- Location Dependency：Delta location from coordinate；
- Coordinate Reference：._P2_rear_sus.ground.hpl_shock_lower；
- Location：0, 0, 0；
- Location in：local；
- I-Part Axis：._P2_rear_sus.ground.hpl_shock_up；
- J-Part Axis：._P2_rear_sus.ground.hpl_shock_lower_ref；
- 单击Apply，完成约束副._P2_rear_sus.jklhoo_shock_down的创建。

③部件strut_down与strut_up之间cylindrical约束。

- Joint Name：strut；
- I Part：._P2_rear_sus.gel_strut_down；
- J Part：._P2_rear_sus.gel_strut_up；
- Joint Type：cylindrical；
- Active：always；
- Location Dependency：Centered between coordinates；
- Centered between：Two Coordinates；
- Coordinate Reference #1：._P2_rear_sus.ground.hpl_shock_lower；
- Coordinate Reference #2：._P2_rear_sus.ground.hpl_shock_up；

- Orientation Dependency：Orient axis along line；
- Coordinate Reference #1：._P2_rear_sus.ground.hpl_shock_lower；
- Coordinate Reference #2：._P2_rear_sus.ground.hpl_shock_up；
- Axis：Z；
- 单击Apply，完成约束副._P2_rear_sus.jolcyl_strut的创建。

④部件spindle与axle_housle之间revolute约束。

- Joint Name：hub；
- I Part：._P2_rear_sus.gel_spindle；
- J Part：._P2_rear_sus.ges_axle_housle；
- Joint Type：revolute；
- Active：always；
- Location Dependency：Delta location from coordinate；
- Coordinate Reference：._P2_rear_sus.ground.hpl_wheel_center；
- Location：0, 0, 0；
- Location in：local；
- Orientation Dependency：Toe/Camber；
- Variable Type：Parameter Variable；
- Toe Parameter Variable：._P2_rear_sus.pvl_toe_angle；
- Camber Parameter Variable：._P2_rear_sus.pvl_camber_angle；
- 单击Apply，完成约束副._P2_rear_sus.jolrev_hub的创建。

⑤部件tripot与tripot_to_differential之间translational约束。

- Joint Name：_tripot_to_differential；
- I Part：._P2_rear_sus.gel_tripot；
- J Part：._P2_rear_sus.mtl_tripot_to_differential；
- Joint Type：translational；
- Active：always；
- Location Dependency：Delta location from coordinate；
- Coordinate Reference：._P2_rear_sus.ground.hpl_shaft_inner；
- Location：0, 0, 0；
- Location in：local；
- Orientation Dependency：Orient axis to point；
- Coordinate Reference：._P2_rear_sus.ground.cfr_drive_shaft_inr；
- Axis：Z；
- 单击Apply，完成._P2_rear_sus.joltra_tripot_to_differential移动副的创建。

⑥部件tripot与drive_shaft之间convel约束。

- Joint Name：drive_sft_int_jt；

- I Part: ._P2_rear_sus.gel_tripot;
- J Part: ._P2_rear_sus.gel_drive_shaft;
- Joint Type: convel;
- Active: always;
- Location Dependency: Delta location from coordinate;
- Coordinate Reference: ._P2_rear_sus.ground.hpl_shaft_inner;
- Location: 0, 0, 0;
- Location in: local;
- I-Part Axis: ._P2_rear_sus.ground.cfr_drive_shaft_inr;
- J-Part Axis: ._P2_rear_sus.ground.cfl_drive_shaft_otr;
- 单击Apply，完成约束副._P2_rear_sus.jolcon_drive_sft_int_jt的创建。

⑦部件spindle与drive_shaft之间convel约束。

- Joint Name: drive_sft_otr;
- I Part: ._P2_rear_sus.gel_drive_shaft;
- J Part: ._P2_rear_sus.gel_spindle;
- Joint Type: convel;
- Active: always;
- Location Dependency: Delta location from coordinate;
- Coordinate Reference: ._P2_rear_sus.ground.cfl_drive_shaft_otr;
- Location: 0, 0, 0;
- Location in: local;
- I-Part Axis: ._P2_rear_sus.ground.hpl_shaft_inner;
- J-Part Axis: ._P2_rear_sus.ground.hpl_wheel_center;
- 单击Apply，完成约束副._P2_rear_sus.jolcon_drive_sft_otr的创建。

⑧部件rca与subframe_to_body之间revolute约束。

- Joint Name: lca_front;
- I Part: ._P2_rear_sus.gel_rca;
- J Part: ._P2_rear_sus.mts_subframe_to_body;
- Joint Type: revolute;
- Active: kinematic mode;
- Location Dependency: Delta location from coordinate;
- Coordinate Reference: ._P2_rear_sus.ground.hpl_rca_front;
- Location: 0, 0, 0;
- Location in: local;
- Orientation Dependency: Orient axis to point;

- Coordinate Reference：._P2_rear_sus.ground.hpr_rca_front；
- Axis：Z；
- 单击Apply，完成约束副._P2_rear_sus.jklrev_lca_front的创建。

⑨部件rear_bar与subframe_to_body之间hook约束。

- Joint Name：bar_to_body；
- I Part：._P2_rear_sus.ges_rear_bar；
- J Part：._P2_rear_sus.mts_subframe_to_body；
- Joint Type：hook；
- Active：kinematic mode；
- Location Dependency：Delta location from coordinate；
- Coordinate Reference：._P2_rear_sus.ground.hps_prod_to_body；
- Location：0, 0, 0；
- Location in：local；
- I-Part Axis：._P2_rear_sus.ground.hps_prod_to_axle；
- J-Part Axis：._P2_rear_sus.ground.cfs_prod_to_body_ref；
- 单击Apply，完成约束副._P2_rear_sus.jkshoo_bar_to_body的创建。

⑩部件rear_bar与axle_housle之间hook约束。

- Joint Name：bar_to_body；
- I Part：._P2_rear_sus.ges_rear_bar；
- J Part：._P2_rear_sus.ges_axle_housle；
- Joint Type：hook；
- Active：kinematic mode；
- Location Dependency：Delta location from coordinate；
- Coordinate Reference：._P2_rear_sus.ground.hps_prod_to_axle；
- Location：0, 0, 0；
- Location in：local；
- I-Part Axis：._P2_rear_sus.ground.hps_prod_to_body；
- J-Part Axis：._P2_rear_sus.ground.cfs_prod_to_axle_ref；
- 单击OK，完成约束副._P2_rear_sus.jkshoo_bar_to_axle的创建。

4.1.5 柔性约束

- 单击Build > Attachments > Bushing > New命令，弹出创建衬套对话框，如图4.20所示；

①部件strut_down与axle_housle之间bushing约束。

- Bushing Name：shock_down；

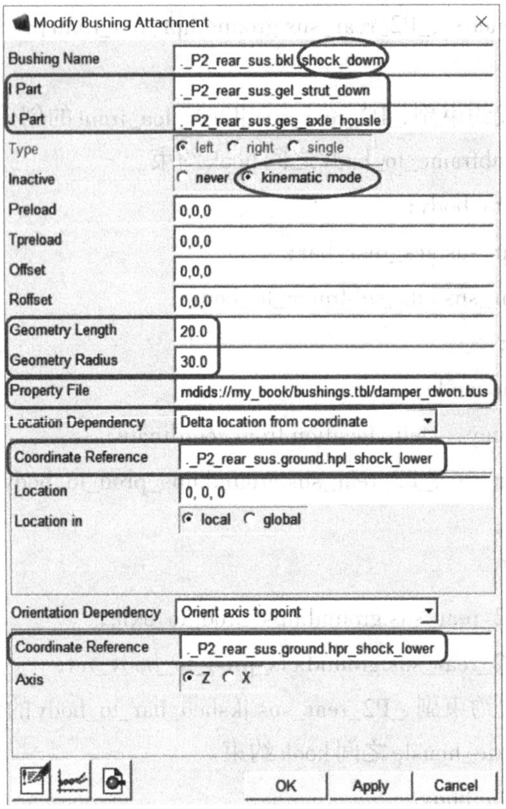

图4.20 柔性衬套shock_dowm

- I Part：._P2_rear_sus.gel_strut_down；
- J Part：._P2_rear_sus.ges_axle_housle；
- Inactive：kinematic mode；
- Preload：0, 0, 0；
- Tpreload：0, 0, 0；
- Offset：0, 0, 0；
- Roffset：0, 0, 0；
- Geometry Length：20；
- Geometry Radius：30；
- Property File：mdids：//my_book/bushings.tbl/damper_dwon.bus；
- Location Dependency：Delta location from coordinate；
- Coordinate Reference：._P2_rear_sus.ground.hpl_shock_lower；
- Location：0, 0, 0；
- Location in：local；
- Orientation Dependency：Orient axis to point；
- Coordinate Reference：._P2_rear_sus.ground.hpr_shock_lower；

- Axis：Z；
- 单击Apply，完成轴套._P2_rear_sus.bkl_shock_down的创建。

②部件strut_up与strut_to_body之间bushing约束。

- Bushing Name：shock_up；
- I Part：._P2_rear_sus.gel_strut_up；
- J Part：._P2_rear_sus.mtl_strut_to_body；
- Inactive：kinematic mode；
- Preload：0, 0, 0；
- Tpreload：0, 0, 0；
- Offset：0, 0, 0；
- Roffset：0, 0, 0；
- Geometry Length：20；
- Geometry Radius：30；
- Property File：mdids：//my_book/bushings.tbl/damper_top.bus；
- Location Dependency：Delta location from coordinate；
- Coordinate Reference：._P2_rear_sus.ground.hpl_shock_up；
- Location：0, 0, 0；
- Location in：local；
- Orientation Dependency：Orient axis to point；
- Coordinate Reference：._P2_rear_sus.ground.hpr_shock_up；
- Axis：Z；
- 单击Apply，完成轴套._P2_rear_sus.bkl_shock_up的创建。

③部件rca与subframe_to_body之间bushing约束。

- Bushing Name：lca_front；
- I Part：._P2_rear_sus.gel_rca；
- J Part：._P2_rear_sus.mts_subframe_to_body；
- Inactive：kinematic mode；
- Preload：0, 0, 0；
- Tpreload：0, 0, 0；
- Offset：0, 0, 0；
- Roffset：0, 0, 0；
- Geometry Length：20；
- Geometry Radius：30；
- Property File：mdids：//my_book/bushings.tbl/leaf_rear_front.bus；
- Location Dependency：Delta location from coordinate；

- Coordinate Reference：._P2_rear_sus.ground.hpl_rca_front；
- Location： 0, 0, 0；
- Location in：local；
- Orientation Dependency：Orient axis to point；
- Coordinate Reference：._P2_rear_sus.ground.hpr_rca_front；
- Axis：Z；
- 单击Apply，完成轴套._P2_rear_sus.bkl_lca_front的创建。

④部件rca与axle_housle之间bushing约束。

- Bushing Name：lca_mid；
- I Part： ._P2_rear_sus.gel_rca；
- J Part： ._P2_rear_sus.ges_axle_housle；
- Inactive： kinematic mode；
- Preload：0, 0, 0；
- Tpreload：0, 0, 0；
- Offset：0, 0, 0；
- Roffset：0, 0, 0；
- Geometry Length：20；
- Geometry Radius：30；
- Property File：mdids：//my_book/bushings.tbl/leaf_rear_front.bus；
- Location Dependency：Delta location from coordinate；
- Coordinate Reference：._P2_rear_sus.ground.hpl_rca_mid；
- Location： 0, 0, 0；
- Location in：local；
- Orientation Dependency：Orient axis to point；
- Coordinate Reference：._P2_rear_sus.ground.hpr_rca_mid；
- Axis：Z；
- 单击Apply，完成轴套._P2_rear_sus.bgl_lca_mid的创建。

⑤部件rca与axle_housle之间bushing约束。

- Bushing Name：lca_mid；
- I Part： ._P2_rear_sus.gel_rca；
- J Part： ._P2_rear_sus.ges_axle_housle；
- Inactive： never；
- Preload：0, 0, 0；
- Tpreload：0, 0, 0；
- Offset：0, 0, 0；

- Roffset：0, 0, 0;
- Geometry Length：20;
- Geometry Radius：30;
- Property File：mdids：//my_book/bushings.tbl/leaf_rear_front.bus;
- Location Dependency：Delta location from coordinate;
- Coordinate Reference：._P2_rear_sus.ground.hpl_rca_mid;
- Location： 0, 0, 0;
- Location in：local;
- Orientation Dependency：Orient axis to point;
- Coordinate Reference：._P2_rear_sus.ground.hpr_rca_mid;
- Axis：Z;
- 单击Apply，完成轴套._P2_rear_sus.bgl_lca_mid的创建。

⑥部件rca与axle_housle之间bushing约束。

- Bushing Name：rca_rear;
- I Part： ._P2_rear_sus.gel_rca;
- J Part： ._P2_rear_sus.ges_axle_housle;
- Inactive： never;
- Preload：0, 0, 0;
- Tpreload：0, 0, 0;
- Offset：0, 0, 0;
- Roffset：0, 0, 0;
- Geometry Length：20;
- Geometry Radius：30;
- Property File：mdids：//my_book/bushings.tbl/leaf_rear_front.bus;
- Location Dependency：Delta location from coordinate;
- Coordinate Reference：._P2_rear_sus.ground.hpl_rca_rear;
- Location： 0, 0, 0;
- Location in：local;
- Orientation Dependency：Orient axis to point;
- Coordinate Reference：._P2_rear_sus.ground.hpr_rca_rear;
- Axis：Z;
- 单击Apply，完成轴套._P2_rear_sus.bgl_rca_rear的创建。

⑦部件rear_bar与subframe_to_body之间bushing约束。

- Bushing Name：bar_to_body;
- I Part： ._P2_rear_sus.ges_rear_bar;

- J Part： ._P2_rear_sus.mts_subframe_to_body；
- Inactive： kinematic mode；
- Preload：0, 0, 0；
- Tpreload：0, 0, 0；
- Offset：0, 0, 0；
- Roffset：0, 0, 0；
- Geometry Length：20；
- Geometry Radius：30；
- Property File：mdids：//my_book/bushings.tbl/arb_to_body.bus；
- Location Dependency：Delta location from coordinate；
- Coordinate Reference：._P2_rear_sus.ground.hps_prod_to_body；
- Location： 0, 0, 0；
- Location in：local；
- Orientation Dependency：Orient axis to point；
- Coordinate Reference：._P2_rear_sus.ground.cfs_prod_to_body_ref；
- Axis：Z；
- 单击 Apply，完成轴套._P2_rear_sus.bks_bar_to_body 的创建。

⑧部件 rear_bar 与 subframe_to_body 之间 bushing 约束。

- Bushing Name：bar_to_axle；
- I Part： ._P2_rear_sus.ges_rear_bar；
- J Part： ._P2_rear_sus.ges_axle_housle；
- Inactive： kinematic mode；
- Preload：0, 0, 0；
- Tpreload：0, 0, 0；
- Offset：0, 0, 0；
- Roffset：0, 0, 0；
- Geometry Length：20；
- Geometry Radius：30；
- Property File：mdids：//my_book/bushings.tbl/arb_to_body.bus；
- Location Dependency：Delta location from coordinate；
- Coordinate Reference：._P2_rear_sus.ground.hps_prod_to_axle；
- Location： 0, 0, 0；
- Location in：local；
- Orientation Dependency：Orient axis to point；
- Coordinate Reference：._P2_rear_sus.ground.cfs_prod_to_axle_ref；

- Axis：Z；
- 单击OK，完成轴套._P2_rear_sus.bks_bar_to_axle的创建。

4.1.6　悬架变量参数

- 单击Build > Parameter Variable > New命令，设置参数变量，如图4.21所示；

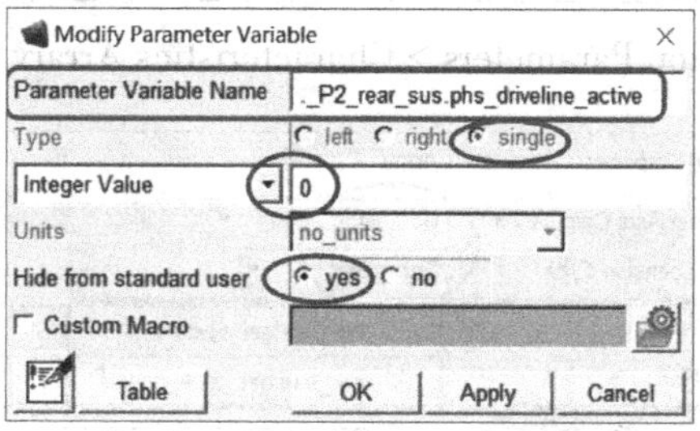

图4.21　参数变量设置

- Parameter Variable Name：　driveline_active；
- Integer　Value：0；
- Units：no_units；
- Hide from standard user：　yes；
- 单击Apply，完成变量._P2_rear_sus.phs_driveline_active的创建；
- Parameter Variable Name：　kinematic_flag；
- Integer　Value：0；
- Units：no_units；
- Hide from standard user：　yes；
- 单击OK，完成变量._P2_rear_sus.phs_kinematic_flag的创建；
- 单击Build > Construction Frame > New命令；
- Construction Frame：wheel_up_ref；
- Location Dependency：Delta location from coordinate；
- Coordinate Reference：._P2_rear_sus.ground.hpl_wheel_center；
- Location：　0，0，200；
- Location in：local；
- Orientation Dependency：User-entered values；
- Orient using：Euler Angles；
- Euler Angles：0, 0, 0；
- 单击Apply，完成._P2_rear_sus.ground.cfl_wheel_up_ref结构框的创建；
- Construction Frame：wheel_down_ref；
- Location Dependency：Delta location from coordinate；
- Coordinate Reference：._P2_rear_sus.ground.hpl_wheel_center；

- Location：0, 0, -200；
- Location in：local；
- Orientation Dependency：User-entered values；
- Orient using：Euler Angles；
- Euler Angles：0, 0, 0；
- 单击OK，完成结构框._P2_rear_sus.ground.cfl_wheel_down_ref的创建；
- 单击Build > Suspension Parameters > Characteristics Arrary > Set命令，如图4.22所示；

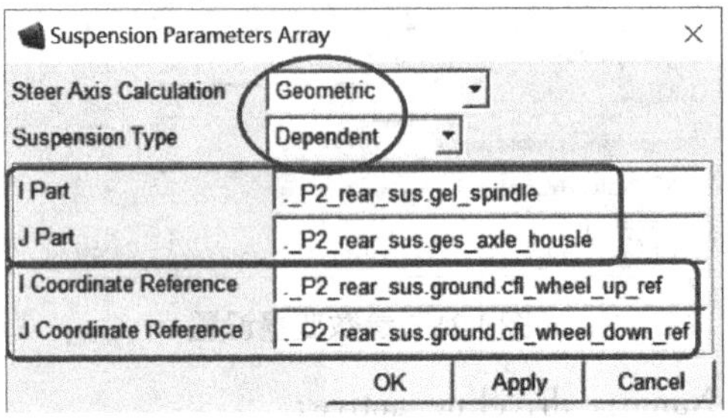

图4.22 悬架参数变量设置

- Steer Axis Calculation：Geometric；
- Suspension Type：Dependent；
- I Part：._P2_rear_sus.gel_spindle；
- J Part：._P2_rear_sus.ges_axle_housle；
- I Coordinate Reference：._P2_rear_sus.ground.cfl_wheel_up_ref；
- J Coordinate Reference：._P2_rear_sus.ground.cfl_wheel_down_ref；
- 单击OK，完成悬架参数变量设置。

4.1.7 悬架通讯器

- 单击Build > Communicator > Output >New命令，弹出输出通讯器对话框，如图4.23所示；
- Output Communicator Name：driveline_active；
- Matching Name（s）：driveline_active；
- Type：single；
- Entity：parameter integer；
- To Minor Role：inherit；
- Parameter Variable Name：._P2_rear_sus.phs_driveline_active；
- 单击Apply，完成通讯器._P2_rear_sus.cos_driveline_active的创建；
- Output Communicator Name：tripot_to_differential；
- Matching Name（s）：tripot_to_differential；

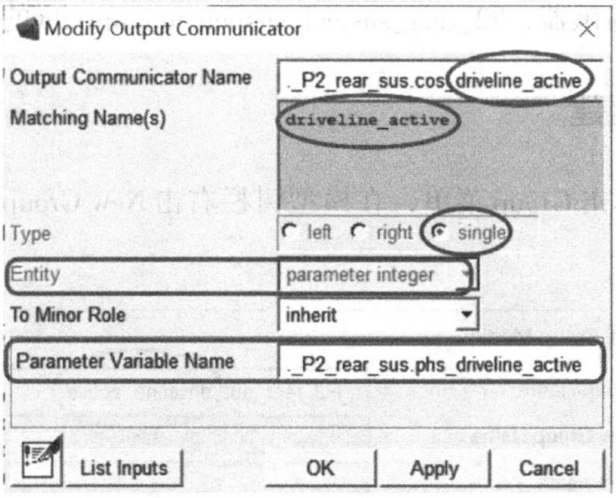

图4.23 通讯器设置

- Type：left;
- Entity：Location;
- To Minor Role：inherit;
- Coordinate Reference Name：._P2_rear_sus.ground.hpl_shaft_inner;
- 单击Apply，完成通讯器._P2_rear_sus.col_tripot_to_differential的创建;
- Output Communicator Name： suspension_mount;
- Matching Name（s）：suspension_mount;
- Type：left;
- Entity：mount;
- To Minor Role：rear;
- Part Name：._P2_rear_sus.gel_spindle;
- 单击Apply，完成通讯器._P2_rear_sus.col_suspension_mount的创建;
- Output Communicator Name： wheel_center;
- Matching Name（s）：wheel_center;
- Type：left;
- Entity：Location;
- To Minor Role：rear;
- Coordinate Reference Name：._P2_rear_sus.ground.hpl_wheel_center;
- 单击Apply，完成通讯器._P2_rear_sus.col_wheel_center的创建;
- Output Communicator Name： suspension_upright;
- Matching Name（s）：suspension_upright;
- Type：left;
- Entity：mount;
- To Minor Role：rear;
- Part Name：._P2_rear_sus.ges_axle_housle;

• 单击OK，完成通讯器._P2_rear_sus.col_suspension_upright的创建。

4.1.8 驱动轴显示组建

• 在模型树栏，单击Group菜单，在模型树栏右击New Group，创建组件对话框，如图4.24所示；

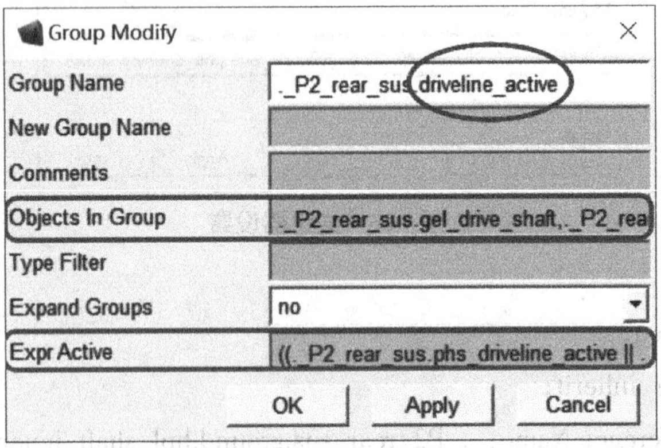

图4.24 驱动轴显示组件

• Group Name：driveline_active；

• Object In Group：

[1] ._P2_rear_sus.gel_drive_shaft,

[2] ._P2_rear_sus.gel_tripot,

[3] ._P2_rear_sus.ger_drive_shaft,

[4] ._P2_rear_sus.ger_tripot,

[5] ._P2_rear_sus.mtl_tripot_to_differential,

[6] ._P2_rear_sus.mtr_tripot_to_differential,

[7] ._P2_rear_sus.gel_drive_shaft.gralin_drive_shaft,

[8] ._P2_rear_sus.gel_drive_shaft.graell_otr_cv_housing,

[9] ._P2_rear_sus.gel_drive_shaft.graell_tripot_housing,

[10] ._P2_rear_sus.gel_tripot.gracyl_tripot_housing_extention,

[11] ._P2_rear_sus.ger_drive_shaft.gralin_drive_shaft,

[12] ._P2_rear_sus.ger_drive_shaft.graell_otr_cv_housing,

[13] ._P2_rear_sus.ger_drive_shaft.graell_tripot_housing,

[14] ._P2_rear_sus.ger_tripot.gracyl_tripot_housing_extention,

[15] ._P2_rear_sus.jolcon_drive_sft_int_jt,

[16] ._P2_rear_sus.jolcon_drive_sft_otr,

[17] ._P2_rear_sus.joltra_tripot_to_differential,

[18] ._P2_rear_sus.jorcon_drive_sft_int_jt,

[19] ._P2_rear_sus.jorcon_drive_sft_otr,

[20] ._P2_rear_sus.jortra_tripot_to_differential,

[21] ._P2_rear_sus.mtl_fixed_2,

[22] ._P2_rear_sus.mtr_fixed_2,

[23] ._P2_rear_sus.cil_tripot_to_differential,

[24] ._P2_rear_sus.cir_tripot_to_differential,

[25] ._P2_rear_sus.col_tripot_to_differential,

[26] ._P2_rear_sus.cor_tripot_to_differential。

• Expr Active：((._P2_rear_sus.phs_driveline_active || ._P2_rear_sus.model_class == "template" ? 1：0) && DB_ACTIVE (._P2_rear_sus))；

• 单击Apply，完成组件._P2_rear_sus.driveline_active的创建；

• Group Name：driveline_inactive；

• Expr Active：((!._P2_rear_sus.phs_driveline_active || ._P2_rear_sus.model_class == "template" ? 1：0) && DB_ACTIVE (._P2_rear_sus))；

• 单击OK，完成组件._P2_rear_sus.driveline_inactive的创建；

• 单击File > Save As命令，保存模板对话框，如图4.25所示；

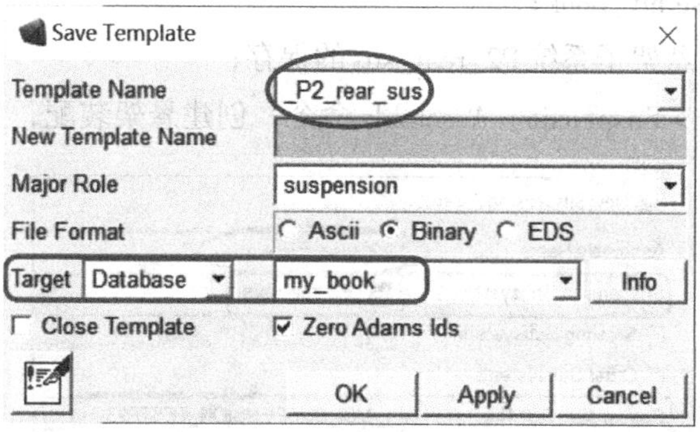

图4.25 悬架模型保存

• Template Name：P2_rear_sus；

• Major Role：suspension；

• File Format：Binary；

• Target：Datebase/my_book；

• 单击OK，完成悬架模型P2_rear_sus的保存。

4.1.9 悬架装配

• 按F9，ADAMS界面切换到标准模式；

• 单击File > New > Suspension命令，创建子系统对话框，如图4.26所示；

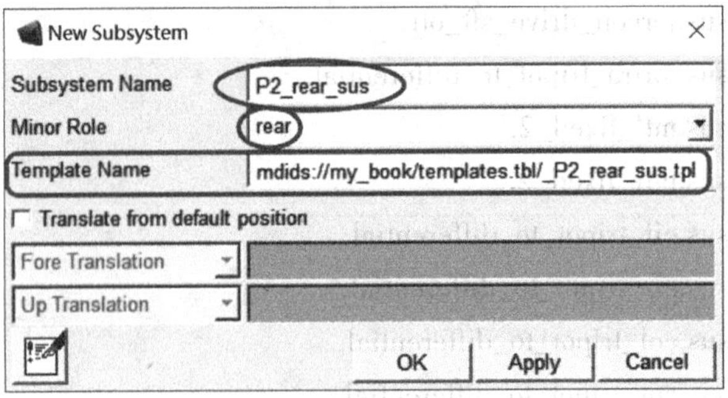

图4.26 悬架子系统

- Subsystem Name：P2_rear_sus；
- Minor Role： rear；
- Template Name： mdids：//my_book/templates.tbl/_P2_rear_sus.tpl；
- 单击OK，完成悬架子系统P2_rear_sus的创建。
- 单击File > Save As > Subsystem命令；
- Minor Role：rear；
- File Format：Binary；
- Target：Datebase/my_book；
- 单击OK，完成悬架子系统P2_rear_sus的保存；
- 单击File > New > Suspension Assembly命令，创建悬架装配，如图4.27所示；

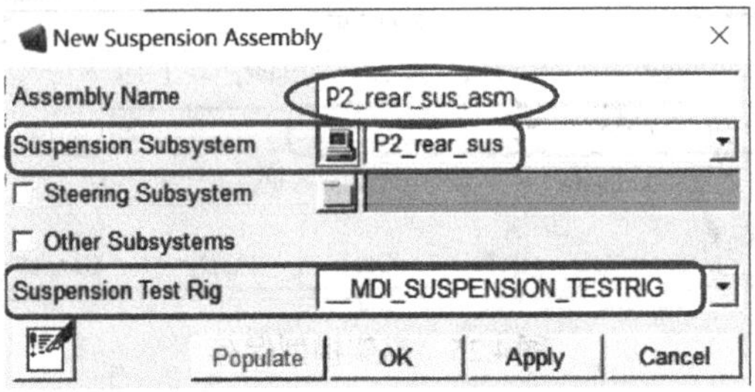

图4.27 悬架装配

- Assembly Name：P2_rear_sus_asm；
- Suspension Subsystem： P2_rear_su；
- Suspension Test Rig： _MDI_SUSPENSION_TESTRIG；
- 单击OK，完成整体式非独立悬架与实验台架装配，如图4.28所示。

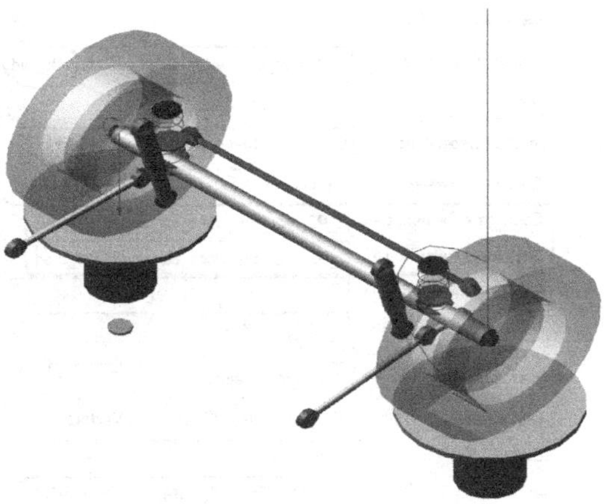

图4.28 悬架与台架装配（单轮跳动仿真）

4.2 瓦特推力杆式整体桥悬架

对于整体桥式非独立悬架，当弹性元件采用螺旋弹簧式，多采用单横向推力杆限制车桥的横向摆动。单横向推力杆作用下车桥的横向摆动较大，针对此问题，建议采用瓦特连杆限制车桥相对车身的横向移动，提升整车的操纵稳定性，瓦特连杆的相对单横向推力杆设置并不烦琐，调试也相对简单。

瓦特连杆的优势“操纵稳定性”章节会详细展开讨论，此小结仅叙述瓦特连杆悬架的建立。对上述已经建立好的悬架模型，删除后横向推力杆部件，对应的刚性/衬套约束会连带删除，删除完成后悬架另存为：P2_rear_sus_white_bar，后续在此悬架模型上完成瓦特连杆的建立。

4.2.1 添加硬点

- 单击Build > Hardpoint > New命令，创建硬点，参考图4.3；
- Hardpoint Name：prod；
- Type：left；
- Location：2176.857, −449.275, 0.0；
- 单击OK，完成硬点._P2_rear_sus_white_bar.ground.hpl_prod的创建。

4.2.2 添加结构框

- 单击Build > Construction Frame > New命令，创建结构框，如图4.29所示；
- Construction Frame：link_mid；
- Location Dependency：Centered between coordinates；
- Centered between：Two Coordinates；
- Coordinate Reference #1：._P2_rear_sus_white_bar.ground.hpl_prod；

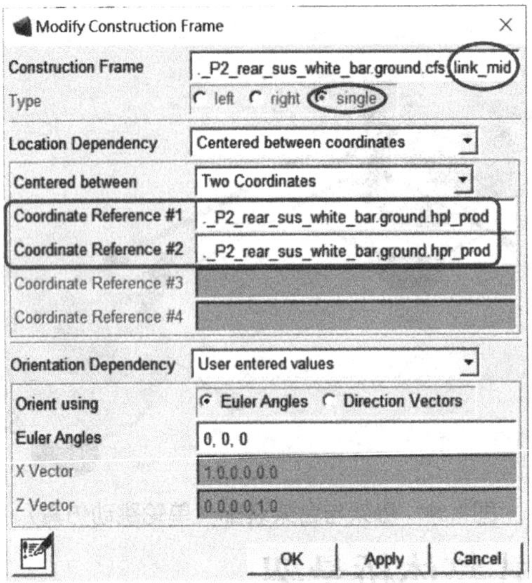

图4.29 结构框link_mid

- Coordinate Reference #2：._P2_rear_sus_white_bar.ground.hpr_prod；
- Orientation Dependency：User-entered values；
- Orient using：Euler Angles；
- Euler Angles：0, 0, 0；
- 单击Apply，完成._P2_rear_sus_white_bar.ground.cfs_link_mid结构框的创建；
- Construction Frame：link_up；
- Location Dependency：Delta location from coordinate；
- Coordinate Reference：._P2_rear_sus_white_bar.ground.cfs_link_mid；
- Location：0, 0, 50；
- Location in：local；
- Orientation Dependency：User-entered values；
- Orient using：Euler Angles；
- Euler Angles：0, 0, 0；
- 单击Apply，完成._P2_rear_sus_white_bar.ground.cfs_link_up结构框的创建；
- Construction Frame：prod_front；
- Location Dependency：Delta location from coordinate；
- Coordinate Reference：._P2_rear_sus_white_bar.ground.cfs_link_mid；
- Location：50, 0, 0；
- Location in：local；
- Orientation Dependency：User-entered values；
- Orient using：Euler Angles；
- Euler Angles：0, 0, 0；

- 单击Apply，完成._P2_rear_sus_white_bar.ground.cfs_prod_front结构框的创建；
- Construction Frame：link_down；
- Location Dependency：Delta location from coordinate；
- Coordinate Reference：._P2_rear_sus_white_bar.ground.cfs_link_mid；
- Location：0, 0, -50；
- Location in：local；
- Orientation Dependency：User-entered values；
- Orient using：Euler Angles；
- Euler Angles：0, 0, 0；
- 单击OK，完成结构框._P2_rear_sus_white_bar.ground.cfs_link_down的创建。

4.2.3 添加部件

- 单击Build > Part > General Part > New命令，创建部件，参考图4.5；
- General Part：link_mid；
- Location Dependency：Delta location from coordinate；
- Coordinate Reference ：._P2_rear_sus_white_bar.ground.cfs_link_mid；
- Location：0, 0, 0；
- Location in：local；
- Orientation Dependency：User-entered values；
- Orient using：Euler Angles；
- Euler Angles：0, 0, 0；
- Mass：1；
- Ixx：1；
- Iyy：1；
- Izz：1；
- Density：Material；
- Material Type：.materials.steel；
- 单击Apply，完成部件._P2_rear_sus_white_bar.ges_link_mid的创建；
- General Part：prod_left；
- Location Dependency：Centered between coordinates；
- Centered between：Two Coordinates；
- Coordinate Reference #1：._P2_rear_sus_white_bar.ground.cfs_link_down；
- Coordinate Reference #2：._P2_rear_sus_white_bar.ground.hpl_prod；
- Orientation Dependency：User-entered values；
- Orient using：Euler Angles；

- Euler Angles：0, 0, 0；
- Mass：1；
- Ixx：1；
- Iyy：1；
- Izz：1；
- Density：Material；
- Material Type：.materials.steel；
- 单击Apply，完成部件._P2_rear_sus_white_bar.ges_prod_left的创建；
- General Part：prod_right；
- Location Dependency：Centered between coordinates；
- Centered between：Two Coordinates；
- Coordinate Reference #1：._P2_rear_sus_white_bar.ground.cfs_link_up；
- Coordinate Reference #2：._P2_rear_sus_white_bar.ground.hpr_prod；
- Orientation Dependency：User-entered values；
- Orient using：Euler Angles；
- Euler Angles：0, 0, 0；
- Mass：1；
- Ixx：1；
- Iyy：1；
- Izz：1；
- Density：Material；
- Material Type：.materials.steel；
- 单击OK，完成部件._P2_rear_sus_white_bar.ges_prod_right的创建。

4.2.4 添加几何体

- 单击Build > Geometry > Link > New命令；
- Link Name ：link_mid；
- General Part：._P2_rear_sus_white_bar.ges_link_mid；
- Coordinate Reference #1：._P2_rear_sus_white_bar.ground.cfs_link_up；
- Coordinate Reference #2：._P2_rear_sus_white_bar.ground.cfs_link_down；
- Radius：5；
- Color：yellow；
- 勾选Calculate Mass Properties of General Part复选框；
- Density：Material；
- Material Type：steel；

• 单击 Apply，完成 ._P2_rear_sus_white_bar. ges_link_mid. gralin_link_mid 几何体的创建；

• Link Name：prod_l；
• General Part：._P2_rear_sus_white_bar.ges_prod_left；
• Coordinate Reference #1：._P2_rear_sus_white_bar.ground.hpl_prod；
• Coordinate Reference #2：._P2_rear_sus_white_bar.ground.cfs_link_down；
• Radius：5；
• Color：red；
• 勾选 Calculate Mass Properties of General Part 复选框；
• Density：Material；
• Material Type：steel；
• 单击 Apply，完成 ._P2_rear_sus_white_bar.ges_prod_left.gralin_prod_l 几何体的创建；
• Link Name ：prod_r；
• General Part：._P2_rear_sus_white_bar.ges_prod_right；
• Coordinate Reference #1：._P2_rear_sus_white_bar.ground.hpr_prod；
• Coordinate Reference #2：._P2_rear_sus_white_bar.ground.cfs_link_up；
• Radius：5；
• Color：green；
• 勾选 Calculate Mass Properties of General Part 复选框；
• Density：Material；
• Material Type：steel；
• 单击 OK，完成 ._P2_rear_sus_white_bar.ges_prod_right.gralin_prod_r 几何体的创建。

4.2.5 添加刚性约束

• 单击 Build > Attachments > Joint > New 命令，创建约束件，参考图 4.19；
• Joint Name：prod_l；
• I Part：._P2_rear_sus_white_bar.ges_prod_left；
• J Part：._P2_rear_sus_white_bar.ges_axle_housle；
• Joint Type：spherical；
• Active：kinematic mode；
• Location Dependency：Delta location from coordinate；
• Coordinate Reference：._P2_rear_sus_white_bar.ground.hpl_prod；
• Location：0, 0, 0；
• Location in：local；
• 单击 Apply，完成约束副 ._P2_rear_sus_white_bar.jkssph_prod_l 的创建；

- Joint Name: prod_right;
- I Part: ._P2_rear_sus_white_bar.ges_prod_right;
- J Part: ._P2_rear_sus_white_bar.ges_axle_housle;
- Joint Type: spherical;
- Active: kinematic mode;
- Location Dependency: Delta location from coordinate;
- Coordinate Reference: ._P2_rear_sus_white_bar.ground.hpr_prod;
- Location: 0, 0, 0;
- Location in: local;
- 单击 Apply，完成约束副._P2_rear_sus_white_bar.jkssph_prod_right的创建；
- Joint Name: link_mid;
- I Part: ._P2_rear_sus_white_bar.ges_link_mid;
- J Part: ._P2_rear_sus_white_bar.mts_subframe_to_body;
- Joint Type: revolute;
- Active: always;
- Location Dependency: Delta location from coordinate;
- Coordinate Reference: ._P2_rear_sus_white_bar.ground.cfs_link_mid;
- Location: 0, 0, 0;
- Location in: local;
- Orientation Dependency: Orient axis to point;
- Coordinate Reference: ._P2_rear_sus_white_bar.ground.cfs_prod_front;
- Axis: Z;
- 单击 Apply，完成._P2_rear_sus_white_bar.josrev_link_mid转动副的创建；
- Joint Name: link_down;
- I Part: ._P2_rear_sus_white_bar.ges_link_mid;
- J Part: ._P2_rear_sus_white_bar.ges_prod_left;
- Joint Type: hooke;
- Active: kinematic mode;
- Location Dependency: Delta location from coordinate;
- Coordinate Reference: ._P2_rear_sus_white_bar.ground.cfs_link_down;
- Location: 0, 0, 0;
- Location in: local;
- I-Part Axis: ._P2_rear_sus_white_bar.ground.cfs_link_up;
- J-Part Axis: ._P2_rear_sus_white_bar.ground.hpl_prod;
- 单击 Apply，完成约束副._P2_rear_sus_white_bar.jkscon_link_down的创建；

- Joint Name：link_up；
- I Part：._P2_rear_sus_white_bar.ges_link_mid；
- J Part：._P2_rear_sus_white_bar.ges_prod_right；
- Joint Type：hooke；
- Active：kinematic mode；
- Location Dependency：Delta location from coordinate；
- Coordinate Reference：._P2_rear_sus_white_bar.ground.cfs_link_up；
- Location：0, 0, 0；
- Location in：local；
- I-Part Axis：._P2_rear_sus_white_bar.ground.cfs_link_down；
- J-Part Axis：._P2_rear_sus_white_bar.ground.hpr_prod；
- 单击OK，完成约束副._P2_rear_sus_white_bar.jkscon_link_up的创建。

4.2.6 添加柔性约束

- 单击Build > Attachments > Bushing > New命令，创建衬套件，参考图4.20；
- Bushing Name：prod_left；
- I Part：._P2_rear_sus_white_bar.ges_prod_left；
- J Part：._P2_rear_sus_white_bar.ges_axle_housle；
- Inactive：kinematic mode；
- Preload：0, 0, 0；
- Tpreload：0, 0, 0；
- Offset：0, 0, 0；
- Roffset：0, 0, 0；
- Geometry Length：20；
- Geometry Radius：30；
- Property File：mdids：//my_book/bushings.tbl/arb_to_body.bus；
- Location Dependency：Delta location from coordinate；
- Coordinate Reference：._P2_rear_sus_white_bar.ground.hpl_prod；
- Location：0, 0, 0；
- Location in：local；
- Orientation Dependency：User-entered values；
- Orient using：Euler Angles；
- Euler Angles：90, 90, 0；
- 单击Apply，完成轴套._P2_rear_sus_white_bar.bks_prod_left的创建；
- Bushing Name：prod_right；
- I Part：._P2_rear_sus_white_bar.ges_prod_right；

- J Part：._P2_rear_sus_white_bar.ges_axle_housle；
- Inactive：kinematic mode；
- Preload：0, 0, 0；
- Tpreload：0, 0, 0；
- Offset：0, 0, 0；
- Roffset：0, 0, 0；
- Geometry Length：20；
- Geometry Radius：30；
- Property File：mdids：//my_book/bushings.tbl/arb_to_body.bus；
- Location Dependency：Delta location from coordinate；
- Coordinate Reference：._P2_rear_sus_white_bar.ground.hpr_prod；
- Location：0, 0, 0；
- Location in：local；
- Orientation Dependency：User-entered values；
- Orient using：Euler Angles；
- Euler Angles：90, 90, 0；
- 单击 Apply，完成轴套._P2_rear_sus_white_bar.bks_prod_right 的创建；
- Bushing Name：link_up；
- I Part：._P2_rear_sus_white_bar.ges_prod_right；
- J Part：._P2_rear_sus_white_bar.ges_link_mid；
- Inactive：kinematic mode；
- Preload：0, 0, 0；
- Tpreload：0, 0, 0；
- Offset：0, 0, 0；
- Roffset：0, 0, 0；
- Geometry Length：20；
- Geometry Radius：30；
- Property File：mdids：//my_book/bushings.tbl/arb_to_body.bus；
- Location Dependency：Delta location from coordinate；
- Coordinate Reference：._P2_rear_sus_white_bar.ground.cfs_link_up；
- Location：0, 0, 0；
- Location in：local；
- Orientation Dependency：User-entered values；
- Orient using：Euler Angles；
- Euler Angles：90, 90, 0；

- 单击Apply，完成轴套._P2_rear_sus_white_bar.bks_link_up的创建；
- Bushing Name：link_down；
- I Part：._P2_rear_sus_white_bar.ges_prod_left；
- J Part：._P2_rear_sus_white_bar.ges_link_mid；
- Inactive：kinematic mode；
- Preload：0, 0, 0；
- Tpreload：0, 0, 0；
- Offset：0, 0, 0；
- Roffset：0, 0, 0；
- Geometry Length：20；
- Geometry Radius：30；
- Property File：mdids：//my_book/bushings.tbl/arb_to_body.bus；
- Location Dependency：Delta location from coordinate；
- Coordinate Reference：._P2_rear_sus_white_bar.ground.cfs_link_down；
- Location：0, 0, 0；
- Location in：local；
- Orientation Dependency：User-entered values；
- Orient using：Euler Angles；
- Euler Angles：90, 90, 0；
- 单击OK，完成轴套._P2_rear_sus_white_bar.bks_link_down的创建，至此整体桥式悬架模型（瓦特连杆）建立完成；
- 单击File > Save As命令，保存模板对话框，如图4.30所示；

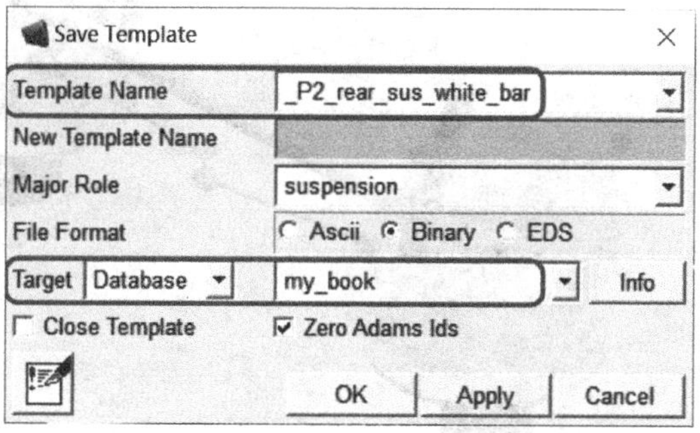

图4.30 悬架模型（瓦特连杆）保存

- Template Name：P2_rear_sus_white_bar；
- Major Role：suspension；
- File Format：Binary；
- Target：Datebase/my_book；
- 单击OK，完成悬架模型P2_rear_sus_white_bar的保存。

4.3 悬架装配

- 按F9，ADAMS界面切换到标准模式；
- 单击File > New > Suspension命令；
- Subsystem Name：P2_rear_sus_white_bar；
- Minor Role： rear；
- Template Name： mdids：//my_book/templates.tbl/_P2_rear_sus_white_bar.tpl；
- 单击OK，完成悬架子系统P2_rear_sus_white_bar的创建；
- 单击File > Save As > Subsystem命令；
- Minor Role：rear；
- File Format：Binary；
- Target：Datebase/my_book；
- 单击OK，完成悬架子系统P2_rear_sus_white_bar的保存；
- 单击File > New > Suspension Assembly命令；
- Assembly Name：P2_rear_sus_white_bar_asm；
- Suspension Subsystem： P2_rear_su；
- Suspension Test Rig： _MDI_SUSPENSION_TESTRIG；
- 单击OK，完成整体式非独立悬架与实验台架装配，如图4.31所示。

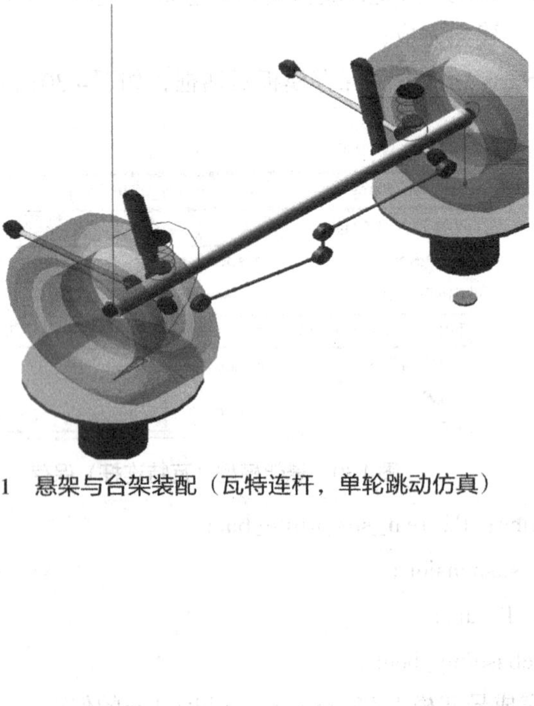

图4.31 悬架与台架装配（瓦特连杆，单轮跳动仿真）

4.4 单侧车轮跳动仿真

• 单击Simulate > Suspension Analysis > Single Wheel Travel命令，单侧车轮激振设置，如图4.32所示；

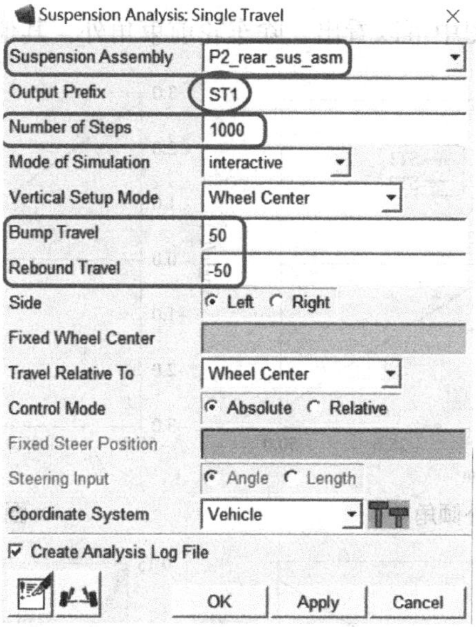

图4.32 单轮跳动仿真设置

• Suspension Assembly：P2_rear_sus_asm；
• Output Prefix：ST1；
• Number of Steps：1000；
• Mode of Simulation：interactive；
• Vertical Setup Mode：Wheel Center；
• Bump Travel：50；
• Rebound Travel：-50；
• Travel Relative To：Wheel Center；
• Control Mode：Absolute；
• Coordinate System：Vehicle；
• 单击Apply，完成整体桥式悬架在C模式下的仿真；
• Suspension Assembly：P2_rear_sus_white_bar_asm；
• Output Prefix：ST2；
• Number of Steps：1000；
• Mode of Simulation：interactive；
• Vertical Setup Mode：Wheel Center；

- Bump Travel：50；
- Rebound Travel：−50；
- Travel Relative To：Wheel Center；
- Control Mode：Absolute；
- Coordinate System：Vehicle；
- 单击OK，完成整体桥式悬架（瓦特连杆）在C模式下的仿真，计算完成后结果如图4.33—图4.36所示，从图中可以看出，除车轮前束角外，其他惨败变化保持一致。

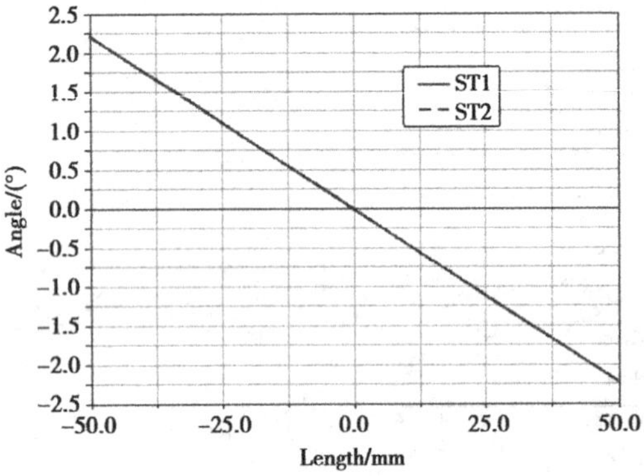

图4.33 车轮外倾角

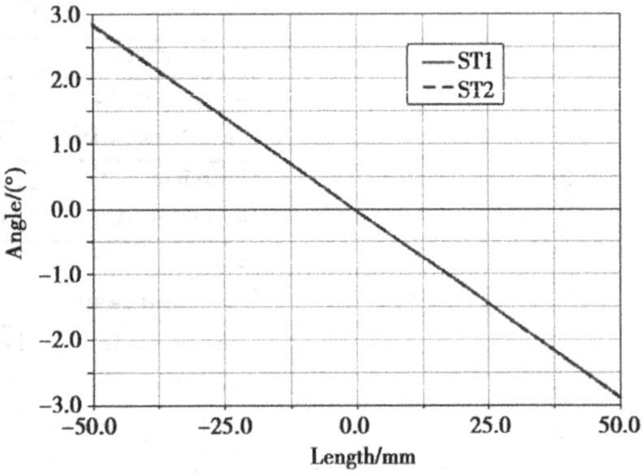

图4.34 主销后倾角

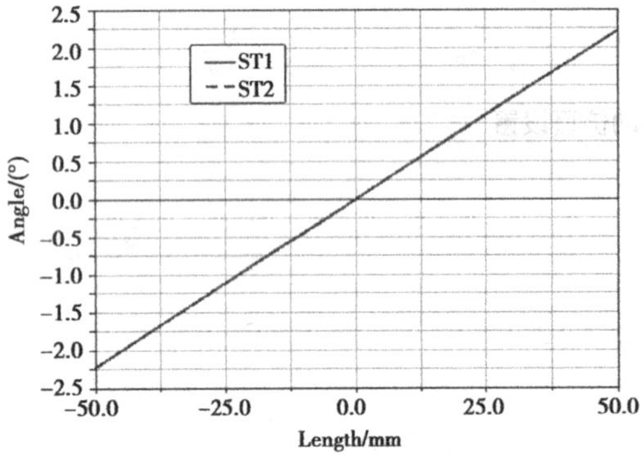

图4.35 主销内倾

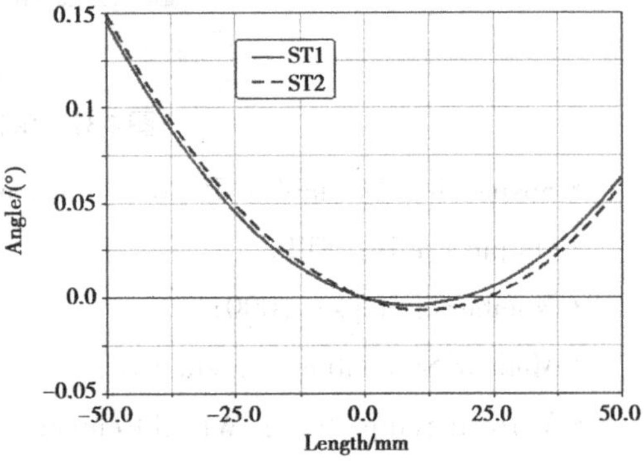

图4.36 车轮前束角

4.5 四连杆式整体桥悬架

整体桥式悬架与车身的连接有多种方式，不同的连接方式导致其对整车的操纵稳定性影响较大。此小结介绍一种四连杆式整体桥式悬架模型，采用此连接方式后，整车的稳定性有明显提升，可以有效地改善整车的过度转向问题，具体细节在“操纵稳定性”章节具体讨论。

删除瓦特推力杆式整体悬架模型中的左右拖拽臂部件（删除一侧，对称侧会连带删除）：1）._P2_rear_sus_white_bar.gel_lca.gralin_lca1； 2）._P2_rear_sus_white_bar.ger_lca.gralin_lca1。删除部件过程中对应的刚性约束及柔性衬套会连带自动删除。模型另存为P2_rear_sus_4_link_white_bar。

4.5.1 添加硬点

- 单击Build > Hardpoint > New命令，创建硬点；
- Hardpoint Name：uca_rear；
- Type：left；
- Location：2050.0, −100.0, 85.0；
- 单击OK，完成硬点._P2_rear_sus_4_link_white_bar.ground.hpl_uca_rear的创建。

4.5.2 调整硬点参数

- 选择硬点._P2_rear_sus_4_link_white_bar.ground.hpl_rca_front；
- 右击Modify;
- Location：1550.021, −400.0, −100.0；
- 单击Apply，完成硬点._P2_rear_sus_4_link_white_bar.ground.hpl_rca_front的位置调整；
- 选择硬点._P2_rear_sus_4_link_white_bar.ground.hpl_rca_mid；
- 右击Modify;
- Location：2050.0, −498.007, −50.0；
- 单击OK，完成硬点._P2_rear_sus_4_link_white_bar.ground.hpl_rca_mid的位置调整。

4.5.3 添加结构框

- 单击Build > Construction Frame > New命令；
- Construction Frame：uca_front；
- Location Dependency：Delta location from coordinate；
- Coordinate Reference：._P2_rear_sus_4_link_white_bar.ground.hpl_uca_rear；
- Location： −300, −200, 0；
- Location in：local；
- Orientation Dependency：User-entered values；
- Orient using：Euler Angles；
- Euler Angles：0, 0, 0；
- 单击OK，完成结构框._P2_rear_sus_4_link_white_bar.ground.cfl_uca_front的创建。

4.5.4 添加部件

- 单击Build > Part > General Part > New命令，创建部件，参考图4.5；
- General Part：uca；
- Location Dependency：Centered between coordinates；
- Centered between：Two Coordinates；
- CoordinateReference #1：._P2_rear_sus_4_link_white_bar.ground.hpl_uca_rear；
- CoordinateReference #2：._P2_rear_sus_4_link_white_bar.ground.cfl_uca_front；
- Orientation Dependency：User-entered values；
- Orient using：Euler Angles；
- Euler Angles：0, 0, 0；
- Mass：1；
- Ixx：1；
- Iyy：1；
- Izz：1；
- Density：Material；
- Material Type：.materials.steel；
- 单击Apply，完成部件._P2_rear_sus_4_link_white_bar.gel_uca的创建；
- General Part：lca；
- Location Dependency：Centered between coordinates；
- Centered between：Two Coordinates；
- CoordinateReference #1：._P2_rear_sus_4_link_white_bar.ground.hpl_rca_front；
- CoordinateReference #2：._P2_rear_sus_4_link_white_bar.ground.hpl_rca_mid；
- Orientation Dependency：User-entered values；
- Orient using：Euler Angles；
- Euler Angles：0, 0, 0；
- Mass：1；
- Ixx：1；
- Iyy：1；
- Izz：1；
- Density：Material；
- Material Type：.materials.steel；
- 单击OK，完成部件._P2_rear_sus_4_link_white_bar.gel_lca的创建。

4.5.5　添加几何体

- 单击Build > Geometry > Link > New命令；
- Link Name：uca；
- General Part：._P2_rear_sus_4_link_white_bar.gel_uca；
- CoordinateReference #1：._P2_rear_sus_4_link_white_bar.ground.hpl_uca_rear；
- CoordinateReference #2：._P2_rear_sus_4_link_white_bar.ground.cfl_uca_front；
- Radius：10；
- Color：red；
- 勾选Calculate Mass Properties of General Part复选框；
- Density：Material；
- Material Type：steel；
- 单击Apply，完成._P2_rear_sus_4_link_white_bar.gel_uca.gralin_uca几何体的创建；
- Link Name：lca；
- General Part：._P2_rear_sus_4_link_white_bar.gel_lca；
- CoordinateReference #1：._P2_rear_sus_4_link_white_bar.ground.hpl_rca_front；
- CoordinateReference #2：._P2_rear_sus_4_link_white_bar.ground.hpl_rca_mid；
- Radius：10；
- Color：yellow；
- 勾选Calculate Mass Properties of General Part复选框；
- Density：Material；
- Material Type：steel；
- 单击OK，完成._P2_rear_sus_4_link_white_bar.gel_lca.gralin_lca几何体的创建。

4.5.6　添加柔性约束

- 单击Build > Attachments > Bushing > New命令，创建衬套件，参考图4.20；
- Bushing Name：uca_rear；
- I Part：._P2_rear_sus_4_link_white_bar.gel_uca；
- J Part：._P2_rear_sus_4_link_white_bar.ges_axle_housle；
- Inactive：never；
- Preload：0, 0, 0；
- Tpreload：0, 0, 0；
- Offset：0, 0, 0；
- Roffset：0, 0, 0；
- Geometry Length：20；
- Geometry Radius：30；
- Property File：mdids：//my_book/bushings.tbl/leaf_rear_rear.bus，衬套位移刚度，如

图4.37所示，扭转刚度，如图4.38所示；

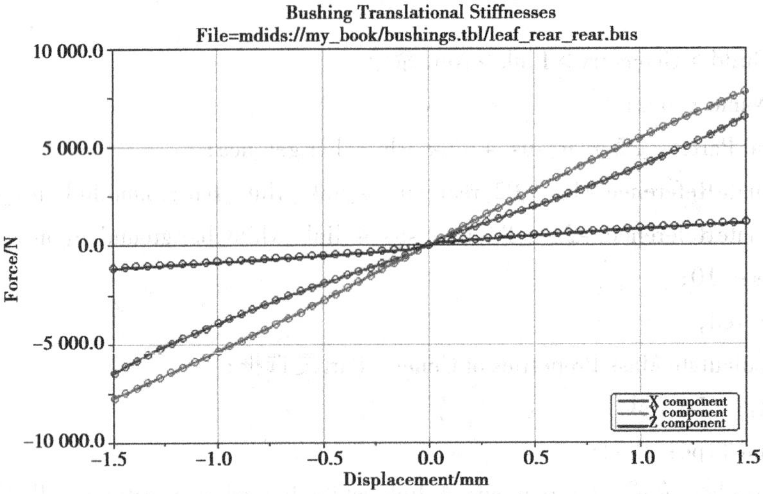

图4.37 衬套位移刚度

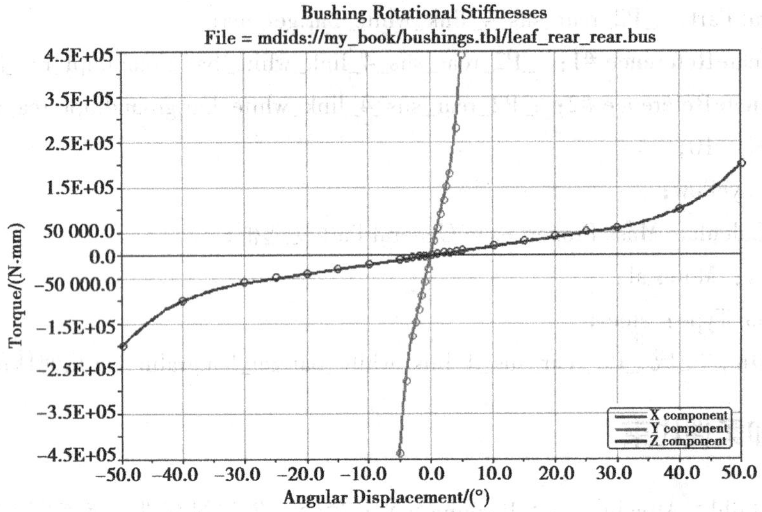

图4.38 衬套扭转刚度

- Location Dependency：Delta location from coordinate；
- Coordinate Reference：._P2_rear_sus_4_link_white_bar.ground.hpl_uca_rear；
- Location：0, 0, 0；
- Location in：local；
- Orientation Dependency：User-entered values；
- Orient using：Euler Angles；
- Euler Angles：33, 90, 0；
- 单击Apply，完成轴套._P2_rear_sus_4_link_white_bar.bgl_uca_rear的创建；
- 单击Build > Attachments > Bushing > New命令，创建衬套件，参考图4.20；
- Bushing Name：uca_front；

- I Part：._P2_rear_sus_4_link_white_bar.gel_uca；
- J Part：._P2_rear_sus_4_link_white_bar.mts_subframe_to_body；
- Inactive：never；
- Preload：0, 0, 0；
- Tpreload：0, 0, 0；
- Offset：0, 0, 0；
- Roffset：0, 0, 0；
- Geometry Length：20；
- Geometry Radius：30；
- Property File：mdids：//my_book/bushings.tbl/leaf_rear_front_bus.xml；
- Location Dependency：Delta location from coordinate；
- Coordinate Reference：._P2_rear_sus_4_link_white_bar.ground.cfl_uca_front；
- Location：0, 0, 0；
- Location in：local；
- Orientation Dependency：User-entered values；
- Orient using：Euler Angles；
- Euler Angles：33, 90, 0；
- 单击Apply，完成轴套._P2_rear_sus_4_link_white_bar.bgl_uca_front的创建；
- 单击Build > Attachments > Bushing > New命令，创建衬套件，参考图4.20；
- Bushing Name：lca_mid；
- I Part：._P2_rear_sus_4_link_white_bar.gel_lca；
- J Part：._P2_rear_sus_4_link_white_bar.ges_axle_housle；
- Inactive：never；
- Preload：0, 0, 0；
- Tpreload：0, 0, 0；
- Offset：0, 0, 0；
- Roffset：0, 0, 0；
- Geometry Length：20；
- Geometry Radius：30；
- Property File：mdids：//my_book/bushings.tbl/leaf_rear_front.bus；
- Location Dependency：Delta location from coordinate；
- Coordinate Reference：._P2_rear_sus_4_link_white_bar.ground.hpl_rca_mid；
- Location：0, 0, 0；
- Location in：local；
- Orientation Dependency：User-entered values；
- Orient using：Euler Angles；
- Euler Angles：-10, 90, 0；
- 单击Apply，完成轴套._P2_rear_sus_4_link_white_bar.bgl_lca_mid的创建；

- 单击 Build > Attachments > Bushing > New 命令，创建衬套件，参考图 4.20；
- Bushing Name：lca_front；
- I Part：._P2_rear_sus_4_link_white_bar.gel_lca；
- J Part：._P2_rear_sus_4_link_white_bar.mts_subframe_to_body；
- Inactive：never；
- Preload：0, 0, 0；
- Tpreload：0, 0, 0；
- Offset：0, 0, 0；
- Roffset：0, 0, 0；
- Geometry Length：20；
- Geometry Radius：30；
- Property File：mdids：//my_book/bushings.tbl/leaf_rear_front.bus；
- Location Dependency：Delta location from coordinate；
- Coordinate Reference：._P2_rear_sus_4_link_white_bar.ground.hpl_rca_front；
- Location：0, 0, 0；
- Location in：local；
- Orientation Dependency：User-entered values；
- Orient using：Euler Angles；
- Euler Angles：−10, 90, 0；
- 单击 OK，完成轴套._P2_rear_sus_4_link_white_bar.bgl_lca_front 的创建。

至此，四连杆式整体桥式悬架模型建立完成，如图 4.39 所示，与拽臂式整体桥悬架模型相比，此种连接方式能够更好地抑制悬架在整车运动过程中的横摆，进而改善整车的动态特性，提升稳定性。

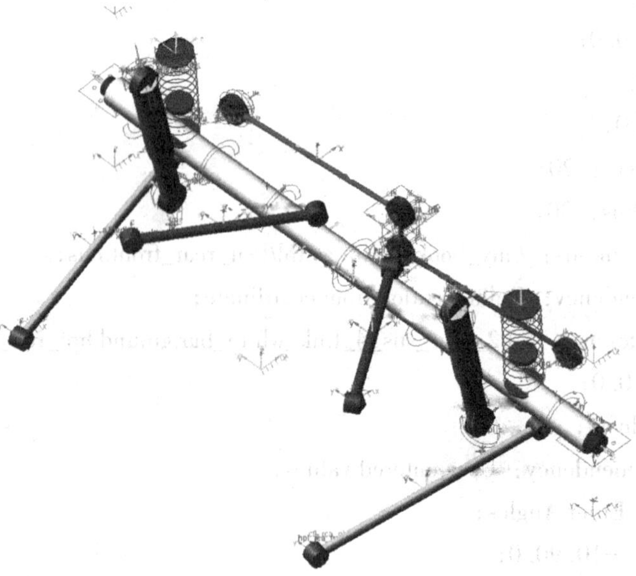

图 4.39　四连杆式整体桥悬架模型

第5章 路面模型

整车模型计算仿真的前提是必须在路面上进行。路面的状态类型繁多，以适应不同计算工况的需要。在对整车制动系统进行评估时，需要设置对开及对接路面；对整车的平顺性计算仿真时，需要不同等级的路面及通过减速带、连续坑洼路面等。

ADAMS/CAR模块共享数据库中ROAD文件夹中提供的路面文件足以满足日常所需的工况仿真要求，但对于一些特殊工况需要的路面仍需要读者自己建立。

5.1 路面类型简介

路面模型可以分为2D与3D路面模型。2D路面接触通常采用点式跟踪法，3D路面模型为三维轮胎-路面接触模型，用来计算路面和轮胎之间交叉的体积，路面采用一系列离散的三角形片表示，而轮胎用一些列的圆柱表示。采用3D路面模型（或者称3D等效体积路面模型），可以模拟在车辆运动过程中碰到路边台阶、凹坑、粗糙路面及不规则路面上运动的情形。3D等效体积路面模型如图5.1所示，此路面由6个节点构成4个三角形面单元，每个三角形单元的向外的单位法向矢量如图5.1所示，与有限元网格中定义较为相似。ADAMS/Tire在定义路面时需要首先指定每个节点在路面参考坐标系下的坐标，再按顺序指定3个节点构成三角形单元，对应每个单元，可以指定不同的摩擦系数。除此之外还有3D光滑路面，用于定义停车场、赛道路面等，3D光滑路面一般指路面的曲率小于轮胎的曲率。

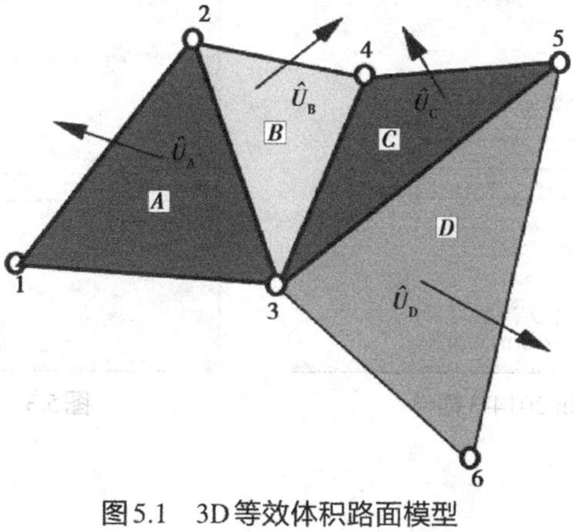

图5.1 3D等效体积路面模型

5.1.1 2D路面类型

路面模型存储于共享数据库中文件夹中，路径为：D：\MSC.Software\Adams_x64\2014\acar\shared_car_database.cdb\roads.tbl 。2D路面模型除平整路面FLAT外，其他路面在仿真时均不能显示几何图形。

1）DRUM：测试轮胎用转股试验台；

2）FLAT：平整路面；

3）PLANK：矩形凸块路面；

4）POLY_LINE：折线路面；

5）POT_HOLE：凹坑路面；

6）RAMP：斜坡路面；

7）ROOF：三角形凸块路面；

8）SINE：正弦波路面；

9）SINE_SWEEP：正弦波波纹路面；

10）STOCHASTIC_UNEVEN：随即不平路面；

• 单击Simulate > Component Analysis > consin/tiretlls命令，弹出consin 2014-3插件对话框，如图5.2所示；

• 单击File > Open road命令，弹出选择路面文件对话框，选择正弦波波纹路面2d_sine_sweep.rdf；

• 单击“打开”按钮，弹出roadtools工具对话框，如图5.3所示；

• 单击显示按钮快捷方式，显示正弦波波纹路面图，如图5.4所示，其余不同类型路面形状读者可自行尝试打开观看。

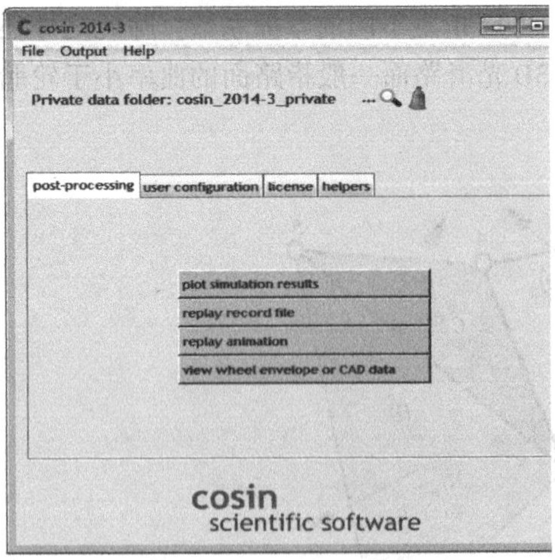

图5.2 consin 2014-3插件

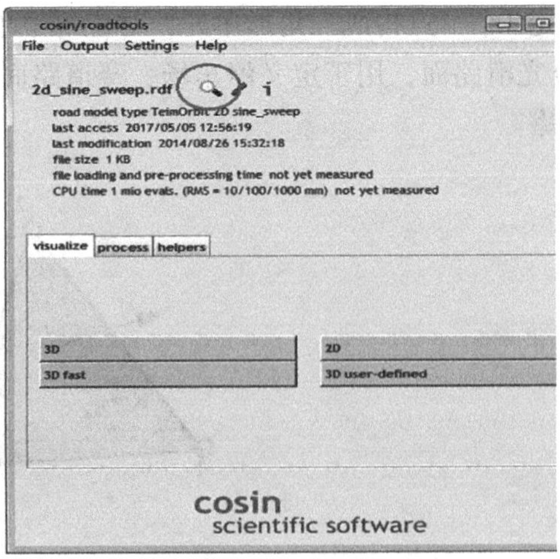

图5.3 roadtools工具对话框

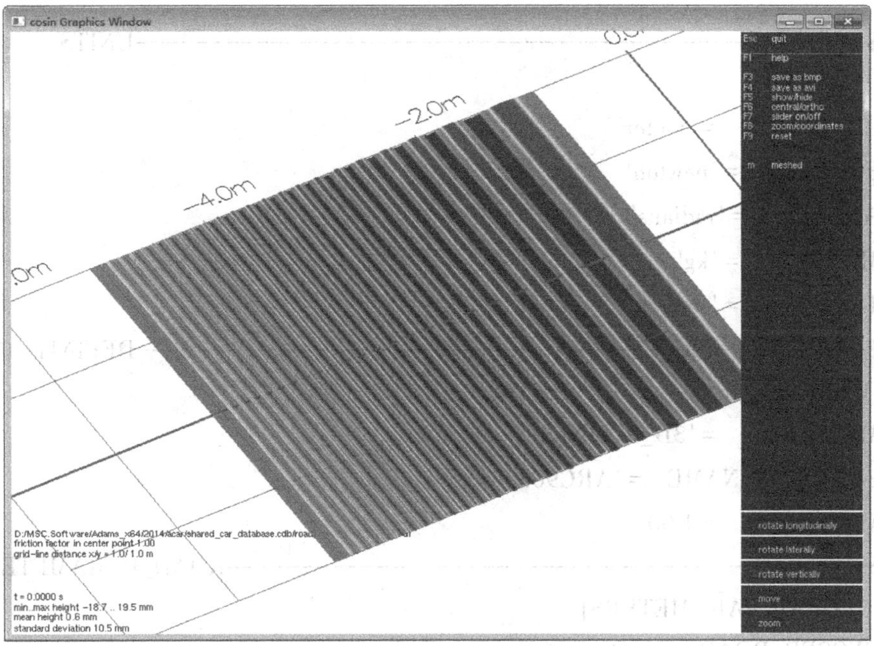

图5.4 正弦波波纹路面图

5.1.2 对开路面

对开路面主要用于车辆ABS制动状态下系统的仿真，以路面中轴线为界，左右两侧的路面摩擦系数不用。真实车辆在制动过程中，左右两侧车轮可能处在不同的路面上，或者模拟车辆在失控状态下整车的稳定性能。对开路面编辑以3D样条路面：mdi_3d_smooth_road. rdf为模板，对路面左侧摩擦系数MU_LEFT与右侧路面摩擦系数MU_RIGHT进行更改；高低附路面以摩擦系数0.5为中间值，大于0.5为高附路面，小于0.5为低附路面，同时要求高低附路面摩擦系数比值大于等于2。对3D样条路面mdi_3d_smooth_road.rdf进行局部修改，修改部分用斜体加下划线标注。修改好的路面另存为mdi_3d_smooth_road_DK.rdf，文件存放于章节文件夹中。

```
对开路面信息按如下方式修改：
$---------------------------------------------------------MDI_HEADER
[MDI_HEADER]
FILE_TYPE = 'rdf'
FILE_VERSION = 5.00
FILE_FORMAT = 'ASCII'
(COMMENTS)
{comment_string)
'3d smooth road'
```

```
$-------------------------------------------------------UNITS
[UNITS]
LENGTH        = 'meter'
FORCE       = 'newton'
ANGLE      = 'radians'
MASS        = 'kg'
TIME        = 'sec'
$-------------------------------------------------------DEFINITION
[MODEL]
METHOD        = '3D_SPLINE'
FUNCTION_NAME   = 'ARC903'
VERSION        = 1.00
$------------------------------------------------ROAD_PARAMETERS
[GLOBAL_PARAMETERS]
CLOSED_ROAD    = 'nO'
SEARCH_ALGORITHM   = 'FaSt'
ROAD_VERTICAL    ='0.0 0.0 1.0'
FORWARD_DIR   =  'NORMAL'
MU_LEFT      =  1.0
MU_RIGHT       =  1.0
WIDTH      =  7.000
BANK        =  0.0

$------------------------------------------------DATA_POINTS
[DATA_POINTS]
{     X                    Y                    Z WIDTH BANK MU_LEFT   MU_RIGHT }
12.50000E+00    0.00000E-00    0.00000E-00    7.000 0.000    0.800  0.400
10.50000E+00    0.00000E-00    0.00000E-00    7.000 0.000    0.800  0.400
5.50000E+00     0.00000E-00    0.00000E-00    7.000 0.000    0.800  0.400
0.50000E+00     0.00000E-00    0.00000E-00    7.000 0.000    0.800  0.400
0.00000E+00     0.00000E-00    0.00000E-00    7.000 0.000    0.800  0.400
-2.50000E+00    0.00000E-00    0.00000E-00    7.000 0.000    0.800  0.400
-5.00000E+00    0.00000E-00    0.00000E-00    7.000 0.000    0.800  0.400
-1.00000E+01    0.00000E-00    0.00000E-00    7.000 0.000    0.800  0.400
```

```
-2.00000E+01   0.00000E-00   0.10000E-00   7.000 0.000   0.800 0.400
-3.00000E+01   0.00000E-00   0.20000E-00   7.000 0.000   0.800 0.400
-4.00000E+01   0.00000E-00   0.30000E-00   7.000 0.000   0.800 0.400
-5.00000E+01   0.00000E-00   0.40000E-00   7.000 0.000   0.800 0.400
-6.00000E+01   0.00000E-00   0.50000E-00   7.000 0.000   0.800 0.400
-7.00000E+01   0.00000E-00   0.60000E-00   7.000 0.000   0.800 0.400
-8.00000E+01   0.00000E-00   0.70000E-00   7.000 0.000   0.800 0.400
-9.00000E+01   0.00000E-00   0.80000E-00   7.000 0.000   0.800 0.400
-1.00000E+02   0.00000E-00   0.90000E-00   7.000 0.000   0.800 0.400
-1.10000E+02   0.00000E-00   1.00000E+00   7.000 0.000   0.800 0.400
-1.20000E+02   0.00000E-00   1.10000E-00   7.000 0.000   0.800 0.400
-1.30000E+02   0.00000E-00   1.20000E-00   7.000 0.000   0.800 0.400
$---------------------------------------------------END_DATA_POINTS
```

5.1.3 对接路面

对接路面同样用于车辆ABS制动状态下系统的仿真，对接路面以长度为单位作为一个整体，每个整体路面摩擦系数不同，以路面中轴线为界，对接路面编辑以3D样条路面：mdi_3d_smooth_road.rdf为模板，经过某一个长度后（长度的大小可以对整车进行直线制动仿真进行估计）路面左右侧的摩擦系数同时变更，一般情况下变小；高低附路面以摩擦系数0.5为中间值，大于0.5为高附路面，小于0.5为低附路面，同时要求高低附路面摩擦系数比值大于等于2；对3D样条路面mdi_3d_smooth_road.rdf进行局部修改，修改部分用斜体加下划线标注。修改好的路面另存为mdi_3d_smooth_road_DJ.rdf，文件存放于章节文件夹中。

```
对接路面信息按如下方式修改：
$---------------------------------------------------MDI_HEADER
[MDI_HEADER]
FILE_TYPE = 'rdf'
FILE_VERSION = 5.00
FILE_FORMAT = 'ASCII'
(COMMENTS)
{comment_string)
'3d smooth road'
$--------------------------------------------------------UNITS
[UNITS]
LENGTH        = 'meter'
FORCE         = 'newton'
```

```
ANGLE        = 'radians'
MASS         = 'kg'
TIME         = 'sec'
$---------------------------------------------------DEFINITION
[MODEL]
METHOD           = '3D_SPLINE'
FUNCTION_NAME= 'ARC903'
VERSION          = 1.00
$---------------------------------------------ROAD_PARAMETERS
[GLOBAL_PARAMETERS]
CLOSED_ROAD      = 'nO'
SEARCH_ALGORITHM  = 'FaSt'
ROAD_VERTICAL= '0.0 0.0 1.0'
FORWARD_DIR     = 'NORMAL'
MU_LEFT          =  1.0
MU_RIGHT        =  1.0
WIDTH          =  7.000
BANK             =  0.0

$-------------------------------------------------DATA_POINTS
[DATA_POINTS]
{    X                   Y                Z    WIDTH BANK MU_LEFT   MU_RIGHT }
12.50000E+00      0.00000E-00   0.00000E-00     3.000 0.000   0.900    0.900
10.50000E+00      0.00000E-00   0.00000E-00     3.000 0.000   0.900    0.900
5.50000E+00       0.00000E-00   0.00000E-00     3.000 0.000   0.900    0.900
0.50000E+00       0.00000E-00   0.00000E-00     3.000 0.000   0.900    0.900
0.00000E+00       0.00000E-00   0.00000E-00     3.000 0.000   0.900    0.900
-2.50000E+00      0.00000E-00   0.00000E-00     3.000 0.000   0.900    0.900
-5.00000E+00      0.00000E-00   0.00000E-00     3.000 0.000   0.900    0.900
-1.00000E+01      0.00000E-00   0.00000E-00     3.000 0.000   0.300    0.300
-2.00000E+01      0.00000E-00   0.10000E-00     3.000 0.000   0.300    0.300
-3.00000E+01      0.00000E-00   0.20000E-00     3.000 0.000   0.300    0.300
-4.00000E+01      0.00000E-00   0.30000E-00     3.000 0.000   0.300    0.300
-5.00000E+01      0.00000E-00   0.40000E-00     3.000 0.000   0.300    0.300
-6.00000E+01      0.00000E-00   0.50000E-00     3.000 0.000   0.300    0.300
-7.00000E+01      0.00000E-00   0.60000E-00     3.000 0.000   0.300    0.300
-8.00000E+01      0.00000E-00   0.70000E-00     3.000 0.000   0.300    0.300
-9.00000E+01      0.00000E-00   0.80000E-00     3.000 0.000   0.300    0.300
```

-1.00000E+02	0.00000E-00	0.90000E-00	3.000	0.000	0.300	0.300
-1.10000E+02	0.00000E-00	1.00000E+00	3.000	0.000	0.300	0.300
-1.20000E+02	0.00000E-00	1.10000E-00	3.000	0.000	0.300	0.300
-1.30000E+02	0.00000E-00	1.20000E-00	3.000	0.000	0.300	0.300

$--END_DATA_POINTS

5.1.4 减速带路面

减速带主要设置在路口、学校、小区门口等车流量较多，人口较为密集的地方，提示车辆减速慢行，注意安全。减速带规格类型较多，此案例采用的减速带规格为250 cm×350 cm×50 cm（长、宽、高），其中减速带断面参数为350 cm×50 cm；通过ADAMS/CAR建立减速带模型，模拟FSAE赛车通过减速带整车的运动状态。

• 单击Simulate > Full-Vehicle Analyses > Road Builder命令，弹出路面构建对话框，如图5.5所示；对话框主要包含四部分：路面文件、标题栏、路面文件版本信息、路面单位信息；

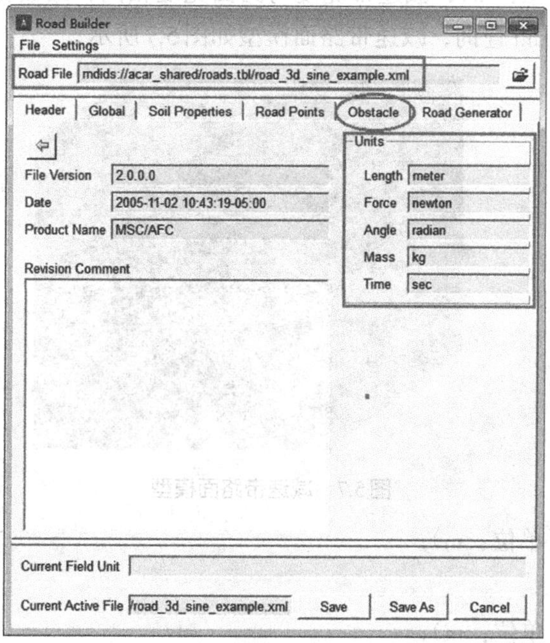

图5.5 路面构建对话框

• Road File：mdids://acar_shared/roads.tbl/road_3d_sine_example.xml；

• 路面文件输入上述路径，路面建模器打开后默认存在，也可以点击后面的文件快捷方式输入其他路面文件，界面其余设置均保持默认；

• 单击Obstacle（障碍物，包括凸块路面、凹坑路面、三角形凸台路面等），此时图5.5转换成障碍物路面，其设置界面如图5.6所示；

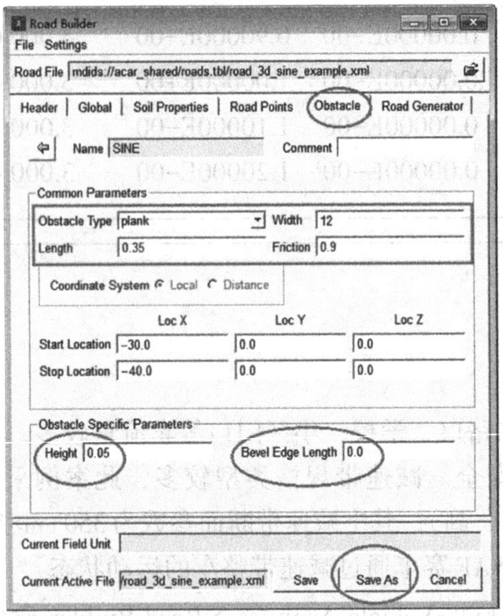

图5.6 路面障碍对话框

• Obstacle Type：plank（障碍物选择凸块路面）；

• Wtdth：12（单位：m）；减速带宽度与路面宽度相同，路面宽度可以用记事本打开road_3d_sine_example.xml查询，减速带路面模型如图5.7所示；

图5.7 减速带路面模型

• Length：0.35（单位：m）；

• Friction：0.9；

• Height：0.05（单位：m）；

• Bevel Edge Length（凸块倒角变长度，默认角度为45°）：0（单位：m）；

• 其余保持默认设置，单击Save As标签，另存为：road_3d_sine_example_JIANSUDAI.xml；存储路径为：D：\fsae_MD_2010.cdb\roads.tbl\ road_3d_sine_example_JIANSUDAI.xml。

5.2 单线移仿真

• 单击Simulate > Full-Vehicle Analysis > Open-Loop Steering Events > Single Lane Change命令，弹出单线移仿真对话框，如图5.8所示；

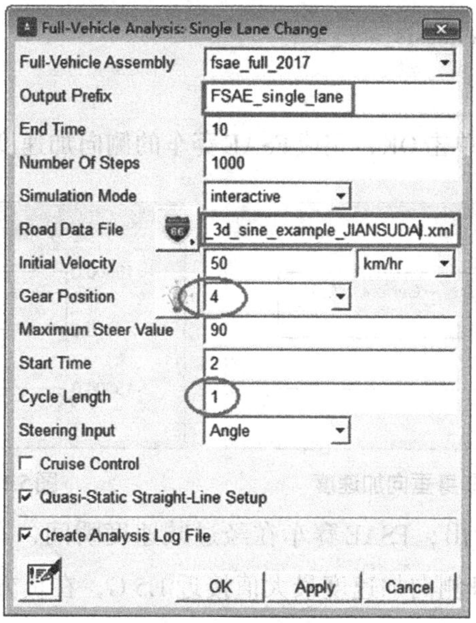

图5.8 单线移仿真设置对话框

• Output Prefix：FSAE_single_lane；

• End Time：10；

• Number Of Steps：1000；

• Simulation Mode：interactive；

• Road Date File：mdids：//FASE/roads.tbl/road_3d_sine_example_JIANSUDAI.xml；

• Initial Velocity：50；

• Gear Position：4；

• Maximum Steer Value：90（单位：度）；

• Start Time：2；

• Cycle Length：1；

• Steering Input：Angle；

• 其余设置保持默认，单击OK，完成单线移仿真设置并提交软件进行计算。

仿真正确且结束后，查看车身的垂向加速度与侧向加速度，根据数据评估FSAE整车运行状态及稳定性。查看数据有两种方法，一种是直接在后处理模块中查询，另一种是直接在标准窗口界面建立测量函数测量。

• 标准窗口界面右击选择.fsae_full_2017.FSAE_Body_2017.ges_chassis > Measure，弹出

测量对话框；

- Measure Name： chassis_acc_Z ；
- Characteristic：CM acceleration；
- Component：Z；
- 单击Apply，完成FSAE赛车的垂向加速度的测量，如图5.9所示；
- Measure Name： chassis_acc_Y ；
- Component：Y；
- 其余保持默认，单击OK，完成FSAE赛车的侧向加速度的测量如图5.10所示。

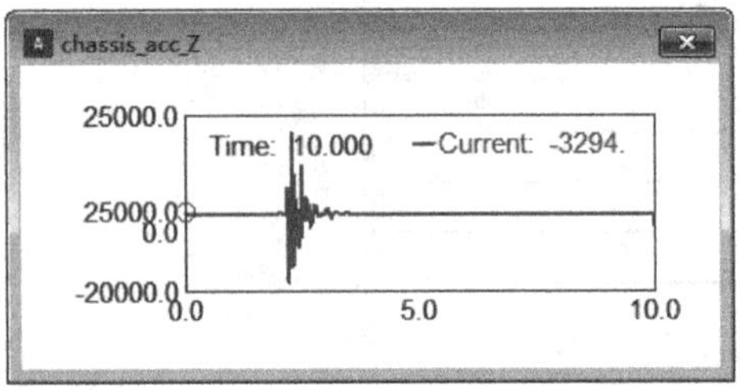

图5.9　车身垂向加速度

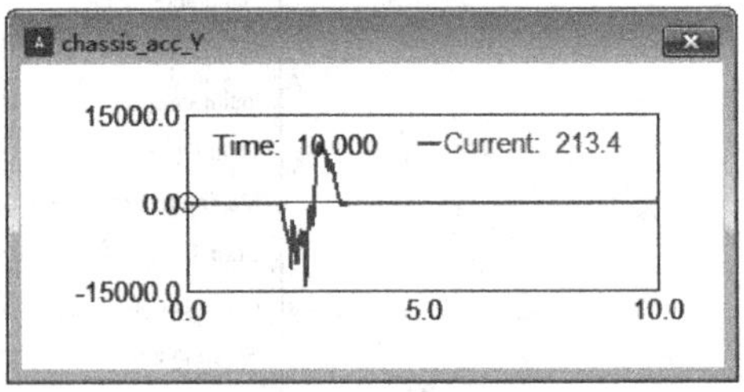

图5.10　车身侧向加速度

从仿真结果可以看出，FSAE赛车在经过减速度瞬间，车身垂直方向产生剧烈震动，最大值接近2.5 G；车身侧向加速度最大值接近1.5 G，在负方向伴有高频振动趋势（线条变化并不光滑）。

单线移仿真应注意以下事项：

单线移在仿真时可能出现错误，但能仿真完成。出现此种问题的原因主要有：转向时间Cycle Length设置过大，整车在转向过程中转向盘转向时间过长，整车行驶出宽度为12 m的路面跌落到空中；解决此问题：①需要多次尝试设置不同Cycle Length值进行仿真，并根据整车运行的动画进行评估确定合适值；②更换平整路面FLAT，平整路面的长宽大小值可以在路面文件中修改参数；③也可以多次尝试使FSAE赛车从不同的角度4个车轮先后通过减速带，Cycle Length设置为1可以满足要求。

5.3　连续障碍路面

整车在高速路上行驶时，会存在多个连续减速带提示驾驶员与前车保持合适的车距；在整车设计量产之前，需要对整车的性能进行评估，也需要整车在随机不平路面上或者连续障碍路面上行驶。连续减速带路面模型如图5.11所示，连续3个减速带路面创建如下，其他障碍路面创建也可参考：

- 单击Simulate > Full-Vehicle Analyses > Road Builder 命令，弹出路面构建对话框，

参考图5.5；

- Road File：D：\fsae_MD_2010.cdb\roads.tbl\ road_3d_sine_example_JIANSUDAI.xml；
- 单击Obstacle；
- 单击Display table view，显示出连续障碍路面设置对话框，如图5.12所示；

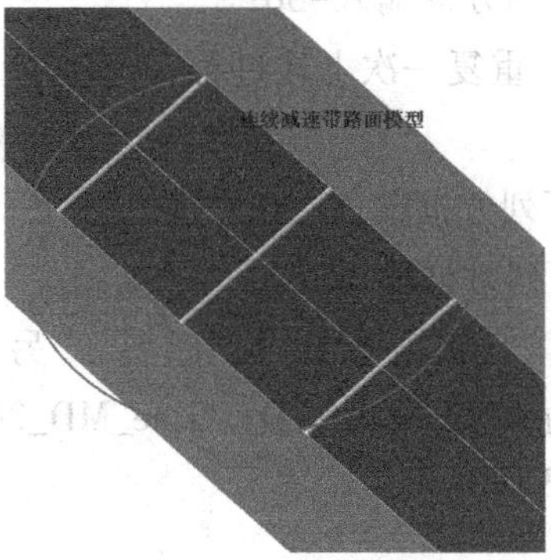

图5.11 连续减速带路面模型

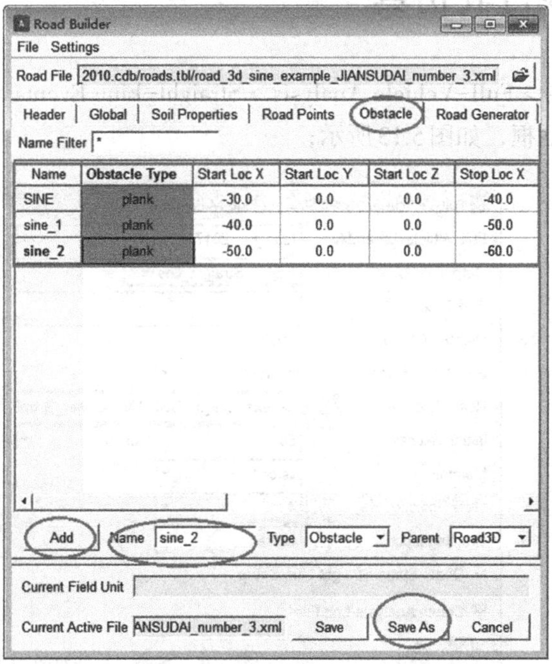

图5.12 路面连续障碍设置对话框

- Name：sine_1；
- 单击Add，双击列表中的sine_1界面转换成图5.6所示；
- Obstacle Type：plank（障碍物选择凸块路面）；
- Width：12；减速带宽度与路面宽度相同，路面宽度可以用记事本打开road_3d_sine_example.xml查询；

- Length：0.35；
- Friction：0.9；
- Height 0.05；
- Start Location：Loc X 下列方框输入-40；
- Stop Location：Loc X 下列方框输入-50；
- 单击 Display table view，重复一次上述过程；
- Name：sine_2；
- Start Location：Loc X 下列方框输入-50；
- Stop Location：Loc X 下列方框输入-60；
- 其余保持默认设置，单击 Save As 标签，另存为：road_3d_sine_example_JIANSUDAI_number_3.xml；存储路径为：D：\fsae_MD_2010.cdb\roads.tbl\ road_3d_sine_example_JIANSUDAI_number_3.xml。

5.4 匀速直线行驶仿真

- 单击 Simulate > Full-Vehicle Analysis > Straight-Line Events > Maintain 命令，弹出匀速直线行驶仿真对话框，如图 5.13 所示；

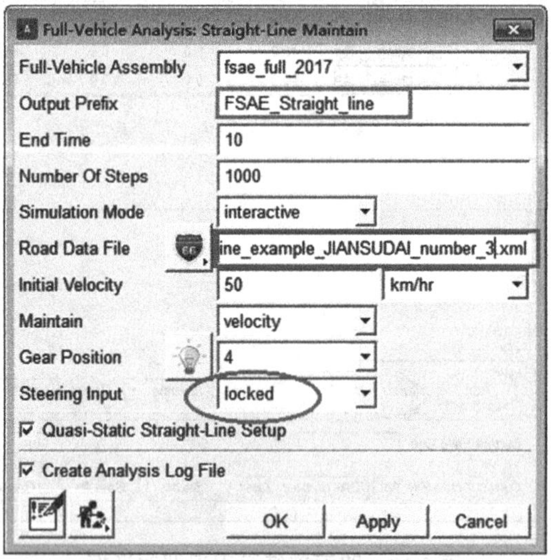

图 5.13 匀速行驶仿真对话框

- Output Prefix：FSAE_ Straight_line；
- End Time：10；
- Number Of Steps：1000；
- Simulation Mode：interactive；
- Road Date File： mdids：//FASE/roads.tbl/road_3d_sine_example_JIANSUDAI_number_

3.xml；

• Initial Velocity：50；

• Gear Position：4；

• Steering Input：locked；

• 其余设置保持默认，单击OK，完成匀速直线行驶仿真设置并提交软件进行计算；

• 标准窗口界面右击选择.fsae_full_2017.FSAE_Body_2017.ges_chassis > Measure，弹出测量对话框；

• Measure Name：Maintain_chassis_acc_Z；

• Characteristic：CM acceleration；

• Component：Z；

• 单击OK，完成FSAE赛车在匀速仿真下垂向加速度的测量，如图5.14所示。

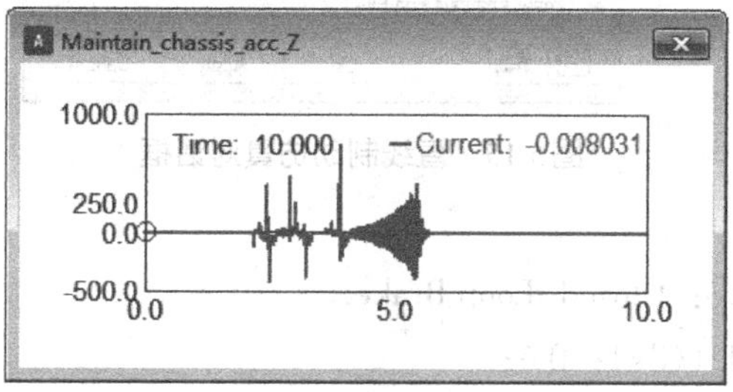

图5.14　车身垂向加速度_Maintain

5.5 直线制动系统仿真

• 启动ADAMS/CAR，选择Standard标准模块进入界面；

• 单击File > Open > Assembly命令，弹出装配打开对话框；

• Assembly Name：mdids：//FASE/assemblies.tbl/fsae_full_2017.asy；

• 单击OK，完成方程式赛车整车模型的打开；

• 单击Simulate > Full-Vehicle Analysis > Straight-Line Event > Braking命令，弹出制动仿真对话框，如图5.15所示；

• Output Prefix：brake_line；

• End Time：10；

• Number Of Steps：1000；

• Simulation Mode：interactive；

• Road Date File： mdids：//FASE/roads.tbl/2d_flat.rdf，此处导入Car模块中共享数据库中的路面mdids：//acar_shared/roads.tbl/2d_flat.rdf也可以，路面文件是相同的，为方程式赛车建模方便，把共享数据库中的ROAD文件复制到方程式赛车数据库中即可；

• Steering Input：locked；

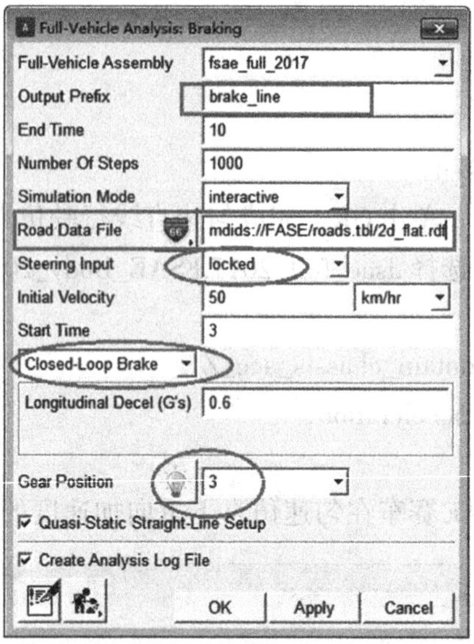

图5.15 直线制动仿真对话框

• Start Time：3；

• 选择闭环制动模式：Closed-Loop Brake；

• Longitudinal Decel（G's）：0.6；

• Gear Position：3；

• 单击OK，完成直线制动仿真设置并提交软件进行计算；

• 计算提示完成后，右击选择General Part：FSAE_Body_2017.ges_chassis > Measure，弹出部件测量对话框；

• Characteristic：CM position；

• Component：Y；

• 单击OK，完成车身制动过程中侧向偏移量：.fsae_full_2017.ges_chassis_MEA_1。方程赛车制动过程中，车身侧向滑移量小，说明在制动过程中车身稳定性较好，直线制动车身侧向滑移率计算如图5.16所示。

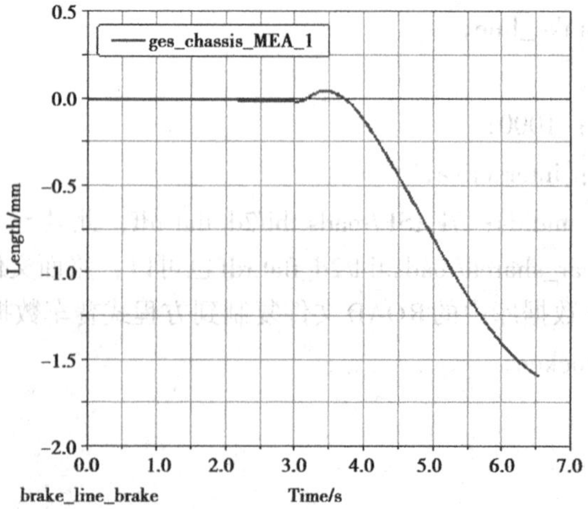

图5.16 车身侧向滑移量_Y

5.6 分离路面设置

整车在行驶过程中，四个轮胎接触的路面不可能完全相同，即使在良好的一级路面上也会存在微小差异。针对整车的制动特性，在一些特殊路面，如雨地、雪地、坑洼泥泞路面，四个车轮（或者多个车轮）与路面接触不可能具有相同的摩擦系数。因此有必要在虚拟仿真时设置分离路面，左右车轮或者四个车轮设置不同的摩擦系数。

根据文件夹路径 D：\fsae_MD_2010.cdb\roads.tbl，用记事本格式打开平整路面文件 2d_flat.rdf 如下信息所示，在 PARAMETERS 栏修改 MU=0.5，保存文件重命名为：2d_flat_mu_0.5.rdf。

平整路面信息如下：

```
$------------------------------------------------MDI_HEADER
[MDI_HEADER]
FILE_TYPE = 'rdf'
FILE_VERSION = 5.00
FILE_FORMAT = 'ASCII'
(COMMENTS)
{comment_string}
'flat 2d contact road for testing purposes'
$---------------------------------------------------------UNITS
[UNITS]
LENGTH          = 'mm'
FORCE           = 'newton'
ANGLE           = 'radians'
MASS            = 'kg'
TIME                = 'sec'
$--------------------------------------------------------MODEL
[MODEL]
METHOD          = '2D'
FUNCTION_NAME= 'ARC901'
ROAD_TYPE    = 'flat'
$------------------------------------------------------GRAPHICS
[GRAPHICS]
LENGTH       = 160000.0
```

```
WIDTH          = 80000.0
NUM_LENGTH_GRIDS  = 16
NUM_WIDTH_GRIDS   = 8
LENGTH_SHIFT    = 10000.0
WIDTH_SHIFT     = 0.0         %此栏参数也可以修改，用以改变路面的大小
$-------------------------------------------------PARAMETERS
[PARAMETERS]
 MU        = 0.5    %可修改的轮胎与路面的接触摩擦系数，范围在0到1;
$-------------------------------------------------------REFSYS
[REFSYS]
OFFSET            = 0.0 0.0 0.0
ROTATION_ANGLE_XY_PLANE = 0.0
```

• 单击 Simulate > Full-Vehicle Analysis > Vehicle Set-Up > Set Road for individual Tires 命令，弹出分离轮胎路面数据文件对话框，如图5.17所示；

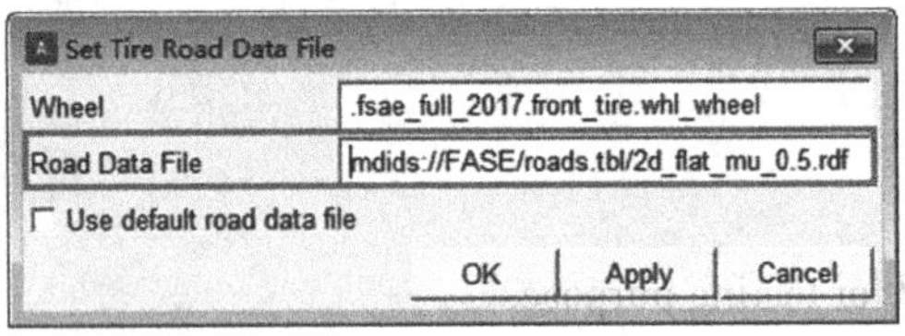

图5.17　分离轮胎路面设置对话框

• Wheel：.fsae_full_2017.front_tire.whl_wheel，方框中右击 Wheel > Pick 选择；
• Road Date File：mdids：//FASE/roads.tbl/2d_flat_mu_0.5.rdf；
• 不勾选使用路面默认文件 Use default road date file；
• 单击 Apply，完成左前轮轮胎路面设置；
• Wheel：.fsae_full_2017.rear_tire.whl_wheel，方框中右击 Wheel > Pick 选择；
• Road Date File：mdids：//FASE/roads.tbl/2d_flat_mu_0.5.rdf；
• 不勾选使用路面默认文件 Use default road date file;
• 单击 OK，完成左后轮轮胎路面设置。

5.7　分离轮胎路面直线制动仿真

• 单击 Simulate > Full-Vehicle > Straight-Line Event > Braking 命令，弹出制动仿真对话框，如图5.15所示；
• Output Prefix：brake_line_individual；
• 其余选项设置保持默认；

• 单击OK，完成分离轮胎路面直线制动仿真设置并提交软件进行计算；

• 计算提示完成后，右击选择General Part：FSAE_Body_2017.ges_chassis > Measure，弹出部件测量对话框；

• Characteristic：CM position；

• Component：Y；

• 单击OK，完成离轮胎路面直线制动车身侧向偏移量：.fsae_full_2017.ges_chassis_MEA_2，偏移量如图5.18所示，把.fsae_full_2017.ges_chassis_MEA_1与.fsae_full_2017.ges_chassis_MEA_2在同一幅图中显示，可以看出分离轮胎路面制动时，车身已经产生严重的侧向滑移，制动稳定性丧失，如图5.19所示。

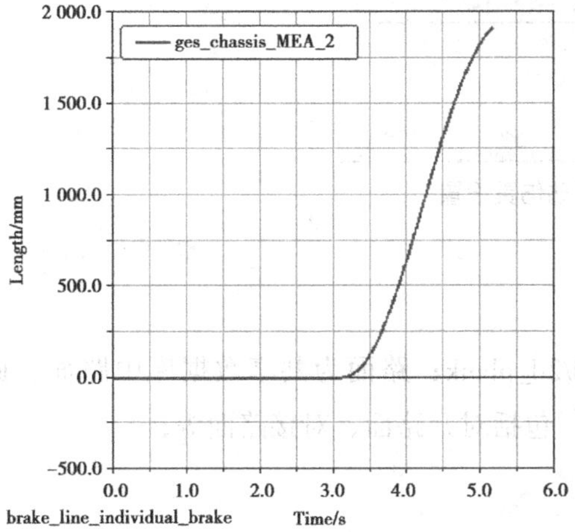

图5.18 分离轮胎路面制动时车身侧向滑移量_Y

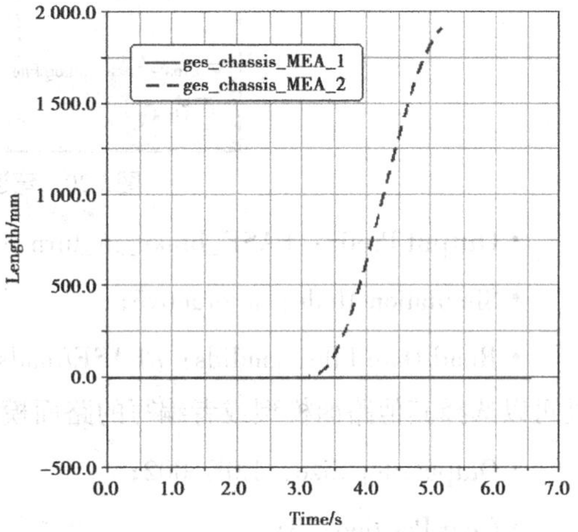

图5.19 车身侧向滑移量对比图_Y

5.8 弯道制动系统仿真

• 单击Simulate > Full-Vehicle > Cornering Event >Braking-In-Turn命令，弹出弯道制动仿真对话框，如图5.20所示；

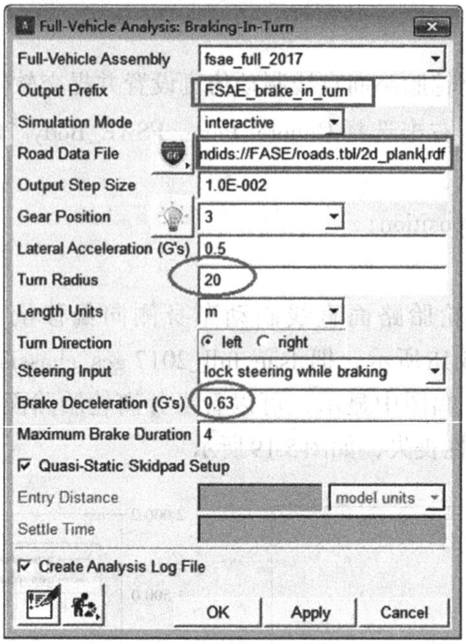

图5.20 弯道制动仿真设置

• Output Prefix：FASE_brake_in_turn；

• Simulation Mode：interactive；

• Road Date File： mdids：//FASE/roads.tbl/2d_plank；路面为共享数据库中路面，此处可以选择其他路面模型或者编写的路面模型，包括对开路面、对接路面等；

• Output Step Size：1.0E-002；

• Gear Position：3；

• Lateral Acceleration（G's）：0.5；

• Turn Radius：20；

• Length Units：m；

• Steering Input：lock steering while braking；

• Brake Deceleration（G's）：0.63；

• Maximum Brake Duration：4；

• 单击OK，完成弯道制动设置并提交软件进行计算；

• 按F8进入后处理模块，显示弯道制动模式下车身侧向加速度、垂向加速度如图5.21、图5.22所示；左前轮、右后轮滑移率如图5.23、图5.24所示，从滑移率可以看出，左前轮产生抱死现象，右后轮也会产生滑移，车辆失去稳定性。

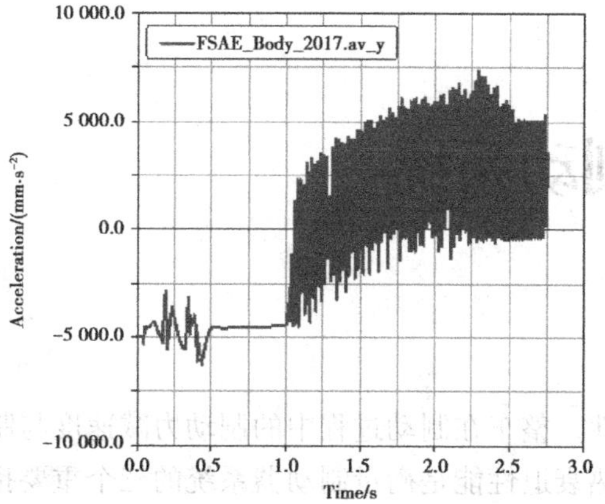

图5.21　车身侧向加速度_brake

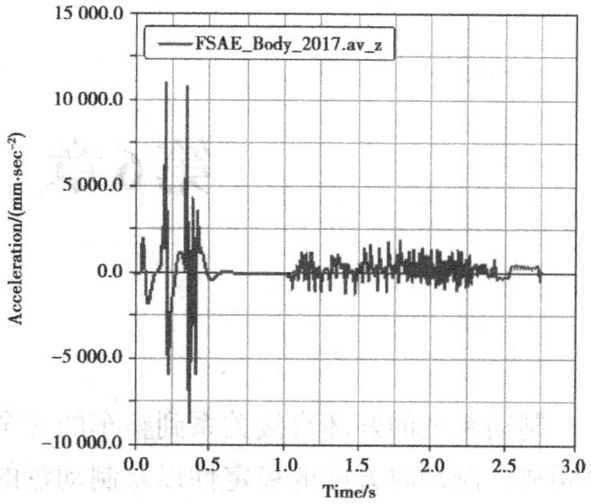

图5.22　车身垂向加速度_brake

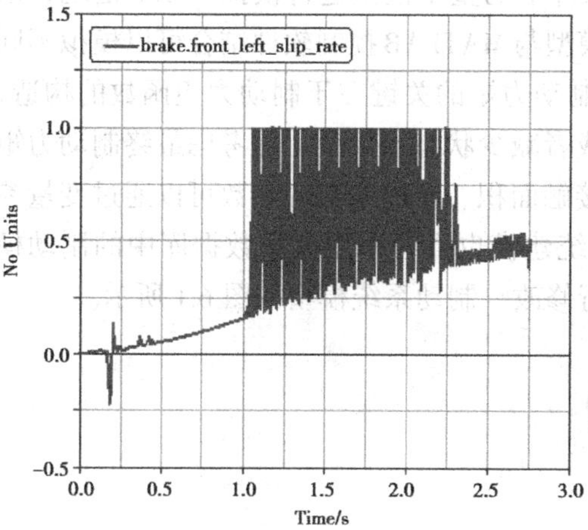

图5.23　左前轮滑移率_brake

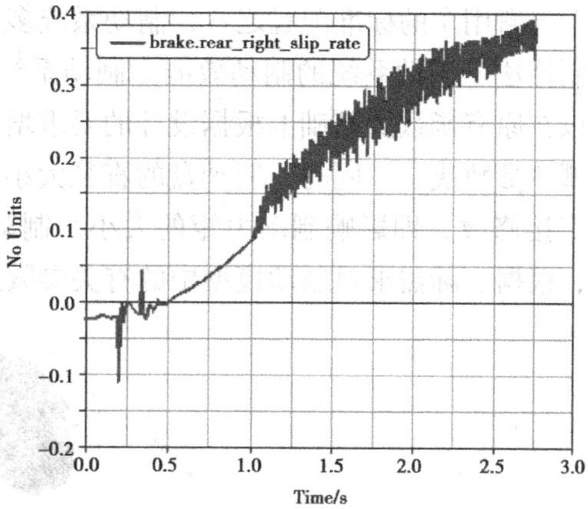

图5.24　右后轮滑移率_brake

第6章　制动系统

制动系统的好坏直接关系到整车的安全特性，整车在制动过程中的制动力减速度与制动距离，制动时方向的稳定性以及制动盘的抗热衰退性能是衡量制动器系统的三个重要指标。制动盘的抗热衰退性能需要借助于有限元软件进行模拟；制动减速度及制动距离、制动时方向稳定性可以采用ADAMS多体动力学软件下的整车模型进行模拟。ABS是现在乘用车与商用车的标准配置之一，制动系统多体模型与MATLAB控制软件结合可以模拟不同控制算法下制动系统的制动效能。制动系统中制动力矩的关键在于制动力矩函数的构造，可以在原有函数的基础上根据设计的要求增加或者减少状态变量项，即考虑最终制动力矩由哪些参数决定。同时，制动盘的直径大小、接触面积、摩擦系数等参数可以通过变量参数直接修改，即影响制动力矩的大小。制动系统建模也推荐采用共享数据库中的制动模板，根据实际需求对制动模型中的有关参数进行修改。制动系统模型如图 6.1 所示。

图6.1　制动系统模型

6.1 制动系统简介

基于ADAMS整车环境模式下对制动系统进行研究可以取得较好的效果，其仿真结果可以作为设计制造制动器的依据，同时也可以验证不同制动控制算法的优劣。对制动系统建模的关键是要充分考虑影响制动力矩的因素，ADAMS/CAR中四轮制动系统中（左前轮）制动力矩函数如下：

2.0*. _brake_system_4Wdisk. pvs_front_piston_area*. _brake_system_4Wdisk. pvs_front_brake_bias*VARVAL(_brake_system_4Wdisk. cis_brake_demand_adams_id)*. _brake_system_4Wdisk. force_to_pressure_cnvt*. _brake_system_4Wdisk. pvs_front_brake_mu*. _brake_system_4Wdisk. pvs_front_effective_piston_radius*STEP(VARVAL(. _brake_system_4Wdisk. left_front_wheel_omega),-10D,1,10D,-1)

以左前轮制动力矩函数为例，式中：

1） ._brake_ABS.pvs_front_piston_area：制动缸活塞有效面积；

2） ._brake_ABS.pvs_front_brake_bias：前轴系制动力分配系数；

3） VARVAL（._brake_ABS.cis_brake_demand_adams_id）：制动踏板力；

4） ._brake_ABS.force_to_pressure_cnvt：换算系数，将制动踏板力直接转化为制动总管液体介质压强，默认0.1；

5） ._brake_ABS.pvs_front_brake_mu：制动器摩擦系数；

6） ._brake_ABS.pvs_front_effective_piston_radius：制动油缸在制动盘上的作用半径；

7） STEP（VARVAL（._brake_ABS.left_front_wheel_omega），-10D,1,10D,-1）：阶跃函数，确保制动力矩与车轮旋转方向相反。

ADAMS/CAR中商用牵引车三轴系制动系统中（6×4）制动力矩函及牵引车附加拖车（5轴系）制动力矩函同上述相同，其制动系统模型如图6.2、图6.3所示。

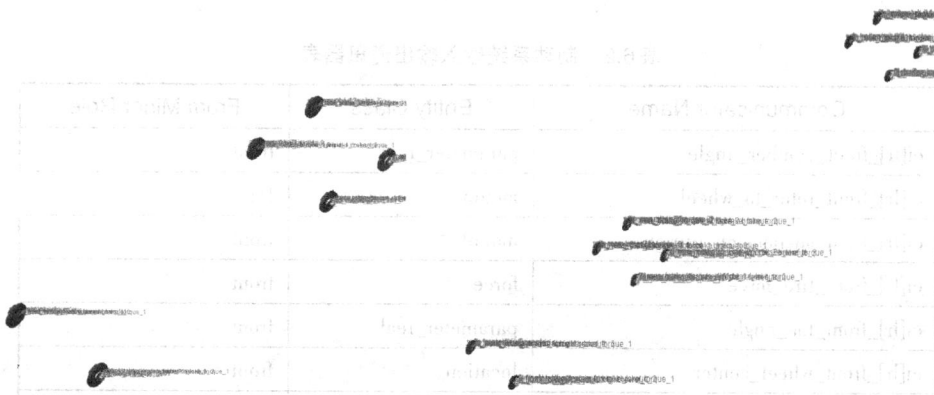

图6.2 商用车制动系统模型

图6.3 商用车附带拖车制动系统模型

6.2 制动系统变量参数及通讯器

制动系统的变量参数及输入输出通讯器见表6.1、表6.2，在研究制动系统时，可以根据真实的制动系统的数据更改装变量的参数值，包含制动系统的几何参数、摩擦系数等。

表 6.1　制动系统变量参数表

parameter name	symmetry	type	value
kinematic_flag	single	integer	0
front_brake_bias	single	real	0.6
front_brake_mu	single	real	0.4
front_effective_piston_radius	single	real	135.0
front_piston_area	single	real	2500.0
front_rotor_hub_wheel_offset	single	real	25.0
front_rotor_hub_width	single	real	40.0
front_rotor_width	single	real	-25.0
max_brake_value	single	real	100.0
rear_brake_mu	single	real	0.4
rear_effective_piston_radius	single	real	120.0
rear_piston_area	single	real	2500.0
rear_rotor_hub_wheel_offset	single	real	25.0
rear_rotor_hub_width	single	real	40.0
rear_rotor_width	single	real	-25.0

表 6.2　制动系统输入输出通讯器表

Communicator Name	Entity Class	From Minor Role
ci[lr]_front_camber_angle	parameter_real	front
ci[lr]_front_rotor_to_wheel	mount	front
ci[lr]_front_suspension_upright	mount	front
ci[lr]_front_tire_force	force	front
ci[lr]_front_toe_angle	parameter_real	front
ci[lr]_front_wheel_center	location	front
ci[lr]_rear_camber_angle	parameter_real	rear
ci[lr]_rear_rotor_to_wheel	mount	rear
ci[lr]_rear_suspension_upright	mount	rear
ci[lr]_rear_tire_force	force	rear
ci[lr]_rear_toe_angle	parameter_real	rear
ci[lr]_rear_wheel_center	location	rear
cis_brake_demand	solver_variable	any
cos_max_brake_value	parameter_real	inherit

6.3 Braking文件驱动仿真

• 启动ADAMS/CAR，选择Standard标准模块进入界面；

• 单击File > Open > Assembly命令，弹出装配打开对话框；

• Assembly Name：mdids：//FASE/assemblies.tbl/fsae_full_2017.asy；

• 单击OK，完成方程式赛车整车模型的打开；

• 单击Simulate > Full-Vehicle Analysis > Straight-Line Event > Braking命令，弹出制动仿真对话框；

• Output Prefix：B_line；

• End Time：10；

• Number Of Steps：1000；

• Simulation Mode：interactive；

• Road Date File： mdids：//FASE/roads.tbl/2d_flat.rdf；

• Steering Input：locked；

• Start Time：4；

• 选择闭环制动模式：Closed-Loop Brake；

• Longitudinal Decel（G′s）：0.63；

• Gear Position：4；

• 单击OK，完成直线B_line制动仿真设置并提交软件进行计算；

• 仿真完成后，在计算目录存放一个文件：B_line_brake.xml，路径为：file：//C：/Users/Administrator/B_line_brake.xml；此文件可以用来作为驱动控制文件进行驱动文件控制仿真；

• 单击Simulate > Full-Vehicle Analysis > File Driven Event... 命令，弹出驱动控制文件仿真对话框，如图6.4所示；

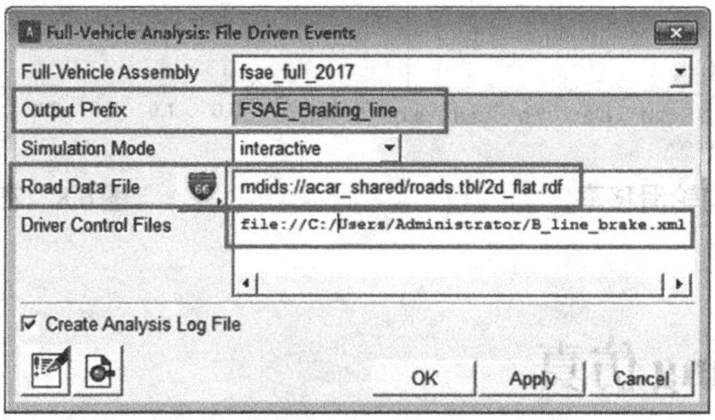

图6.4 Braking驱动控制仿真设置

• Output Prefix：FSAE_Braking_line；

• Simulation Mode：interactive；

• Road Date File： mdids：//acar_shared/roads.tbl/2d_flat.rdf；

• Driver Control Files：file：//C：/Users/Administrator/B_line_brake.xml；此文件为上述B_line制动仿真在目录文件夹中存根；

• 单击OK，完成直线制动FSAE_Braking_line驱动控制仿真设置并提交计算，B_line制动仿真与直线制动FSAE_Braking_line驱动控制仿真计算结果完全一样，在此主要为了对驱动控制文件仿真进行说明。

• 计算结果如图6.5—图6.8所示。

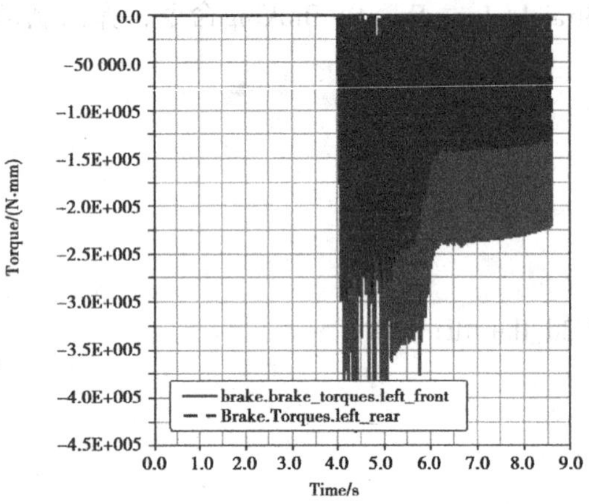

图6.5 左前轮与左后轮制动力矩

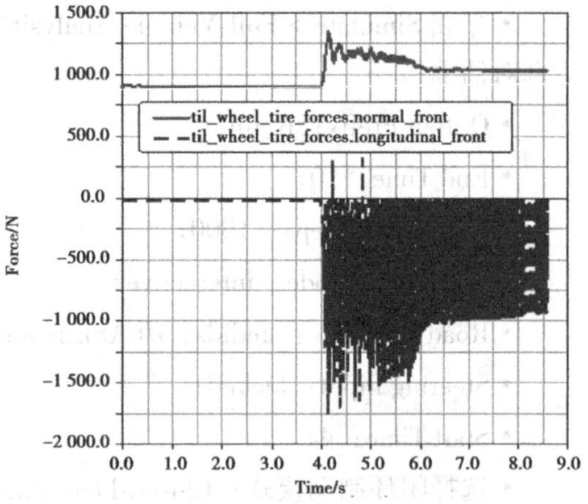

图6.6 左前轮胎法向与纵向轮胎力

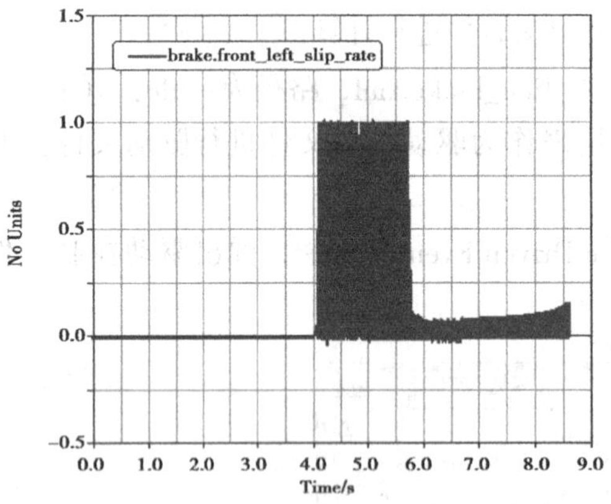

图6.7 左前轮滑移率

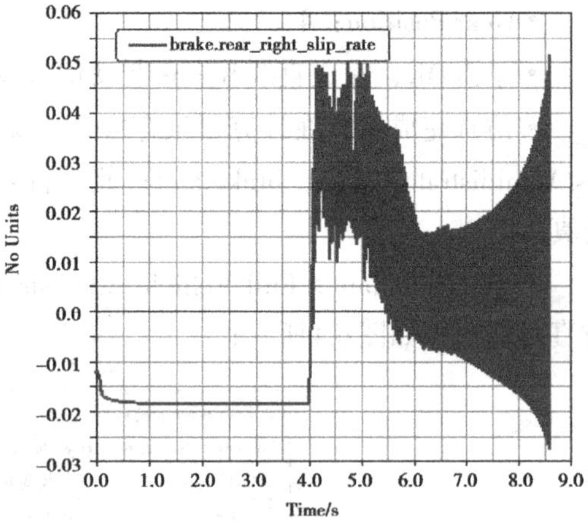

图6.8 右后轮滑移率

6.4 客车Braking仿真

• 单击File > Open > Assembly命令，弹出装配打开对话框；

• Assembly Name：mdids：//atruck_shared/assemblies.tbl/msc_bus_rigid.asy；

• 单击OK，完成客车整车模型的打开，如图6.9所示；

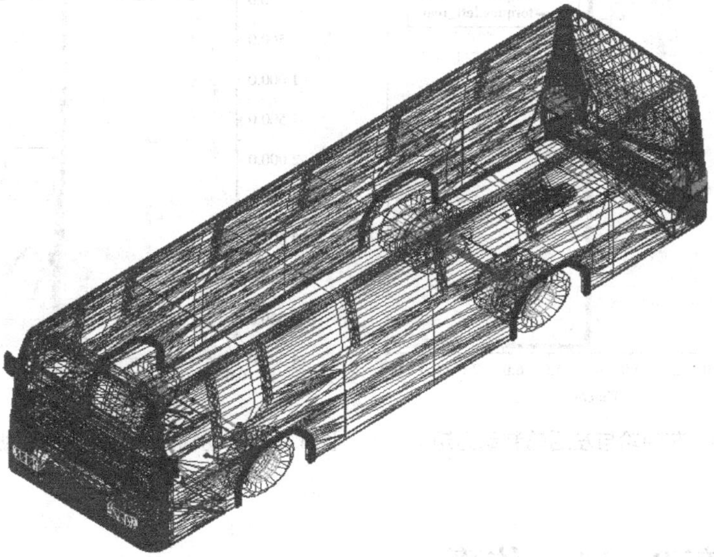

图6.9 客车模型

• 单击Simulate > Full-Vehicle Analysis > Straight-Line Event > Braking命令，弹出制动仿真对话框；

• Output Prefix：Bus_Braking_line；

• End Time：10；

• Number Of Steps：1000；

• Simulation Mode：interactive；

• Road Date File： mdids：//FASE/roads.tbl/2d_flat.rdf；

• Steering Input：straight line；

• Start Time：4；

• 选择闭环制动模式：Closed-Loop Brake;

• Longitudinal Decel（G's)：0.63；

• Gear Position：4；

• 单击OK，完成直线Bus_Braking_line制动仿真设置并提交软件进行计算。

直线Bus_Braking_line制动仿真计算完成后如图6.10、图6.11所示，客车后左后轮制动力矩相对于左前轮来说比较大，后驱动轴内外侧轮胎的纵向轮胎力大小总体相似，在第4秒制动后稍微有些波动，内侧轮胎相对外侧轮胎力变化稍大。

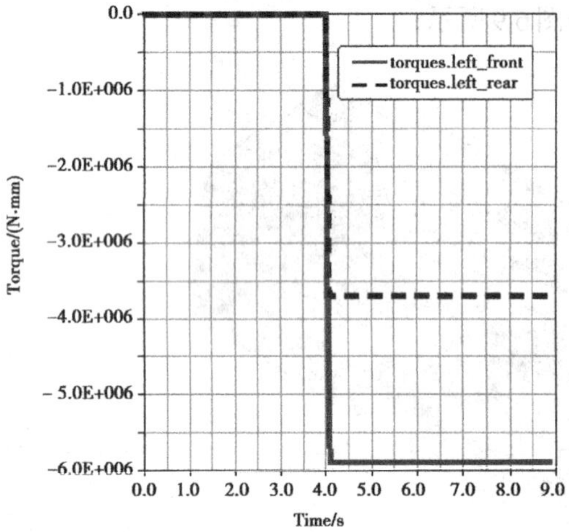

图6.10 左前轮与左后轮制动力矩

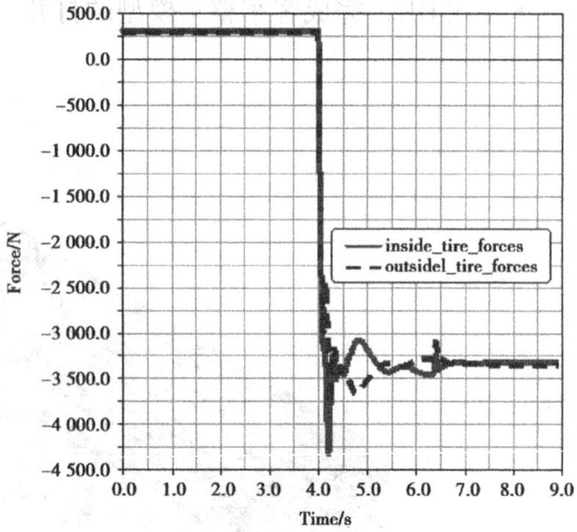

图6.11 驱动轴内侧与外侧车辆纵向轮胎力-bus

6.5 牵引车Braking仿真

- 单击File > Open > Assembly命令，弹出装配打开对话框；
- Assembly Name：mdids：//atruck_shared/assemblies.tbl/msc_tractor_unit.asy；
- 单击OK，完成商用重型牵引车整车模型的打开，如图6.12所示；

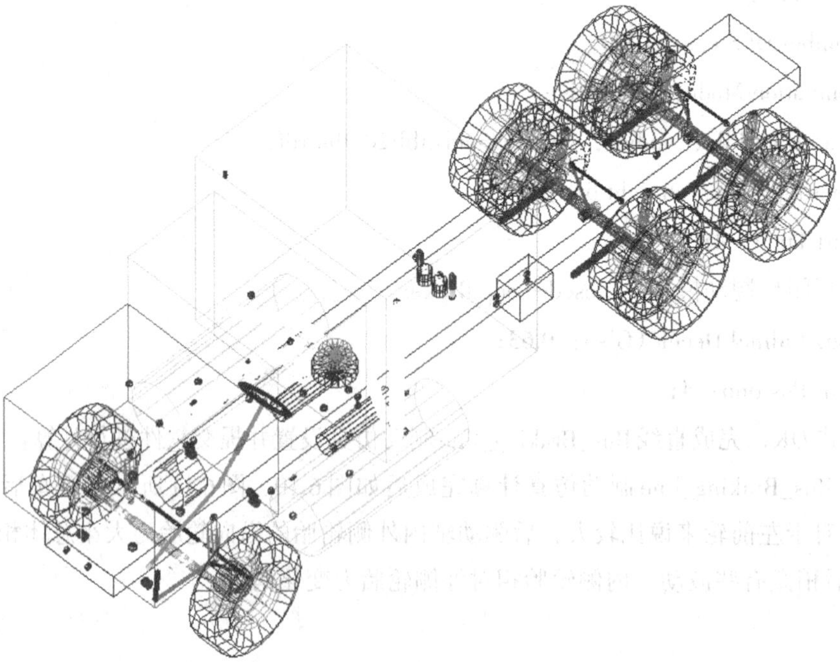

图6.12 商用牵引车模型

• 单击 Simulate > Full-Vehicle Analysis > Straight-Line Event > Braking 命令，弹出制动仿真对话框；

• Output Prefix：Tractor_Braking_line；

• End Time：10；

• Number Of Steps：1000；

• Simulation Mode：interactive；

• Road Date File：　mdids：//FASE/roads.tbl/2d_flat.rdf；

• Steering Input：straight line；

• Start Time：4；

• 选择闭环制动模式：Closed-Loop Brake；

• Longitudinal Decel（G's）：0.63；

• Gear Position：4；

• 单击 OK，完成直线 Tractor_Braking_line 制动仿真设置并提交软件进行计算。

直线 Tractor_Braking_line 制动仿真计算完成后如图 6.13、图 6.14 所示，牵引车前驱动轴制动力矩相对于后驱动轴制动力矩较大；驱动轴内外侧轮胎的纵向轮胎力大小总体相似，在第4秒制动后稍微有些波动，总体变化不大。

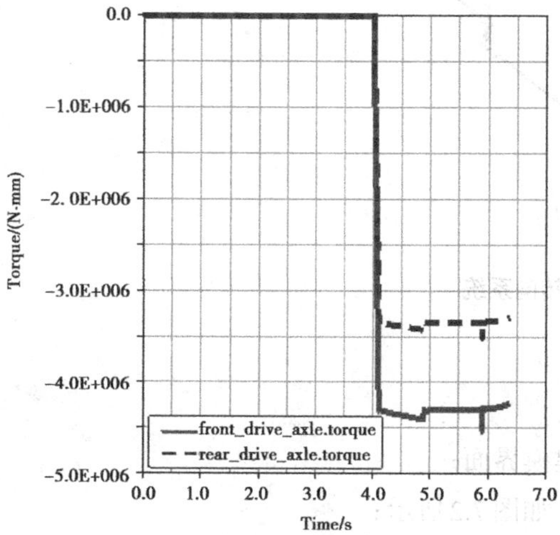

图 6.13　前后驱动轴制动力矩

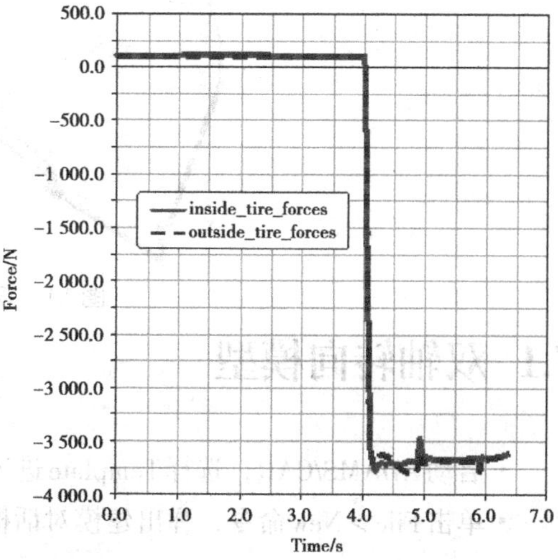

图 6.14　驱动轴内侧与外侧车辆纵向轮胎力-Tractor

第7章　双轴转向系统

双轴及多轴转向系统在工程及特种车辆方面应用较多，双轴转向一般采用连杆传动，大于两轴系转向的一般采用液压传动。图7.1为6×4牵引货车右舵双轴转向系统，与单轴转向相比，在转向系统多了一个摇臂，通过摇臂与车身的旋转拉动后面的传动杆使第二轴车辆产生转动，在此模型上可以继续拓展三轴及多轴连杆传动转向。在摇臂上可以通过增加液压推杆起到转向助力的作用，有关转向助力特性的研究可以通过在此推杆上建立函数，然后与MATLAB软件建立联合仿真模型进行研究各种转向助力特性。

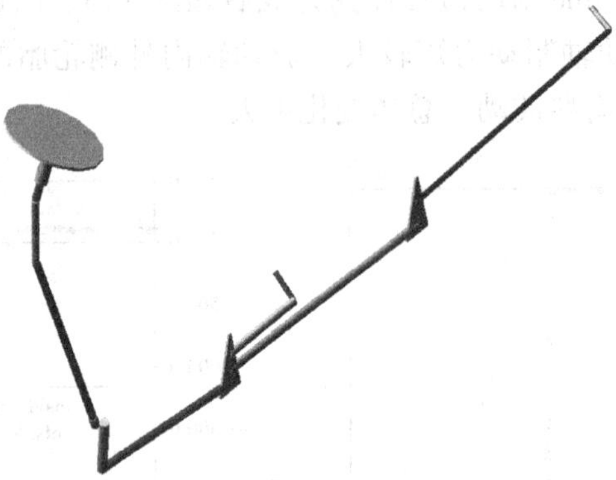

图7.1　双轴转向系统

7.1　双轴转向模型

- 启动ADAMS/CAR，选择Template进入建模界面；
- 单击File > New命令，弹出建模对话框，如图7.2所示；

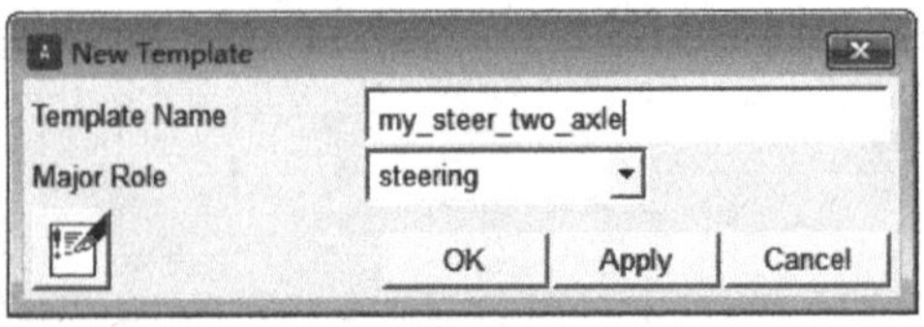

图7.2　转向模板框

- Template Name：my_steer_two_axle；
- Major Role：steering；
- 单击OK，进入到建模界面；

- 单击 Build > Hardpoint > New 命令，弹出 Template 创建硬点对话框，如图 7.3 所示；

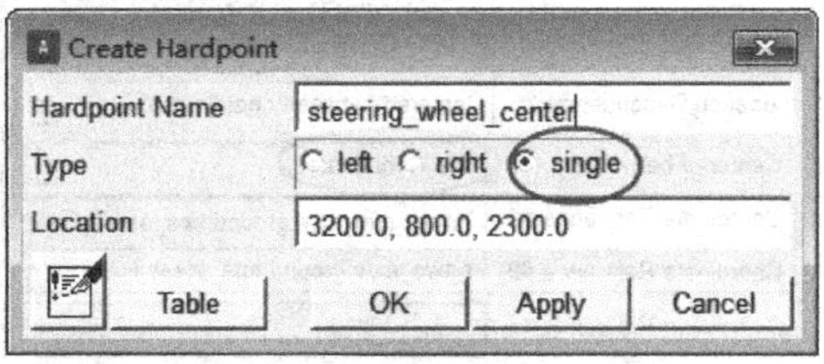

图7.3　硬点创建

- Hardpoint Name：steering_wheel_center；
- Type：single；
- Location：3200.0，800.0，2300.0；
- 单击 Apply，完成硬点 steering_wheel_center 的创建；
- 重复上述步骤完成图 7.4 中硬点的创建，创建完成后单击 OK。

	loc x	loc y	loc z
hps_input_shaft_forward	3400.0	800.0	900.0
hps_intermediate_shaft_forward	3100.0	800.0	1812.5
hps_intermediate_shaft_rearward	3100.0	800.0	2088.6
hps_origin_ref	0.0	0.0	0.0
hps_pitman_arm_aft_front	5050.0	765.0	550.0
hps_pitman_arm_aft_rear	5150.0	765.0	550.0
hps_pitman_arm_aft_upper	5100.0	765.0	800.0
hps_pitman_arm_middle_front	4050.0	765.0	550.0
hps_pitman_arm_middle_rear	4150.0	765.0	550.0
hps_pitman_arm_middle_upper	4100.0	765.0	800.0
hps_pitman_axis	3415.0	750.0	900.0
hps_steer_arm	4450.0	765.0	700.0
hps_steer_link	3415.0	765.0	675.0
hps_steer_link_aft_front	5100.0	765.0	685.0
hps_steer_link_aft_rear	6130.0	765.0	730.0
hps_steer_link_fore_front	4100.0	765.0	710.0
hps_steer_link_middle_front	4100.0	765.0	635.0
hps_steer_link_middle_rear	5100.0	765.0	580.0
hps_steer_link_rear	4100.0	765.0	580.0
hps_steering_arm_attach	4450.0	865.0	760.0
hps_steering_arm_attach_aft	6130.0	865.0	765.0
hps_steering_wheel_center	3200.0	800.0	2300.0

图7.4　双轴转向系统硬点

①部件 steer_link。

- 单击 Build > Part > General Part > New 命令，弹出创建部件对话框，如图 7.5 所示；
- General Part：steer_link；
- Location Dependency：Centered between coordinates；
- Centered between：Two Coordinates；
- Coordinate Reference #1：._my_steer_two_axle.ground.hps_steer_link；
- Coordinate Reference #2：._my_steer_two_axle.ground.hps_steer_link_rear；

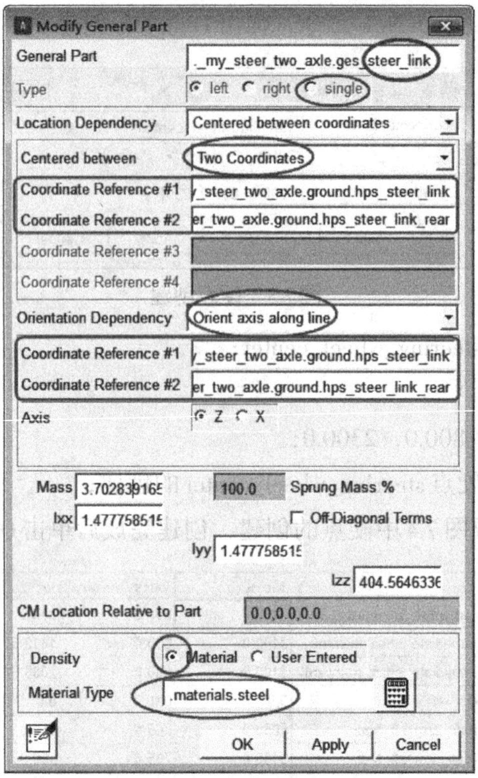

图7.5 转向连杆部件steer_link

- Orientation Dependency：Orient axis along line；
- Coordinate Reference #1：._my_steer_two_axle.ground.hps_steer_link；
- Coordinate Reference #2：._my_steer_two_axle.ground.hps_steer_link_rear；
- Axis：Z；
- Mass：1；
- Ixx：1；
- Iyy：1；
- Izz：1；
- Density：Material；
- Material Type：.materials.steel；
- 单击OK，完成部件._my_steer_two_axle.ges_steer_link的创建；
- 单击Build > Geometry > Link > New命令，创建圆柱体，如图7.6所示；
- Link Name ： steer_link；
- General Part：._my_steer_two_axle.ges_steer_link；
- Coordinate Reference #1：._my_steer_two_axle.ground.hps_steer_link；
- Coordinate Reference #2：._my_steer_two_axle.ground.hps_steer_link_rear；
- Radius： 15；

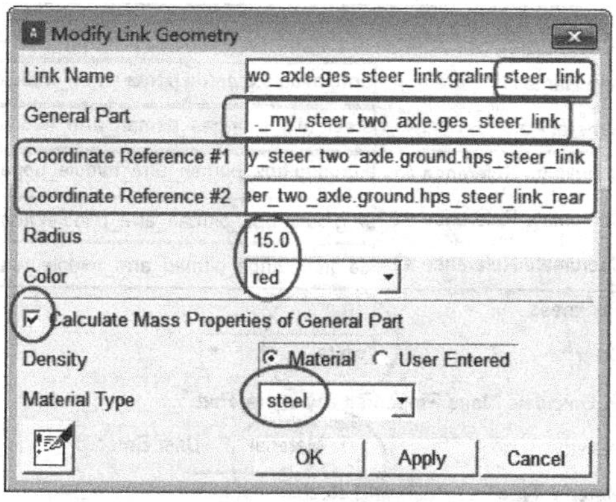

图7.6 转向连杆几何体steer_link

- Color：red；
- 勾选Calculate Mass Properties of General Part复选框；
- Density：Material；
- Material Type：steel；
- 单击OK，完成._my_steer_two_axle.ges_steer_link.gralin_steer_link几何体的创建。

②部件pitman_arm_middle。

- 单击Build > Part > General Part > New命令，弹出创建部件对话框，参考图7.5；
- General Part：steer_link；
- Location Dependency：Centered between coordinates；
- Centered between：Three Coordinates；
- Coordinate Reference #1：._my_steer_two_axle.ground.hps_pitman_arm_middle_upper;
- Coordinate Reference #2：._my_steer_two_axle.ground.hps_pitman_arm_middle_front;
- Coordinate Reference #3：._my_steer_two_axle.ground.hps_pitman_arm_middle_rear;
- Orientation Dependency：Oriented in plane；
- Coordinate Reference #1：._my_steer_two_axle.ground.hps_pitman_arm_middle_upper;
- Coordinate Reference #2：._my_steer_two_axle.ground.hps_pitman_arm_middle_front;
- Coordinate Reference #3：._my_steer_two_axle.ground.hps_pitman_arm_middle_rear;
- Axis：Z；
- Mass：1；
- Ixx：1；
- Iyy：1；
- Izz：1；
- Density：Material；
- Material Type：.materials.steel；
- 单击OK，完成部件._my_steer_two_axle.ges_pitman_arm_middle的创建；
- 单击Build > Geometry > Arm > New命令，建立三角臂几何如图7.7所示；

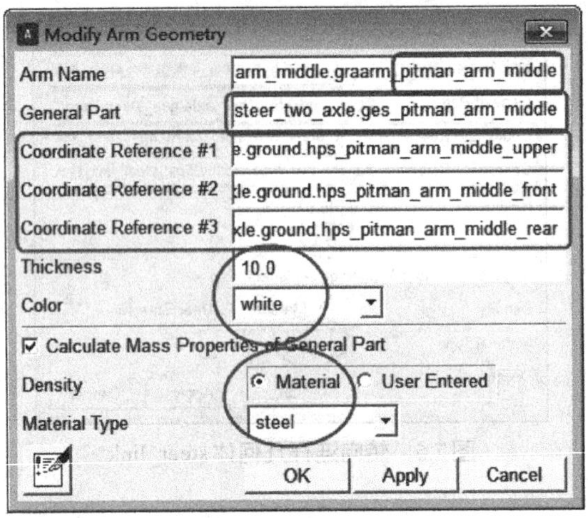

图7.7 三角臂_arm

- Link Name ： steer_link；
- General Part：._my_steer_two_axle.ges_pitman_arm_middle；
- Coordinate Reference #1： ._my_steer_two_axle.ground.hps_pitman_arm_middle_upper；
- Coordinate Reference #2： ._my_steer_two_axle.ground.hps_pitman_arm_middle_front；
- Coordinate Reference #3： ._my_steer_two_axle.ground.hps_pitman_arm_middle_rear；
- Thickness： 10；
- Color：white；
- 勾选Calculate Mass Properties of General Part复选框；
- Density：Material；
- Material Type：steel；
- 单击OK，完成._my_steer_two_axle. ges_pitman_arm_middle. graarm_pitman_arm_middle几何体的创建。

③部件steer_input_arm_aft。

- 单击Build > Part > General Part > New命令，弹出创建部件对话框，如图7.5所示；
- General Part：steer_input_arm_aft；
- Location Dependency： Located on a line；
- Coordinate Reference #1： ._my_steer_two_axle.ground.hps_steer_link_aft_rear；
- Coordinate Reference #2： ._my_steer_two_axle.ground.hps_steering_arm_attach_aft；
- Relative location （%）：50；
- Orientation Dependency：User-entered values；
- Orient using：Euler Angles；
- Euler Angles：0, 0, 0；
- Axis：Z；
- Mass：1；

- Ixx：1；
- Iyy：1；
- Izz：1；
- Density：Material；
- Material Type：.materials.steel；
- 单击OK，完成部件._my_steer_two_axle.ges_steer_input_arm_aft的创建；
- 单击Build > Geometry > Link > New命令，创建圆柱体，参考图7.6；
- Link Name ：steer_link；
- General Part：._my_steer_two_axle.ges_steer_link；
- Coordinate Reference #1：._my_steer_two_axle.ground.hps_steer_link；
- Coordinate Reference #2：._my_steer_two_axle.ground.hps_steer_link_rear；
- Radius：15；
- Color：red；
- 勾选Calculate Mass Properties of General Part复选框；
- Density：Material；
- Material Type：steel；
- 单击OK，完成._my_steer_two_axle.ges_steer_link.gralin_steer_link几何体的创建。

④部件pitman_arm_aft。

- 单击Build > Part > General Part > New命令，弹出创建部件对话框，如图7.5所示；
- General Part：pitman_arm_aft；
- Location Dependency：Delfa location from coordinate；
- Coordinate Reference ：._my_steer_two_axle.ground.hps_steer_link_aft_front；
- Location：0, 0, 0；
- Location in：Local；
- Orientation Dependency：User-entered values；
- Orient using：Euler Angles；
- Euler Angles：0, 0, 0；
- Axis：Z；
- Mass：1；
- Ixx：1；
- Iyy：1；
- Izz：1；
- Density：Material；
- Material Type：.materials.steel；
- 单击OK，完成部件._my_steer_two_axle.ges_pitman_arm_aft的创建；

- 单击Build > Geometry > Arm > New命令，建立三角臂几何体，参考图7.7；
- Link Name ： pitman_arm_aft；
- General Part： ._my_steer_two_axle.ges_pitman_arm_aft；
- Coordinate Reference #1： ._my_steer_two_axle.ground.hps_pitman_arm_aft_upper；
- Coordinate Reference #2： ._my_steer_two_axle.ground.hps_pitman_arm_aft_front；
- Coordinate Reference #3： ._my_steer_two_axle.ground.hps_pitman_arm_aft_rear；
- Thickness： 10；
- Color： white；
- 勾选Calculate Mass Properties of General Part复选框；
- Density： Material；
- Material Type： steel；
- 单击OK，完成._my_steer_two_axle.ges_pitman_arm_aft.graarm_pitman_arm_aft几何体的创建。

⑤部件steer_link_aft。

- 单击Build > Part > General Part > New命令，弹出创建部件对话框，如图7.5所示；
- General Part： steer_link_aft；
- Location Dependency： Located on a line；
- Coordinate Reference #1： ._my_steer_two_axle.ground.hps_steer_link_aft_front；
- Coordinate Reference #2： ._my_steer_two_axle.ground.hps_steer_link_aft_rear；
- Relative location （%）： 50；
- Orientation Dependency： User-entered values；
- Orient using： Euler Angles；
- Euler Angles： 0, 0, 0；
- Axis： Z；
- Mass： 1；
- Ixx： 1；
- Iyy： 1；
- Izz： 1；
- Density： Material；
- Material Type： .materials.steel；
- 单击OK，完成部件._my_steer_two_axle.ges_steer_link_aft的创建；
- 单击Build > Geometry > Link > New命令，创建连杆几何体，如图7.6所示；
- Link Name ： steer_link_aft；
- General Part： ._my_steer_two_axle.ges_steer_link_aft；
- Coordinate Reference #1： ._my_steer_two_axle.ground.hps_steer_link_aft_front；

• Coordinate Reference #2：._my_steer_two_axle.ground.hps_steer_link_aft_rear;

• Radius：10;

• Color：blue;

• 勾选Calculate Mass Properties of General Part复选框；

• Density：Material;

• Material Type：steel;

• 单击OK，完成._my_steer_two_axle.ges_steer_link_aft.gralin_steer_link_aft几何体的创建。

⑥部件steer_link_middle。

• 单击Build > Part > General Part > New命令，弹出创建部件对话框，如图7.5所示；

• General Part：steer_link_middle;

• Location Dependency：Located on a line;

• Coordinate Reference #1：._my_steer_two_axle.ground.hps_steer_link_middle_front;

• Coordinate Reference #2：._my_steer_two_axle.ground.hps_steer_link_middle_rear;

• Relative location（%）：50;

• Orientation Dependency：User-entered values;

• Orient using：Euler Angles;

• Euler Angles：0, 0, 0;

• Axis：Z;

• Mass：1;

• Ixx：1;

• Iyy：1;

• Izz：1;

• Density：Material;

• Material Type：.materials.steel;

• 单击OK，完成部件._my_steer_two_axle.ges_steer_link_middle的创建；

• 单击Build > Geometry > Link > New命令，创建连杆几何体，如图7.6所示；

• Link Name ：steer_link_middle;

• General Part：._my_steer_two_axle.ges_steer_link_middle;

• Coordinate Reference #1：._my_steer_two_axle.ground.hps_steer_link_middle_front;

• Coordinate Reference #2：._my_steer_two_axle.ground.hps_steer_link_middle_rear;

• Radius：15;

• Color：skyblue;

• 勾选Calculate Mass Properties of General Part复选框；

• Density：Material;

• Material Type：steel；

• 单击 OK，完成 ._my_steer_two_axle.ges_steer_link_middle.gralin_steer_link_middle 几何体的创建。

⑦部件 steering_wheel。

• 单击 Build > Construction Frame > New 命令，弹出创建结构框，如图 7.8 所示；

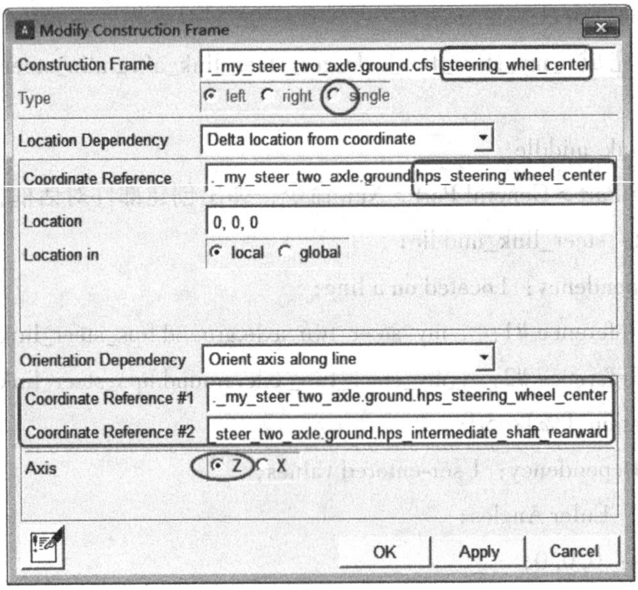

图 7.8　结构框 steering_whel_center

• Construction Frame：steering_whel_center；

• Location Dependency：Delfa location from coordinate；

• Coordinate Reference：._my_steer_two_axle.ground.hps_steering_wheel_center；

• Location：0, 0, 0；

• Location in：local；

• Orientation Dependency：Orient axis along line；

• Coordinate Reference #1：._my_steer_two_axle.ground.hps_steering_wheel_center；

• Coordinate Reference #2：._my_steer_two_axle.ground.hps_intermediate_shaft_rearward；

• Axis：Z；

• 单击 Apply，完成 ._my_steer_two_axle.ground.cfs_steering_whel_center 结构框的创建；

• Construction Frame：steering_wheel_mcs；

• Location Dependency：Delfa location from coordinate；

• Coordinate Reference：._my_steer_two_axle.ground.hps_steering_wheel_center；

• Location：0, 0, 0；

• Location in：local；

• Orientation Dependency：Delfa location from coordinate；

- Construction Frame：._my_steer_two_axle.ground.cfs_steering_whel_center；
- Orientation：0, 0, 0；
- 单击OK，完成._my_steer_two_axle.ground.cfs_steering_wheel_mcs结构框的创建；
- 单击Build > Part > General Part > New命令，弹出创建部件对话框，如图7.5所示；
- General Part：steering_wheel；
- Location Dependency：Delfa location from coordinate；
- Coordinate Reference：._my_steer_two_axle.ground.cfs_steering_wheel_mcs；
- Location：0, 0, 0；
- Location in：Local；
- Orientation Dependency：Delfa location from coordinate；
- Construction Frame：._my_steer_two_axle.ground.cfs_steering_wheel_mcs；
- Orientation：0, 0, 0；
- Mass：1；
- Ixx：1；
- Iyy：1；
- Izz：1；
- Density：Material；
- Material Type：.materials.steel；
- 单击OK，完成部件._my_steer_two_axle.ges_steering_wheel的创建；
- 单击Build > Geometry > Cylinder > New命令，弹出圆柱几何体对话框，如图7.9所示；

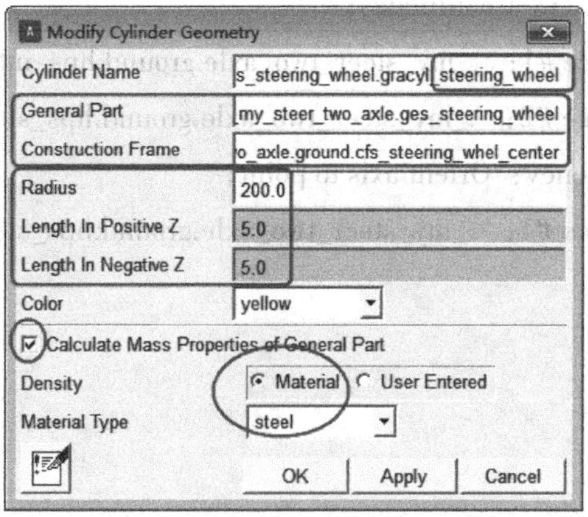

图7.9　圆柱几何体steering_wheel

- Cylinder Name：steering_wheel；
- General Part：._my_steer_two_axle.ges_steering_wheel；
- Construction Frame：._my_steer_two_axle.ground.cfs_steering_whel_center；
- Radius：200；

- Length In Postive Z：5；
- Length In Negative Z：5；
- Color：yellow；
- 勾选 Calculate Mass Properties of General Part 复选框；
- 单击 OK，完成转向盘._my_steer_two_axle.ges_steering_wheel.gracyl_steering_wheel 几何体的创建。

⑧部件 column_housing。

- 单击 Build > Construction Frame > New 命令，弹出创建结构框，参考图 7.8；
- Construction Frame：column_housing；
- Location Dependency：Centered between coordinates；
- Centered between：Two Coordinates；
- Coordinate Reference #1：._my_steer_two_axle.ground.hps_intermediate_shaft_rearward；
- Coordinate Reference #2：._my_steer_two_axle.ground.hps_steering_wheel_center；
- Orientation Dependency：Orient axis along line；
- Coordinate Reference #1：._my_steer_two_axle.ground.hps_intermediate_shaft_rearward；
- Coordinate Reference #2：._my_steer_two_axle.ground.hps_steering_wheel_center；
- Axis：Z；
- 单击 OK，完成._my_steer_two_axle.ground.cfs_column_housing 结构框的创建；
- 单击 Build > Part > General Part > New 命令，弹出部件对话框，参考图 7.5；
- General Part：column_housing；
- Location Dependency：Centered between coordinates；
- Centered between：Two Coordinates；
- Coordinate Reference #1：._my_steer_two_axle.ground.hps_intermediate_shaft_rearward；
- Coordinate Reference #2：._my_steer_two_axle.ground.hps_steering_wheel_center；
- Orientation Dependency：Orient axis to point；
- Coordinate Reference #1：._my_steer_two_axle.ground.hps_steering_wheel_center；
- Axis：Z；
- Mass：1；
- Ixx：1；
- Iyy：1；
- Izz：1；
- Density：Material；
- Material Type：.materials.steel；
- 单击 OK，完成部件._my_steer_two_axle.ges_column_housing 的创建；
- 单击 Build > Geometry > Cylinder > New 命令，弹出圆柱体对话框，参考图 7.9；

• Cylinder Name：column_housing；

• General Part：._my_steer_two_axle.ges_column_housing；

• Construction Frame ： ._my_steer_two_axle.ground.cfs_column_housing；

• Radius：25；

• Length In Postive Z：50；

• Length In Negative Z：50；

• Color：skyblue；

• 勾选Calculate Mass Properties of General Part复选框；

• 单击OK，完成转向盘._my_steer_two_axle.ges_column_housing.gracyl_column_housing几何体的创建。

⑨部件steering_column。

• 单击Build > Part > General Part > New命令，弹出部件对话框，参考图7.6；

• General Part：steering_column；

• Location Dependency：Centered between coordinates；

• Centered between：Two Coordinates；

• Coordinate Reference #1：._my_steer_two_axle.ground.hps_intermediate_shaft_rearward；

• Coordinate Reference #2：._my_steer_two_axle.ground.hps_steering_wheel_center；

• Orientation Dependency：Orient axis to point；

• Coordinate Reference #1：._my_steer_two_axle.ground.hps_intermediate_shaft_rearward；

• Axis：Z；

• Mass：1；

• Ixx：1；

• Iyy：1；

• Izz：1；

• Density：Material；

• Material Type：.materials.steel；

• 单击OK，完成部件._my_steer_two_axle.ges_steering_column的创建；

• 单击Build > Geometry > Link > New命令，创建连杆几何体，参考图7.6；

• Link Name ：steering_column；

• General Part：._my_steer_two_axle.ges_steering_column；

• Coordinate Reference #1：._my_steer_two_axle.ground.hps_intermediate_shaft_rearward；

• Coordinate Reference #2：._my_steer_two_axle.ground.hps_steering_wheel_center；

• Radius：15；

• Color：red；

• 勾选Calculate Mass Properties of General Part复选框；

• Density：Material；

• Material Type：steel；

• 单击OK，完成._my_steer_two_axle.ges_steering_column.gralin_steering_column几何体的创建。

⑩部件intermediate_shaft。

• 单击Build > Part > General Part > New命令，弹出部件对话框，参考图7.5；

• General Part：intermediate_shaft；

• Location Dependency：Centered between coordinates；

• Centered between：Two Coordinates；

• Coordinate Reference #1：._my_steer_two_axle.ground.hps_intermediate_shaft_rearward；

• Coordinate Reference #2：._my_steer_two_axle.ground.hps_intermediate_shaft_forward；

• Orientation Dependency：Orient axis to point；

• Coordinate Reference #1：._my_steer_two_axle.ground.hps_intermediate_shaft_rearward；

• Axis：Z；

• Mass：1；

• Ixx：1；

• Iyy：1；

• Izz：1；

• Density：Material；

• Material Type：.materials.steel；

• 单击OK，完成部件._my_steer_two_axle.ges_intermediate_shaft的创建；

• 单击Build > Geometry > Link > New命令，创建连杆几何体，参考图7.6；

• Link Name：intermediate_shaft；

• General Part：._my_steer_two_axle.ges_intermediate_shaft；

• Coordinate Reference #1：._my_steer_two_axle.ground.hps_intermediate_shaft_rearward；

• Coordinate Reference #2：._my_steer_two_axle.ground.hps_intermediate_shaft_forward；

• Radius：15；

• Color：yellow；

• 勾选Calculate Mass Properties of General Part复选框；

• Density：Material；

• Material Type：steel；

• 单击OK，完成._my_steer_two_axle.ges_intermediate_shaft.gralin_intermediate_shaft几何体的创建。

⑪部件input_shaft。

- 单击Build > Part > General Part > New命令，弹出部件对话框，参考图7.5；
- General Part：input_shaft；
- Location Dependency：Centered between coordinates；
- Centered between：Two Coordinates；
- Coordinate Reference #1：._my_steer_two_axle.ground.hps_intermediate_shaft_forward；
- Coordinate Reference #2：._my_steer_two_axle.ground.hps_input_shaft_forward；
- Orientation Dependency：Orient axis to point；
- Coordinate Reference #1：._my_steer_two_axle.ground.hps_intermediate_shaft_forward；
- Axis：Z；
- Mass：1；
- Ixx：1；
- Iyy：1；
- Izz：1；
- Density：Material；
- Material Type：.materials.steel；
- 单击OK，完成部件._my_steer_two_axle.ges_input_shaft创建；
- 单击Build > Geometry > Link > New命令，创建连杆几何体，参考图7.5；
- Link Name：input_shaft；
- General Part：._my_steer_two_axle.ges_input_shaft；
- Coordinate Reference #1：._my_steer_two_axle.ground.hps_intermediate_shaft_forward；
- Coordinate Reference #2：._my_steer_two_axle.ground.hps_input_shaft_forward；
- Radius：15；
- Color：red；
- 勾选Calculate Mass Properties of General Part复选框；
- Density：Material；
- Material Type：steel；
- 单击OK，完成._my_steer_two_axle.ges_input_shaft.gralin_input_shaft几何体的创建。

⑫部件ball_screw。

- 单击Build > Construction Frame > New命令，弹出创建结构框，参考图7.8；
- Construction Frame：ball_screw_rearward；
- Location Dependency：Delta lacation from coordinate；
- Coordinate Reference：._my_steer_two_axle.ground.hps_input_shaft_forward；
- Orientation Dependency：Delta lacation from coordinate；
- Construction Frame：._my_steer_two_axle.ground.cfs_input_shaft_forward；

- Orientation：0, 0, 0；
- 单击Apply，完成._my_steer_two_axle.ground.cfs_ball_screw_rearward结构框的创建；
- 单击Build > Construction Frame > New命令，弹出创建结构框参考图7.8；
- Construction Frame：input_shaft_forward；
- Location Dependency：Delta lacation from coordinate；
- Coordinate Reference ：._my_steer_two_axle.ground.hps_input_shaft_forward；
- Location：0, 0, 0；
- Location in：local；
- Orientation Dependency：Oriented in plane；
- Coordinate Reference #1：._my_steer_two_axle.ground.hps_input_shaft_forward；
- Coordinate Reference #2：._my_steer_two_axle.ground.hps_intermediate_shaft_forward；
- Coordinate Reference #3：._my_steer_two_axle.ground.hps_intermediate_shaft_rearward；
- Axes：ZX；
- 单击Apply，完成._my_steer_two_axle.ground.cfs_input_shaft_forward结构框的创建；
- 单击Build > Construction Frame > New命令，弹出创建结构框，参考图7.8；
- Construction Frame：screw_rearward；
- Location Dependency：Delta lacation from coordinate；
- Coordinate Reference ：._my_steer_two_axle.ground.hps_input_shaft_forward；
- Location：0, 0, 0；
- Location in：local；
- Orientation Dependency：Delta lacation from coordinate；
- Construction Frame：._my_steer_two_axle.ground.cfs_input_shaft_forward；
- Orientation：0, 0, 0；
- 单击OK，完成._my_steer_two_axle.ground.cfs_ball_screw_rearward结构框的创建；
- 单击Build > Part > General Part > New命令，弹出部件对话框，参考图7.5；
- General Part：ball_screw；
- Location Dependency：Centered between coordinates；
- Centered between：Two Coordinates；
- Coordinate Reference #1：._my_steer_two_axle.ground.cfs_ball_screw_rearward；
- Coordinate Reference #2：._my_steer_two_axle.ground.cfs_ball_screw_forward；
- Orientation Dependency：Orient axis to point；
- Coordinate Reference #1：._my_steer_two_axle.ground.cfs_ball_screw_rearward；
- Axis：Z；
- Mass：1；
- Ixx：1；

- Iyy：1；
- Izz：1；
- Density：Material；
- Material Type：.materials.steel；
- 单击OK，完成部件._my_steer_two_axle.ges_ball_screw的创建；
- 单击Build > Geometry > Link > New命令，创建连杆几何体，参考图7.5；
- Link Name ：ball_screw；
- General Part：._my_steer_two_axle.ges_ball_screw；
- Coordinate Reference #1：._my_steer_two_axle.ground.cfs_ball_screw_rearward；
- Coordinate Reference #2：._my_steer_two_axle.ground.cfs_ball_screw_forward；
- Radius：15；
- Color：red；
- 选择Calculate Mass Properties of General Part复选框；
- Density：Material；
- Material Type：steel；
- 单击OK，完成._my_steer_two_axle.ges_ball_screw.gralin_ball_screw几何体的创建。

⑬部件rack。

- 单击Build > Part > General Part > New命令，弹出创建部件对话框，参考图7.5；
- General Part：rack；
- Location Dependency：Located on a line；
- Coordinate Reference #1：._my_steer_two_axle.ground.cfs_ball_screw_rearward；
- Coordinate Reference #2：._my_steer_two_axle.ground.cfs_ball_screw_forward；
- Relative location（%）：50；
- Orientation Dependency：Orient axis to point；
- Coordinate Reference ：._my_steer_two_axle.ground.cfs_ball_screw_rearward；
- Axis：Z；
- Mass：1；
- Ixx：1；
- Iyy：1；
- Izz：1；
- Density：Material；
- Material Type：.materials.steel；
- 单击OK，完成部件._my_steer_two_axle.ges_rack的创建；
- 单击Build > Geometry > Link > New命令，创建连杆几何体，参考图7.5；
- Link Name ：rack；

- General Part：._my_steer_two_axle.ges_rack；
- Coordinate Reference #1：._my_steer_two_axle.ground.cfs_ball_screw_rearward；
- Coordinate Reference #2：._my_steer_two_axle.ground.cfs_ball_screw_forward；
- Radius：18；
- Color：white；
- 勾选Calculate Mass Properties of General Part复选框；
- Density：Material；
- Material Type：steel；
- 单击OK，完成._my_steer_two_axle.ges_rack.gralin_rack几何体的创建。

⑭部件steer_input_arm_fore。

- 单击Build > Part > General Part > New命令，弹出部件对话框，参考图7.5；
- General Part：steer_input_arm_fore；
- Location Dependency：Centered between coordinates；
- Centered between：Two Coordinates；
- Coordinate Reference #1：._my_steer_two_axle.ground.hps_steering_arm_attach；
- Coordinate Reference #2：._my_steer_two_axle.ground.hps_steer_arm；
- Orientation Dependency：User-entered values；
- Orient using：Euler Angles；
- Euler Angles：0, 0, 0；
- Mass：1；
- Ixx：1；
- Iyy：1；
- Izz：1；
- Density：Material；
- Material Type：.materials.steel；
- 单击OK，完成部件._my_steer_two_axle.ges_steer_input_arm_fore的创建；
- 单击Build > Geometry > Link > New命令，创建连杆几何体，参考图7.6；
- Link Name：steer_input_arm；
- General Part：._my_steer_two_axle.ges_steer_input_arm_fore；
- Coordinate Reference #1：._my_steer_two_axle.ground.hps_steering_ arm_attach；
- Coordinate Reference #2：._my_steer_two_axle.ground.hps_steer_arm；
- Radius：10；
- Color：red；
- 勾选Calculate Mass Properties of General Part复选框；
- Density：Material；

• Material Type：steel；

• 单击OK，完成._my_steer_two_axle.ges_steer_input_arm_fore.gralin_steer_input_arm几何体的创建。

⑮部件steer_link_fore。

• 单击Build > Part > General Part > New命令，弹出部件对话框，参考图7.5；

• General Part：steer_link_fore；

• Location Dependency：Centered between coordinates；

• Centered between：Two Coordinates；

• Coordinate Reference #1：._my_steer_two_axle.ground.hps_steer_link_fore_front；

• Coordinate Reference #2：._my_steer_two_axle.ground.hps_steer_arm；

• Orientation Dependency：User-entered values；

• Orient using：Euler Angles；

• Euler Angles：0, 0, 0；

• Mass：1；

• Ixx：1；

• Iyy：1；

• Izz：1；

• Density：Material；

• Material Type：.materials.steel；

• 单击OK，完成部件._my_steer_two_axle.ges_steer_link_fore的创建；

• 单击Build > Geometry > Link > New命令，创建连杆几何体，参考图7.6；

• Link Name ：steer_link_fore；

• General Part：._my_steer_two_axle.ges_steer_link_fore；

• Coordinate Reference #1：._my_steer_two_axle.ground.hps_steer_arm；

• Coordinate Reference #2：._my_steer_two_axle.ground.hps_steer_link_fore_front；

• Radius：15；

• Color：yellow；

• 勾选Calculate Mass Properties of General Part复选框；

• Density：Material；

• Material Type：steel；

• 单击OK，完成._my_steer_two_axle.ges_steer_link_fore.gralin_steer_link_fore几何体的创建。

⑯部件pitman_arm。

• 单击Build > Part > General Part > New命令，弹出部件对话框，参考图7.5；

• General Part：pitman_arm；

• Location Dependency：Centered between coordinates；

- Centered between：Two Coordinates；
- Coordinate Reference #1：._my_steer_two_axle.ground.hps_pitman_axis；
- Coordinate Reference #2：._my_steer_two_axle.ground.hps_steer_link；
- Orientation Dependency：User-entered values；
- Orient using：Euler Angles；
- Euler Angles：0, 0, 0；
- Mass：1；
- Ixx：1；
- Iyy：1；
- Izz：1；
- Density：Material；
- Material Type：.materials.steel；
- 单击OK，完成部件._my_steer_two_axle.ges_pitman_arm的创建；
- 单击Build > Geometry > Link > New命令，创建连杆几何体，参考图7.6；
- Link Name：pitman；
- General Part：._my_steer_two_axle.ges_pitman_arm；
- Coordinate Reference #1：._my_steer_two_axle.ground.hps_pitman_axis；
- Coordinate Reference #2：._my_steer_two_axle.ground.hps_steer_link；
- Radius：20；
- Color：yellow；
- 勾选Calculate Mass Properties of General Part复选框；
- Density：Material；
- Material Type：steel；
- 单击OK，完成._my_steer_two_axle.ges_pitman_arm.gralin_pitman几何体的创建。

⑰安装部件 pitman_mount。

- 单击Build > Part > Mount > New命令，弹出创建部件对话框，如图7.10所示；

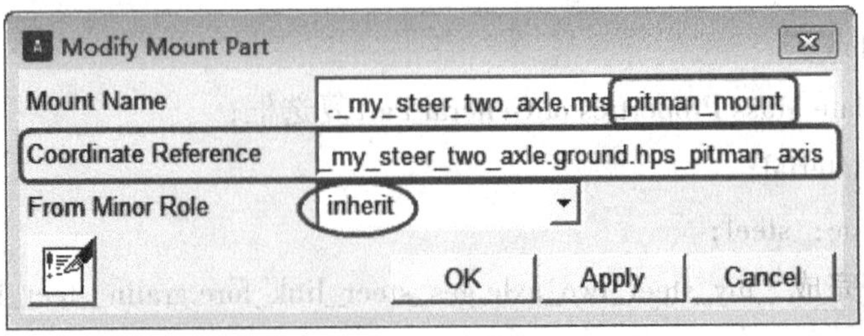

图7.10 安装部件

- Mount Name：pitman_mount；
- Coordinate Reference：._my_steer_two_axle.ground.hps_pitman_axis；
- From Minor Role：inherit；

• 单击OK，完成._my_steer_two_axle.mts_pitman_mount安装部件的创建。

⑱安装部件strarm_to_spindle_fore。

• 单击Build > Part > Mount > New命令，弹出创建部件对话框，参考图7.10；

• Mount Name： strarm_to_spindle_fore；

• Coordinate Reference ：._my_steer_two_axle.ground.hps_steering_arm_attach；

• From Minor Role：inherit；

• 单击OK，完成._my_steer_two_axle.mts_strarm_to_spindle_fore安装部件的创建。

⑲安装部件column_to_body。

• 单击Build > Part > Mount > New命令，弹出创建部件对话框，参考图7.10；

• Mount Name： column_to_body；

• Coordinate Reference ：._my_steer_two_axle.ground.cfs_column_housing；

• From Minor Role：inherit；

• 单击OK，完成._my_steer_two_axle.mts_steering_column_to_body安装部件的创建。

⑳安装部件pitman_arm_aft_to_body。

• 单击Build > Part > Mount > New命令，弹出创建部件对话框，参考图7.10；

• Mount Name： pitman_arm_aft_to_body；

• Coordinate Reference ：._my_steer_two_axle.ground.hps_pitman_arm_ aft_upper；

• From Minor Role：inherit；

• 单击OK，完成._my_steer_two_axle.mts_pitman_arm_aft_to_body安装部件的创建。

㉑安装部件strarm_to_spindle_aft。

• 单击Build > Part > Mount > New命令，弹出创建部件对话框，参考图7.10；

• Mount Name： strarm_to_spindle_aft；

• Coordinate Reference ：._my_steer_two_axle.ground.hps_steering_arm_attach_aft；

• From Minor Role：inherit；

• 单击OK，完成._my_steer_two_axle.mts_strarm_to_spindle_aft安装部件的创建。

㉒安装部件pitman_arm_middle_to_body。

• 单击Build > Part > Mount > New命令，弹出创建部件对话框，参考图7.10；

• Mount Name： pitman_arm_middle_to_body；

• Coordinate Reference ：._my_steer_two_axle.ground.hps_pitman_arm_middle_upper；

• From Minor Role：inherit；

• 单击OK，完成._my_steer_two_axle.mts_pitman_arm_middle_to_body安装部件的创建。

7.2 双轴转向系统约束

①部件pitman_arm与安装件pitman_mount之间revolute约束。

- 单击Build > Construction Frame > New命令，弹出创建结构框，参考图7.8；
- Construction Frame：pitman_axis；
- Location Dependency：Delta lacation from coordinate；
- Coordinate Reference ：._my_steer_two_axle.ground.hps_pitman_axis；
- Location：0, 0, 0；
- Location in： local；
- Orientation Dependency：User-entered values；
- Orient using：Euler Angles；
- Euler Angles：−90, 0, 0；
- 单击OK，完成._my_steer_two_axle.ground.cfs_pitman_axis结构框的创建；
- 单击Build > Attachments > Joint > New命令，弹出创约束件对话框，如图7.11所示；

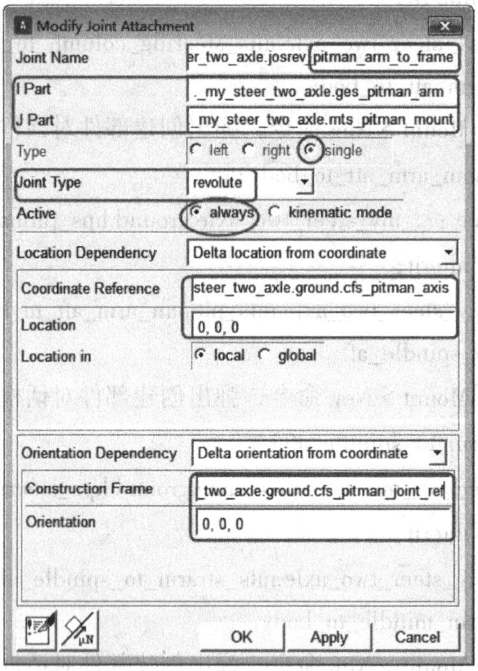

图7.11 约束副—revolute

- Joint Name：pitman_arm_to_frame；
- I Part：._my_steer_two_axle.ges_pitman_arm；
- J Part：._my_steer_two_axle.mts_pitman_mount；
- Joint Type：revolute；
- Active： always；
- Location Dependency：Delta location from coordinate；
- Coordinate Reference：._my_steer_two_axle.ground.cfs_pitman_axis；
- Location：0, 0, 0；

- Location in：local；
- Orientation Dependency：Delta location from coordinate；
- Construction Frame：._my_steer_two_axle.ground.cfs_pitman_joint_ref；
- Orientation：0, 0, 0；
- 单击Apply，完成._my_steer_two_axle.josrev_pitman_arm_to_frame转动副的创建。

②部件steer_input_arm_fore与steer_link_fore之间convel约束。

- Joint Name：input_steering_arm_to_axle；
- I Part：._my_steer_two_axle.ges_steer_input_arm_fore；
- J Part：._my_steer_two_axle.ges_steer_link_fore；
- Joint Type：convel；
- Active：always；
- Location Dependency：Delta location from coordinate；
- Coordinate Reference：._my_steer_two_axle.ground.hps_steer_arm；
- Location：0, 0, 0；
- Location in：local；
- I-Part Axis：._my_steer_two_axle.ground.hps_steering_arm_attach；
- J-Part Axis：._my_steer_two_axle.ground.hps_steer_link_fore_front；
- 单击Apply，完成._my_steer_two_axle.joscon_input_steering_arm_to_axle恒速副的创建。

③部件pitman_arm与steer_link之间spherical约束。

- Joint Name：pitman_to_draglink；
- I Part：._my_steer_two_axle.ges_pitman_arm；
- J Part：._my_steer_two_axle.ges_steer_link；
- Joint Type：spherical；
- Active：always；
- Location Dependency：Delta location from coordinate；
- Coordinate Reference：._my_steer_two_axle.ground.hps_steer_link；
- Location：0, 0, 0；
- Location in：local；
- 单击Apply，完成._my_steer_two_axle.jossph_pitman_to_draglink球副的创建。

④部件steer_input_arm_fore与strarm_to_spindle_fore之间fixed约束。

- Joint Name：strarm_to_spindle；
- I Part：._my_steer_two_axle.ges_steer_input_arm_fore；
- J Part：._my_steer_two_axle.mts_strarm_to_spindle_fore；
- Joint Type：fixed；

- Active： always；
- Location Dependency：Delta location from coordinate；
- Coordinate Reference：._my_steer_two_axle.ground.hps_steer_link；
- Location：0, 0, 0；
- Location in：local；
- 单击Apply，完成._my_steer_two_axle.josfix_strarm_to_spindle固定副的创建。

⑤部件rack与pitman_mount之间translational约束。

- Joint Name：rack_steering_gear；
- I Part：._my_steer_two_axle.ges_rack；
- J Part：._my_steer_two_axle.mts_pitman_mount；
- Joint Type：translational；
- Active： always；
- Location Dependency：Delta location from coordinate；
- Coordinate Reference：._my_steer_two_axle.ground.cfs_ball_screw_forward；
- Location：0, 0, 0；
- Location in：local；
- Orientation Dependency：Delta location from coordinate；
- Construction Frame：._my_steer_two_axle.ground.cfs_ball_screw_forward；
- Orientation：0, 0, 0；
- 单击Apply，完成._my_steer_two_axle.jostra_rack_steering_gear移动副的创建。

⑥部件ball_screw与pitman_mount之间revolute约束。

- Joint Name：ball_screw_steering_gear；
- I Part：._my_steer_two_axle.ges_ball_screw；
- J Part：._my_steer_two_axle.mts_pitman_mount；
- Joint Type：revolute；
- Active：always；
- Location Dependency：Delta location from coordinate；
- Coordinate Reference：._my_steer_two_axle.ground.cfs_ball_screw_forward；
- Location：0, 0, 0；
- Location in：local；
- Orientation Dependency：Delta location from coordinate；
- Construction Frame：._my_steer_two_axle.ground.cfs_ball_screw_forward；
- Orientation：0, 0, 0；
- 单击Apply，完成._my_steer_two_axle.josrev_ball_screw_steering_gear转动副的创建。

⑦部件input_shaft与pitman_mount之间revolute约束。

- Joint Name：input_shaft_steering_gear；
- I Part：._my_steer_two_axle.ges_input_shaft；
- J Part：._my_steer_two_axle.mts_pitman_mount；
- Joint Type：revolute；
- Active：always；
- Location Dependency：Delta location from coordinate；
- Coordinate Reference：._my_steer_two_axle.ground.hps_input_shaft_forward；
- Location：0, 0, 0；
- Location in：local；
- Orientation Dependency：Orient to zpoint-xpoint；
- Coordinate Reference #1：._my_steer_two_axle.ground.hps_intermediate_shaft_forward；
- Coordinate Reference #2：._my_steer_two_axle.ground.hps_intermediate_shaft_rearward；
- Axes：ZX；
- 单击Apply，完成._my_steer_two_axle.josrev_input_shaft_steering_gear转动副的创建。

⑧部件intermediate_shaft与input_shaft之间hooke约束。

- Joint Name：intermediate_shaftinput；
- I Part：._my_steer_two_axle.ges_intermediate_shaft；
- J Part：._my_steer_two_axle.ges_input_shaft；
- Joint Type：hooke；
- Active：always；
- Location Dependency：Delta location from coordinate；
- Coordinate Reference：._my_steer_two_axle.ground.hps_intermediate_shaft_forward；
- Location：0, 0, 0；
- Location in：local；
- I-Part Axis：._my_steer_two_axle.ground.hps_intermediate_shaft_rearward；
- J-Part Axis：._my_steer_two_axle.ground.hps_input_shaft_forward；
- 单击Apply，完成._my_steer_two_axle.joshoo_intermediate_shaftinput胡克副的创建。

⑨部件steering_column与intermediate_shaft之间hooke约束。

- Joint Name：column_intermediate；
- I Part：._my_steer_two_axle.ges_steering_column；
- J Part：._my_steer_two_axle.ges_intermediate_shaft；
- Joint Type：hooke；
- Active：always；

- Location Dependency：Delta location from coordinate；
- Coordinate Reference：._my_steer_two_axle.ground.hps_intermediate_shaft_rearward；
- Location：0, 0, 0；
- Location in：local；
- I-Part Axis：._my_steer_two_axle.ground.hps_steering_wheel_center；
- J-Part Axis：._my_steer_two_axle.ground.hps_intermediate_shaft_forward；
- 单击Apply，完成._my_steer_two_axle.joshoo_column_intermediate胡克副的创建。

⑩部件steering_wheel与column_housing之间revolute约束。

- Joint Name：steering_wheel；
- I Part：._my_steer_two_axle.ges_steering_wheel；
- J Part：._my_steer_two_axle.ges_column_housing；
- Joint Type：revolute；
- Active：always；
- Location Dependency：Delta location from coordinate；
- Coordinate Reference：._my_steer_two_axle.ground.hps_steering_wheel_center；
- Location：0, 0, 0；
- Location in：local；
- Orientation Dependency：Delta location from coordinate；
- Construction Frame：._my_steer_two_axle.ground.cfs_steering_whel_center；
- Orientation：0, 0, 0；
- 单击Apply，完成._my_steer_two_axle.josrev_steering_wheel转动副的创建。

⑪部件column_housing与steering_column_to_body之间fixed约束。

- Joint Name：column_housing_to_housing_mount；
- I Part：._my_steer_two_axle.ges_column_housing；
- J Part：._my_steer_two_axle.mts_steering_column_to_body；
- Joint Type：fixed；
- Active：always；
- Location Dependency：Delta location from coordinate；
- Coordinate Reference：._my_steer_two_axle.ground.cfs_column_housing；
- Location：0, 0, 0；
- Location in：local；
- 单击Apply，完成._my_steer_two_axle.josfix_column_housing_to_housing_mount固定副的创建。

⑫部件steering_column与column_housing之间cylindrical约束。

• Joint Name：steering_column；

• I Part：._my_steer_two_axle.ges_steering_column；

• J Part：._my_steer_two_axle.ges_column_housing；

• Joint Type：cylindrical；

• Active：always；

• Location Dependency：Delta location from coordinate；

• Coordinate Reference：._my_steer_two_axle.ground.cfs_column_housing；

• Location：0, 0, 0；

• Location in：local；

• Orientation Dependency：Orient axis to point；

• Coordinate Reference #1：._my_steer_two_axle.ground.hps_intermediate_shaft_rearward；

• Axis：Z；

• 单击Apply，完成._my_steer_two_axle.joscyl_steering_column转动副的创建。

⑬部件pitman_arm_middle与steer_link_middle之间spherical约束。

• Joint Name：pitman_middle_to_steer_link_middle；

• I Part：._my_steer_two_axle.ges_pitman_arm_middle；

• J Part：._my_steer_two_axle.ges_steer_link_middle；

• Joint Type：spherical；

• Active：always；

• Location Dependency：Delta location from coordinate；

• Coordinate Reference：._my_steer_two_axle.ground.hps_steer_link_middle_front；

• Location：0, 0, 0；

• Location in：local；

• 单击Apply，完成._my_steer_two_axle.jossph_pitman_middle_to_steer_link_middle球副的创建。

⑭部件pitman_arm_aft与pitman_arm_aft_to_body之间revolute约束。

• Joint Name：pitman_arm_aft_to_body；

• I Part：._my_steer_two_axle.ges_pitman_arm_aft；

• J Part：._my_steer_two_axle.mts_pitman_arm_aft_to_body；

• Joint Type：revolute；

• Active：always；

• Location Dependency：Delta location from coordinate；

• Coordinate Reference：._my_steer_two_axle.ground.hps_pitman_arm_aft_upper；

• Location：0, 0, 0；

- Location in：local；
- Orientation Dependency：User-entered values；
- Orient using：Euler Angles；
- Euler Angles：0，90，0；
- 单击 Apply，完成._my_steer_two_axle.josrev_pitman_arm_aft_to_body 球副的创建。

⑮部件 steer_link_middle 与 pitman_arm_aft 之间 convel 约束。

- Joint Name：steer_link_aft_to_pitman_arm_aft；
- I Part：._my_steer_two_axle.ges_steer_link_middle；
- J Part：._my_steer_two_axle.ges_pitman_arm_aft；
- Joint Type：convel；
- Active：always；
- Location Dependency：Delta location from coordinate；
- Coordinate Reference：._my_steer_two_axle.ground.hps_steer_link_middle_rear；
- Location：0, 0, 0；
- Location in：local；
- I-Part Axis：._my_steer_two_axle.ground.hps_pitman_arm_aft_upper；
- J-Part Axis：._my_steer_two_axle.ground.hps_steer_link_middle_front；
- 单击 Apply，完成._my_steer_two_axle.joscon_steer_link_aft_to_pitman_arm_aft 恒速副的创建。

⑯部件 pitman_arm_aft 与 steer_link_aft 之间 spherical 约束。

- Joint Name：pitman_arm_aft_to_steer_link_aft；
- I Part：._my_steer_two_axle.ges_pitman_arm_aft；
- J Part：._my_steer_two_axle.ges_steer_link_aft；
- Joint Type：spherical；
- Active：always；
- Location Dependency：Delta location from coordinate；
- Coordinate Reference：._my_steer_two_axle.ground.hps_steer_link_aft_front；
- Location：0, 0, 0；
- Location in：local；
- 单击 Apply，完成._my_steer_two_axle.jossph_pitman_arm_aft_to_steer_link_aft 球副的创建。

⑰部件 steer_link_aft 与 steer_input_arm_aft 之间 convel 约束。

- Joint Name：steering_arm_aft_to_axle；
- I Part：._my_steer_two_axle.ges_steer_link_aft；

- J Part：._my_steer_two_axle.ges_steer_input_arm_aft；
- Joint Type：convel；
- Active：always；
- Location Dependency：Delta location from coordinate；
- Coordinate Reference：._my_steer_two_axle.ground.hps_steer_link_aft_rear；
- Location：0, 0, 0；
- Location in：local；
- I-Part Axis：._my_steer_two_axle.ground.hps_steering_arm_attach_aft；
- J-Part Axis：._my_steer_two_axle.ground.hps_steer_link_aft_front；
- 单击Apply，完成._my_steer_two_axle.joscon_steering_arm_aft_to_axle恒速副的创建。

⑱部件steer_input_arm_aft与strarm_to_spindle_aft之间fixed约束。

- Joint Name：strarm_to_spindle_aft；
- I Part：._my_steer_two_axle.ges_steer_input_arm_aft；
- J Part：._my_steer_two_axle.mts_strarm_to_spindle_aft；
- Joint Type：fixed；
- Active：always；
- Location Dependency：Delta location from coordinate；
- Coordinate Reference：._my_steer_two_axle.ground.hps_steering_arm_attach_aft；
- Location：0, 0, 0；
- Location in：local；
- 单击Apply，完成._my_steer_two_axle.josfix_strarm_to_spindle_aft固定副的创建。

⑲部件steer_link与pitman_arm_middle之间convel约束。

- Joint Name：steering_link_to_pitman_arm_middle；
- I Part：._my_steer_two_axle.ges_steer_link；
- J Part：._my_steer_two_axle.ges_pitman_arm_middle；
- Joint Type：convel；
- Active：always；
- Location Dependency：Delta location from coordinate；
- Coordinate Reference：._my_steer_two_axle.ground.hps_steer_link_rear；
- Location：0, 0, 0；
- Location in：local；
- I-Part Axis：._my_steer_two_axle.ground.hps_pitman_arm_middle_upper；
- J-Part Axis：._my_steer_two_axle.ground.hps_steer_link；
- 单击Apply，完成._my_steer_two_axle.joscon_steering_link_to_pitman_arm_middle恒速

副的创建。

⑳部件steer_link_fore与pitman_arm_middle之间spherical约束。

- Joint Name：pitman_arm_middle_to_steer_link_fore；
- I Part：._my_steer_two_axle.ges_steer_link_fore；
- J Part：._my_steer_two_axle.ges_pitman_arm_middle；
- Joint Type：spherical；
- Active：always；
- Location Dependency：Delta location from coordinate；
- Coordinate Reference：._my_steer_two_axle.ground.hps_steer_link_fore_front；
- Location：0, 0, 0；
- Location in：local；
- 单击Apply，完成._my_steer_two_axle.jossph_pitman_arm_middle_to_steer_link_fore球副的创建。

㉑部件pitman_arm_middle与pitman_arm_middle_to_body之间revolute约束。

- Joint Name：pitman_arm_middle_to_body；
- I Part：._my_steer_two_axle.ges_pitman_arm_middle；
- J Part：._my_steer_two_axle.mts_pitman_arm_middle_to_body；
- Joint Type：revolute；
- Active：always；
- Location Dependency：Delta location from coordinate；
- Coordinate Reference：._my_steer_two_axle.ground.hps_pitman_arm_ middle_upper；
- Location：0, 0, 0；
- Location in：local；
- Orientation Dependency：User-entered values；
- Orient using：Euler Angles；
- Euler Angles：0，90，0；
- 单击OK，完成._my_steer_two_axle.josrev_pitman_arm_middle_to_body球副的创建。

7.3 减速齿轮

- 单击Build > Gear > Reduction Gear > New命令，弹出创建齿轮对话框，如图7.12所示，减速齿轮本质上是一对耦合副，需要指定输入输出约束及传动比。

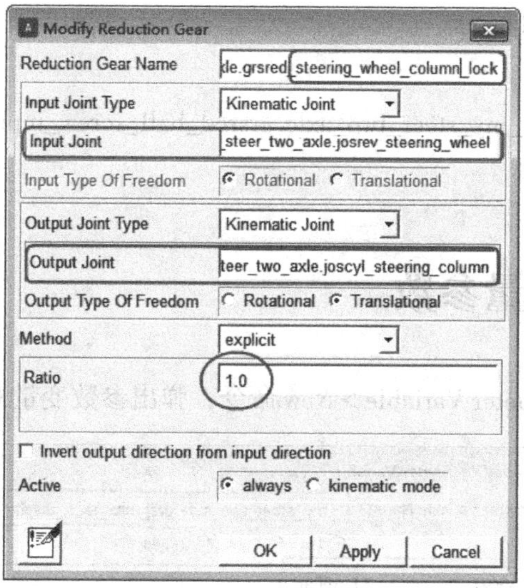

图7.12　减速齿轮

- Reduction Gear Name：steering_wheel_column_lock；
- Input Joint ：._my_steer_two_axle.josrev_steering_wheel；
- Output Joint ：._my_steer_two_axle.joscyl_steering_column；
- Reduction Ratio：1；
- Active：always；
- 单击 Apply，完成._my_steer_two_axle.grsred_steering_wheel_column_lock 减速齿轮的创建；
- Reduction Gear Name：ball_screw_rack；
- Input Joint ：._my_steer_two_axle.josrev_ball_screw_steering_gear；
- Output Joint ：._my_steer_two_axle.jostra_rack_steering_gear；
- Reduction Ratio：18；
- Active：always；
- 单击 Apply，完成._my_steer_two_axle.grsred_ball_screw_rack 减速齿轮的创建；
- Reduction Gear Name：pitman_arm_rack；
- Input Joint ：._my_steer_two_axle.josrev_pitman_arm_to_frame；
- Output Joint ：._my_steer_two_axle.jostra_rack_steering_gear；
- Reduction Ratio：1；
- Active：always；
- 单击 Apply，完成._my_steer_two_axle.grsred_pitman_arm_rack 减速齿轮的创建；
- Reduction Gear Name：ball_screw_input_shaft_lock；
- Input Joint ：._my_steer_two_axle.josrev_input_shaft_steering_gear；
- Output Joint ：._my_steer_two_axle.josrev_ball_screw_steering_gear；

• Reduction Ratio：1；

• Active：always；

• 单击 OK，完成 ._my_steer_two_axle.grsred_ball_screw_input_shaft_lock 减速齿轮的创建。

7.4 双轴转向变量参数

• 单击 Build > Parameter Variable > New 命令，弹出参数变量对话框，如图 7.13 所示；

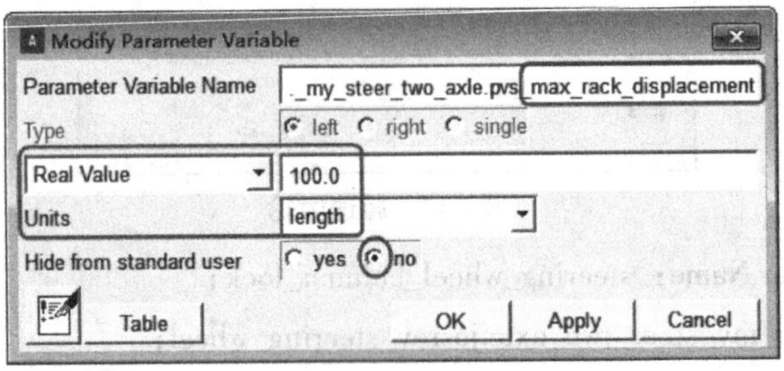

图 7.13 参数变量

• Parameter Variable Name：max_rack_displacement；

• Real Value：100；

• Units：length；

• Hide from standard user：no；

• 单击 Apply，完成变量 ._my_steer_two_axle.pvs_max_rack_displacement 的创建；

• Parameter Variable Name：kinematic_flag；

• Integer Value：0；

• Units：length；

• Hide from standard user：yes；

• 单击 Apply，完成变量 ._my_steer_two_axle.phs_kinematic_flag 的创建；

• Parameter Variable Name：max_rack_force；

• Real Value：500；

• Units：force；

• Hide from standard user：no；

• 单击 Apply，完成变量 ._my_steer_two_axle.pvs_max_rack_force 的创建；

• Parameter Variable Name：max_steering_angle；

• Real Value：720；

• Units：angle；

• Hide from standard user：no；

- 单击Apply，完成变量._my_steer_two_axle.pvs_max_steering_angle的创建；
- Parameter Variable Name：max_steering_torque；
- Real Value：720；
- Units：torque；
- Hide from standard user：no；
- 单击Apply，完成变量._my_steer_two_axle.pvs_max_steering_torque的创建；
- Parameter Variable Name：steering_assist_active；
- Integer Value：1；
- Units：torque；
- Hide from standard user：yes；
- 单击OK，完成变量._my_steer_two_axle.phs_steering_assist_active的创建。

7.5 双轴转向通讯器

- 单击Build > Communicator > Output >New命令，弹出输出通讯器对话框，如图7.14所示；

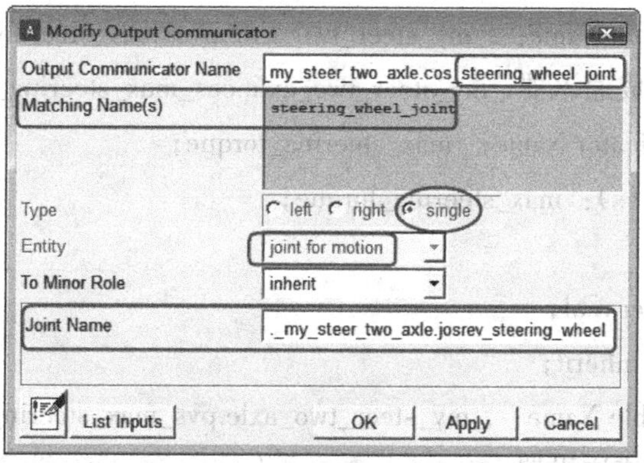

图7.14　输出通讯器

- Output Communicator Name：steering_wheel_joint；
- Matching Name（s）：steering_wheel_joint；
- Type：single；
- Entity：joint for motion；
- To Minor Role：inherit；
- Joint Name：._my_steer_two_axle.josrev_steering_wheel；
- 单击Apply，完成通讯器._my_steer_two_axle.cos_steering_wheel_joint的创建；
- Output Communicator Name：max_rack_displacement；
- Matching Name（s）：max_rack_displacement；

- Type：single；
- Entity：parameter real；
- To Minor Role：inherit；
- Parameter Variable Name：._my_steer_two_axle.pvs_max_rack_displacement；
- 单击Apply，完成通讯器._my_steer_two_axle.cos_max_rack_displacement的创建；
- Output Communicator Name： max_rack_force；
- Matching Name（s）：max_rack_force；
- Type：single；
- Entity：parameter real；
- To Minor Role：inherit；
- Parameter Variable Name：._my_steer_two_axle.pvs_max_rack_force；
- 单击Apply，完成通讯器._my_steer_two_axle.cos_max_rack_force的创建；
- Output Communicator Name： max_steering_angle；
- Matching Name（s）：max_steering_angle；
- Type：single；
- Entity：parameter real；
- To Minor Role：inherit；
- Parameter Variable Name：._my_steer_two_axle.pvs_max_steering_angle；
- 单击Apply，完成通讯器._my_steer_two_axle.cos_max_steering_angle的创建；
- Output Communicator Name： max_steering_torque；
- Matching Name（s）：max_steering_torque；
- Type：single；
- Entity：parameter real；
- To Minor Role：inherit；
- Parameter Variable Name：._my_steer_two_axle.pvs_max_steering_torque；
- 单击Apply，完成通讯器._my_steer_two_axle.cos_max_steering_torque的创建；
- Output Communicator Name： steering_rack_joint；
- Matching Name（s）：steering_rack_joint；
- Type：single；
- Entity：joint for motion；
- To Minor Role：inherit；
- Joint Name：._my_steer_two_axle.jostra_rack_steering_gear；
- 单击OK，完成通讯器._my_steer_two_axle.cos_steering_rack_joint的创建；
- 单击File > Save As命令，弹出保存模板对话框，如图7.15所示；
- Major Role：steering；

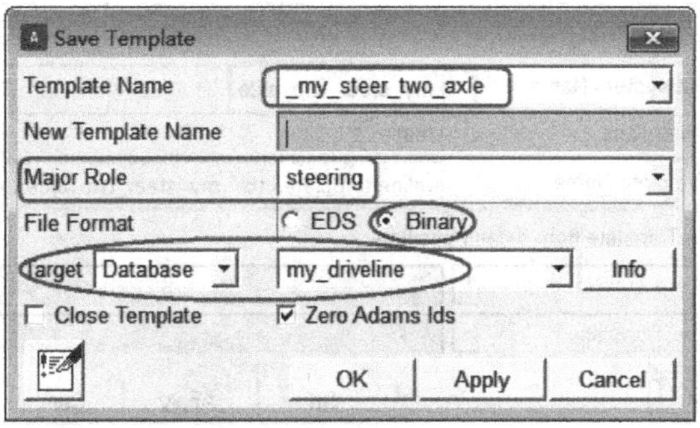

图7.15　双轴转向模型保存

- File Format：Binary；
- Target：Database，my_driveline；
- 单击OK，完成双轴转向模型模板._my_steer_two_axle的保存；
- 按F9，将专家模板转换到标准模式，单击File > New > Suspension命令，弹出子系统对话框，如图7.16所示；

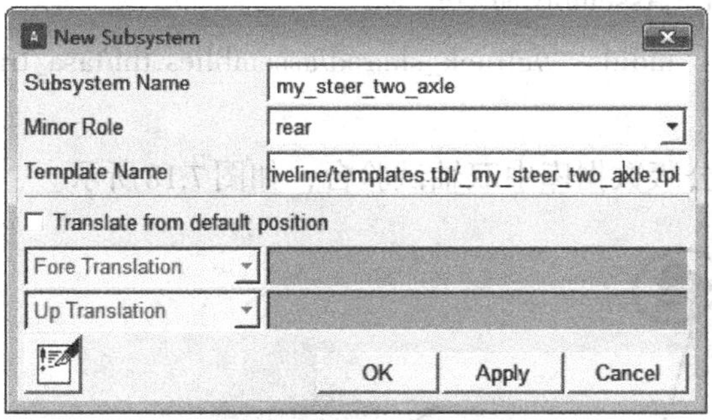

图7.16　双轴转向子系统创建

- Subsystem Name：my_steer_two_axle；
- Minor Role：rear；
- Template Name：mdids：//my_driveline/templates.tbl/_my_steer_two_axle.tpl；
- 单击OK，完成推杆式悬架子系统my_steer_two_axle的创建。

7.6 TASA转向仿真

7.6.1　双轴转向子系统

- 按F9，将专家模板转换到标准模式，单击File > New > Suspension命令，弹出子系统对话框，如图7.17所示；
- Subsystem Name：my_steer_two_axle；
- Minor Role：rear（此处副特征必须为rear，方可与双轴转向桥进行匹配）；

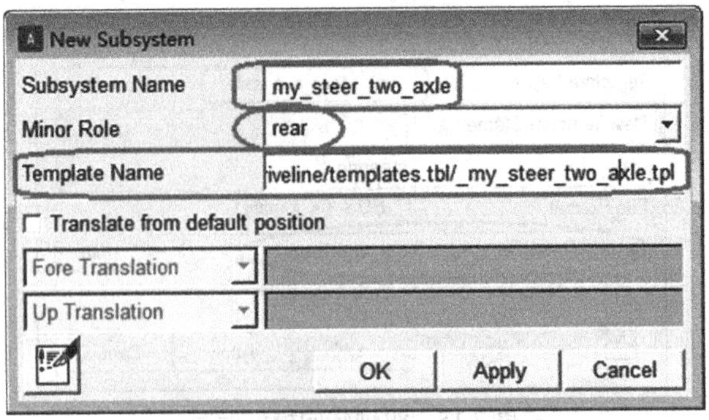

图7.17　双轴转向子系统创建对话框

- Template Name：mdids：//my_driveline/templates.tbl/_my_steer_two_axle.tpl；
- 单击OK，完成双轴转向子系统my_steer_two_axle的创建。

7.6.2 TASA试验台

- 单击File > Open > Assembly命令；
- Assembly Name：mdids：//atruck_shared/assemblies.tbl/tasa_truck_ leaf_ tandem_susp.asy；
- 单击OK，打开公版数据库中双轴试验台，如图7.18所示。

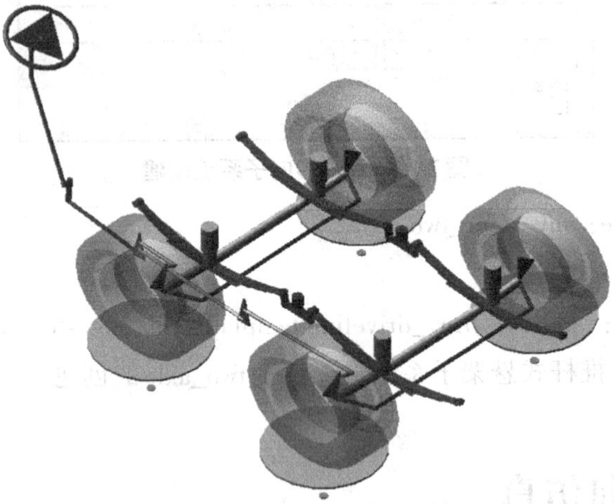

图7.18　TASA试验台（附带左舵转向系统）

- 单击File > Manage Assembly > Replace Subsystem命令，如图7.19所示；
- Subsystem（s） to remove：msc_truck_twin_axle_steering；
- Subsystem（s） to add：mdids：//my_driveline/subsystems.tbl/my_steer_two_axle.sub；
- 单击OK，完成转向系统的替换。

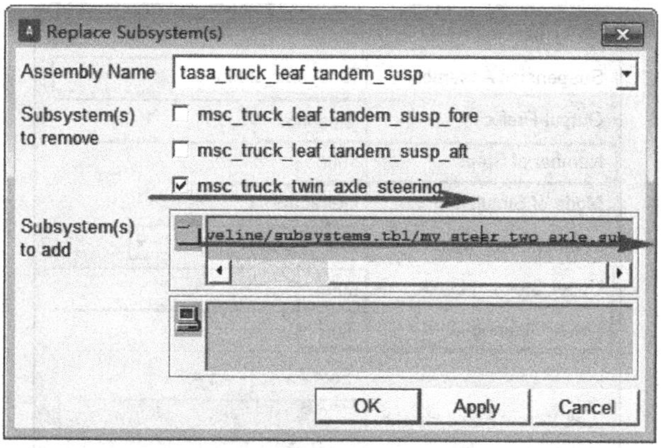

图7.19　替换TASA试验台转向子系统

7.6.3　TASA试验台修正

替换完成后的TASA试验台如图7.20所示，此时实验台并不能正确仿真，原因在于把左舵转向替换成右舵转向系统后，转向系统与转向轮毂的连接也需要修改，修改前后车桥与转向系统连接的输出通讯器把左轮毂部件替换为右轮毂部件，此时TASA试验台修改成功，可以进行各种工况特性的仿真。

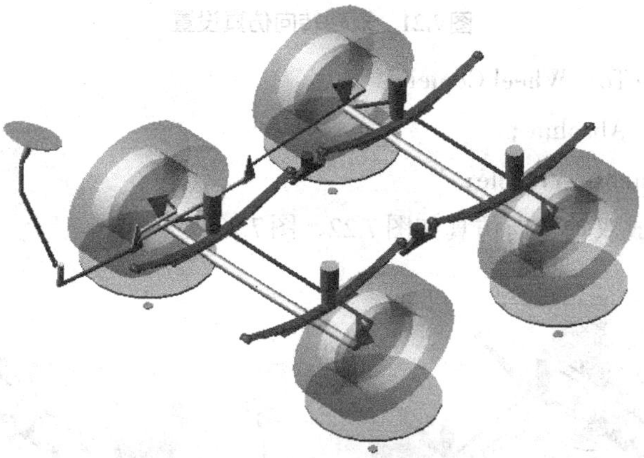

图7.20　TASA试验台（右舵转向系统）

7.6.4　双轴转向仿真

• 单击Simulate > Suspension Analysis > Steering命令，弹出转向仿真对话框，如图7.21所示；

• Output Prefix：Steering；

• Number of Steps：1000；

• Mode of Simulation：interactive；

• Vertical Setup Mode：Wheel Center；

• Upper Steering Limit：500；

• Lower Steering Limit：-500；

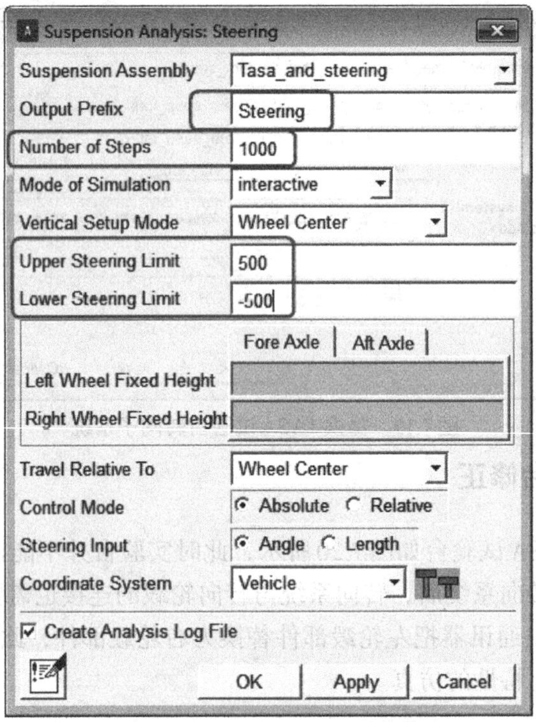

图7.21　双轴转向仿真设置

- Travel Relative To：Wheel Center；
- Control Mode：Absolute；
- Coordinate System：Vehicle；
- 单击OK，完成双轴转向仿真如图7.22、图7.23所示；

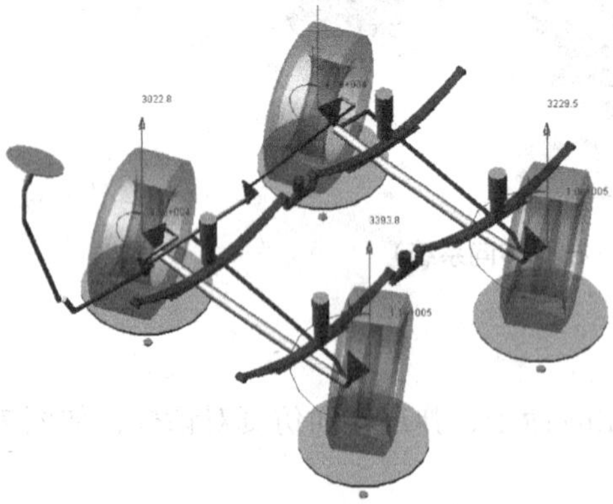

图7.22　转向盘左转500°

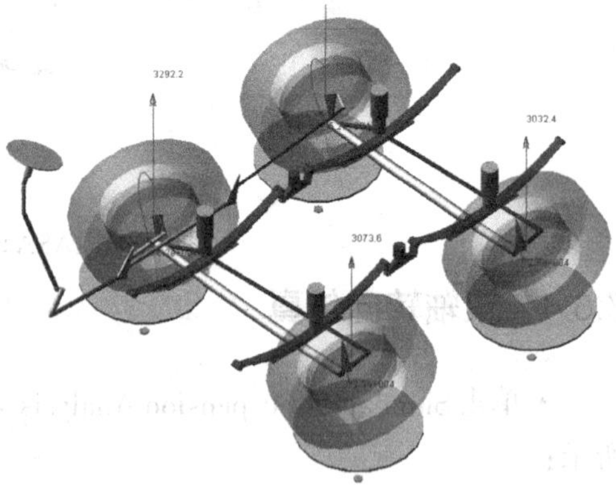

图7.23　转向盘右转500°

- 按F8，界面转换到后处理模块；
- 设置横坐标为方向盘转动的角度，即转向范围从-500°~500°，计算前后车桥的四轮定位参数如图7.24—图7.27所示，车辆侧向偏移量如图7.28所示。

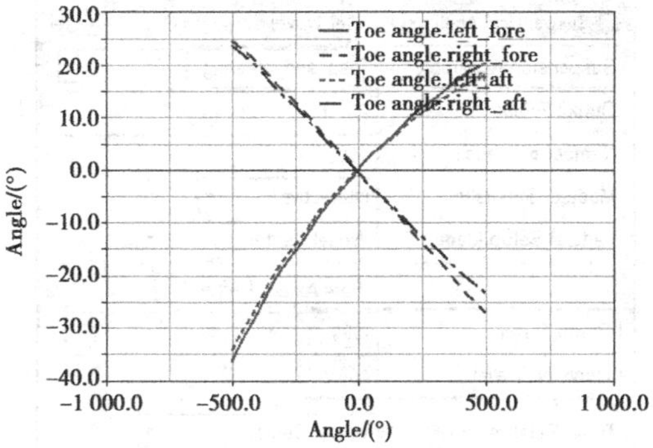

图7.24　双轴前束角

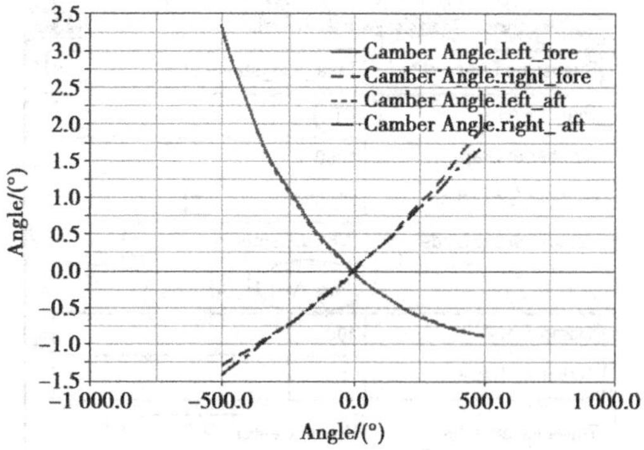

图7.25　双轴外倾角

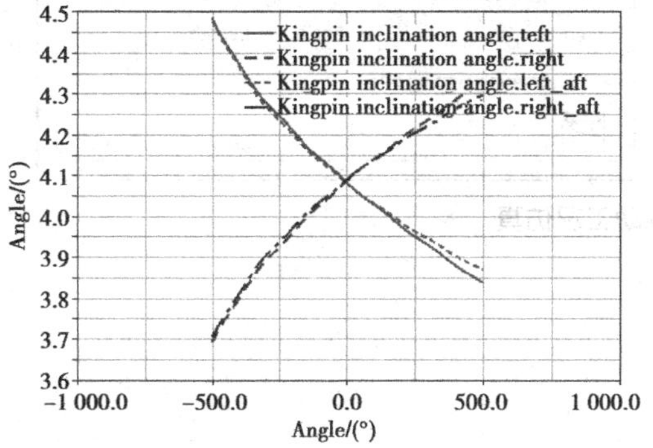

图7.26　双轴主销内倾角

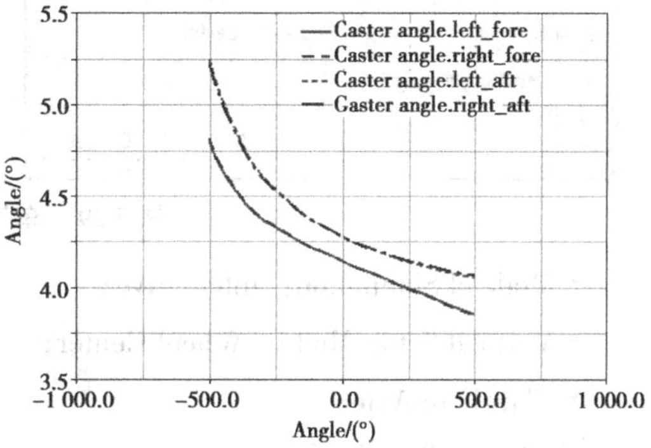

图7.27　双轴主销后倾角

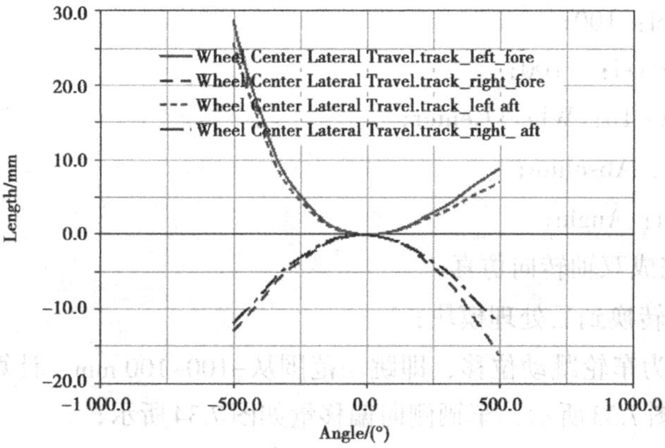

图7.28　双轴车辆侧向偏移量

7.6.5　双轴跳动仿真

• 单击 Simulate > Suspension Analysis > Parallel Wheel Travel 命令，弹出双轴激振对话框，如图7.29所示；

• Output Prefix：PT；

• Number of Steps：1000；

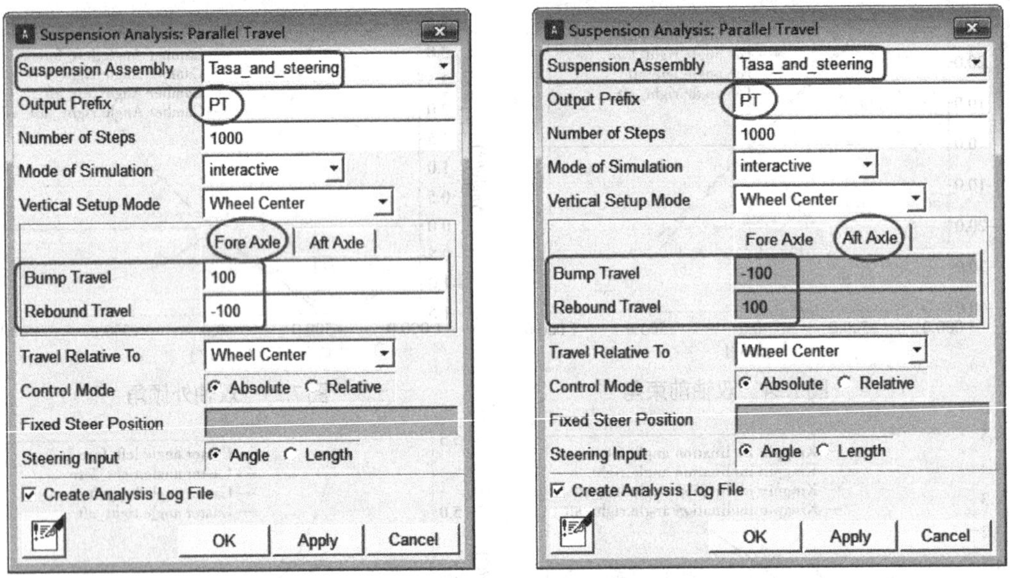

图7.29 车轮跳动工况仿真

- Mode of Simulation：interactive；
- Vertical Setup Mode：Wheel Center；
- 单击Fore Axle：

[1] Bump Travel：100；

[2] Rebound Travel：-100；

- 单击Aft Axle：

[1] Bump Travel：100；

[2] Rebound Travel：-100；

- Travel Relative To：Wheel Center；
- Control Mode：Absolute；
- Steering Input：Angle；
- 单击OK，完成双轴转向仿真；
- 按F8，界面转换到后处理模块；
- 设置横坐标为车轮跳动位移，即跳动范围从-100~100 mm，计算前后车桥的四轮定位参数如图7.30—图7.33所示，车辆侧向偏移量如图7.34所示；

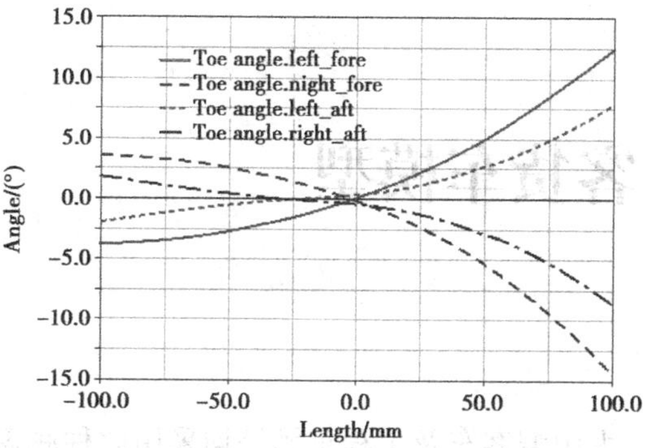

图7.30 双轴前束角

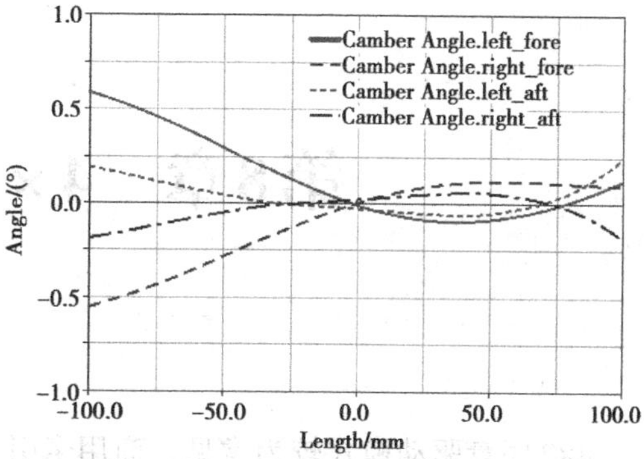

图7.31 双轴外倾角

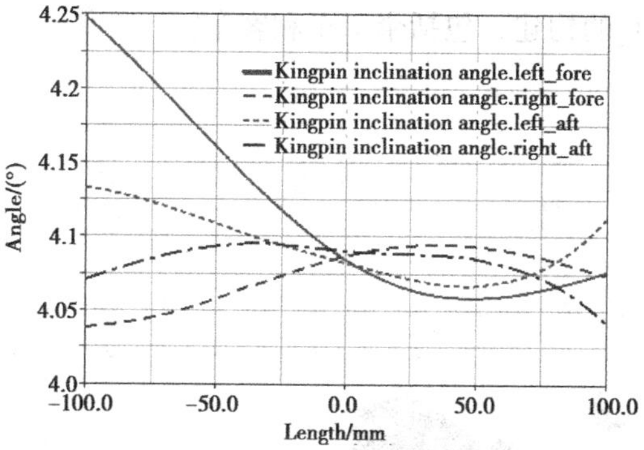

图7.32 双轴主销内倾角

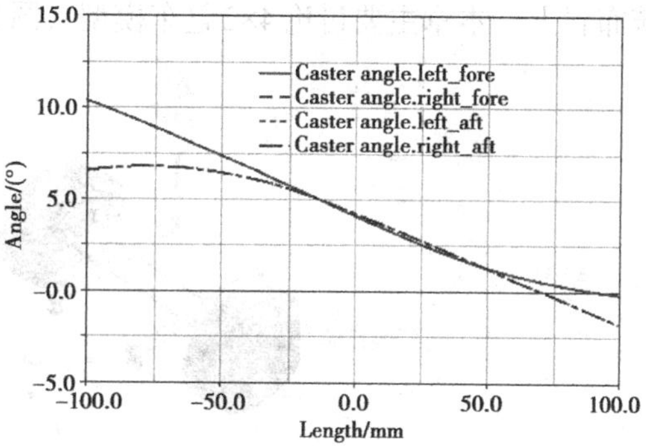

图7.33 双轴主销后倾角

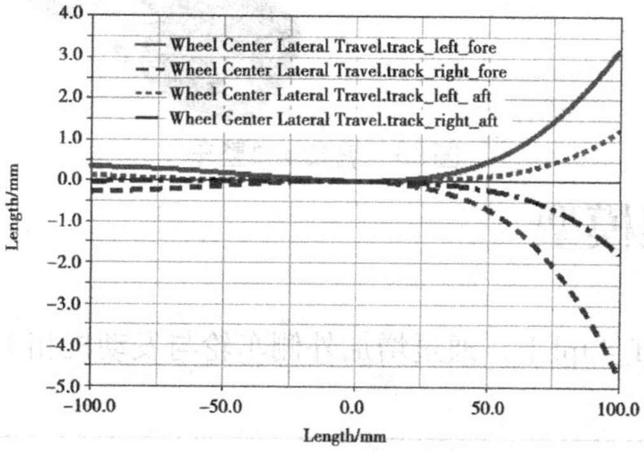

图7.34 双轴车辆侧向偏移量

第8章　4×2客货车模型

4×2底盘驱动模式较为常见，商用牵引车、大中型客车及工程车辆等均采用此种底盘布置模式。采用板簧悬架的大型客车与牵引车很相似，区别主要在轴距大小及动力传动系统布置上。本章主要讨论4×2整车模型（图8.1）的构建，包括牵引车和客车。

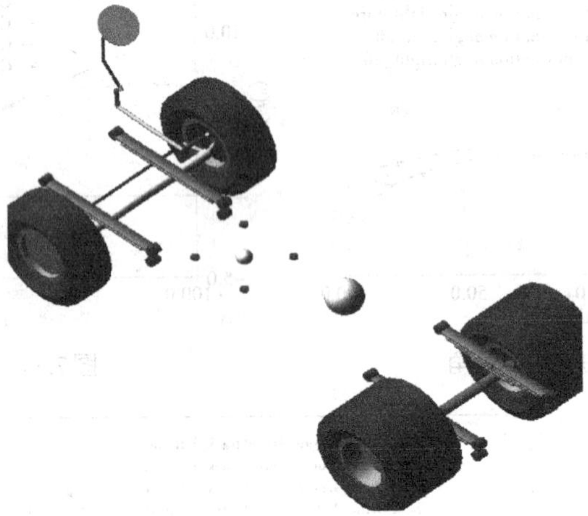

图8.1　客货4×2整车

8.1　驱动轴悬架模型

在板簧模型_my_leaf_4.tpl上，通过增加外侧车轮与发动机相关通讯器即可完成驱动轴模型的创建。

板簧模型_my_leaf_4.tpl包含的通讯器如下：

Listing of input communicators in '_my_leaf_4'

Communicator Name:	Entity Class:	From Minor Role:	Matching Name:
cis_leafspring_to_body	mount	any	leafspring_to_body

Listing of output communicators in '_my_leaf_4'

Communicator Name:	Entity Class	To Minor Role:	Matching Name:
co[lr]_camber_angle	parameter_real	inherit	camber_angle
co[lr]_suspension_mount	mount	inherit	suspension_mount

co[lr]_suspension_upright	mount	inherit	suspension_upright
co[lr]_toe_angle	parameter_real	inherit	toe_angle
co[lr]_wheel_center	location	inherit	wheel_center
cos_suspension_parameters_ARRAY	array	inherit	suspension_parameters_array

建立完成后的驱动轴模型：_my_bus_sus_r_leaf4. tpl包含通讯器如下。在模型_my_leaf_4.tpl中添加如下斜体标记的通讯器即可完成模型建立。其中通讯器cos_half-shaft_omega_left、cos_halfshaft_omega_right需要建立对应的变量，变量建模相对较为烦琐，请参考驱动轴相关内容。驱动轴模型建立完成后如图8.2所示。

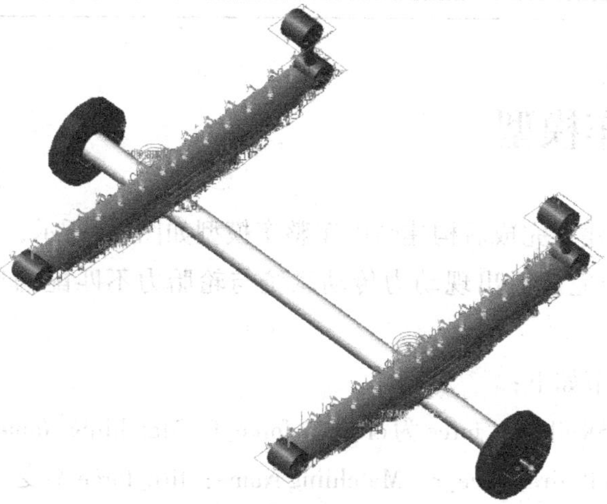

图8.2 驱动轴悬架模型

Listing of input communicators in '_my_bus_sus_r_leaf4'

Communicator Name:	Entity Class:	From Minor Role:	Matching Name:
ci[lr]_tire_force	force	rear	tire_force
ci[lr]_tripot_to_differential	mount	rear	tripot_to_differential
cis_leafspring_to_body	mount	any	leafspring_to_body

Listing of output communicators in '_my_bus_sus_r_leaf4'

Communicator Name:	Entity Class:	To Minor Role:	Matching Name:
co[lr]_camber_angle	parameter_real	rear	camber_angle
co[lr]_diff_tripot	location	rear	tripot_to_differential
co[lr]_lddrv_outside_whl_mount	mount	rear	outside_whl_mnt
co[lr]_lddrv_suspension_mount	mount	rear	suspension_mount

co[lr]_lddrv_suspension_upright	mount	rear	suspension_upright
co[lr]_outside_wheel_center	location	rear	outside_wheel_center
co[lr]_toe_angle	parameter_real	rear	toe_angle
co[lr]_wheel_center	location	rear	wheel_center
cos_axle_diff_mount	mount	rear	axle_diff_mount
cos_driveline_active	parameter_integer	front	driveline_active
cos_halfshaft_omega_left	solver_variable	rear	halfshaft_omega_left
cos_halfshaft_omega_right	solver_variable	rear	halfshaft_omega_right
cos_suspension_parameters_ARRAY	array	rear	suspension_parameters_array

----

8.2 4×2牵引车模型

驱动轴悬架模型建立完成后构建牵引车整车模型如图8.1所示，调整轴距与实际车辆保持一致。整车装配完成后出现动力传动系统与轮胎力不匹配的现象，整车不能正确仿真。

发动机通讯器调节如下：

①修改通讯器名称cil_tire_force为cil_tire_force_f，Matchiing Name：tire_force不变。

②添加通讯器：cil_tire_force_r，Matchiing Name：tire_force不变。

发动机通讯器修改完成重新替换动力传动子系统，整车装配正确，仿真正确。

8.3 谐波脉冲转向仿真

- 单击Simulate > Full-Vehicle Analysis > Open-loop Steering Events > Ramp Steer命令，弹出脉冲仿真对话框，如图8.3所示；
- Output Prefix：BS；
- End Time：10；
- Number Of Steps：1000；
- Simulation Mode：interactive；
- Road Data File：mdids：//FASE/roads.tbl/2d_flat.rdf；
- Initial Velocity：50；
- Gear Position：5；

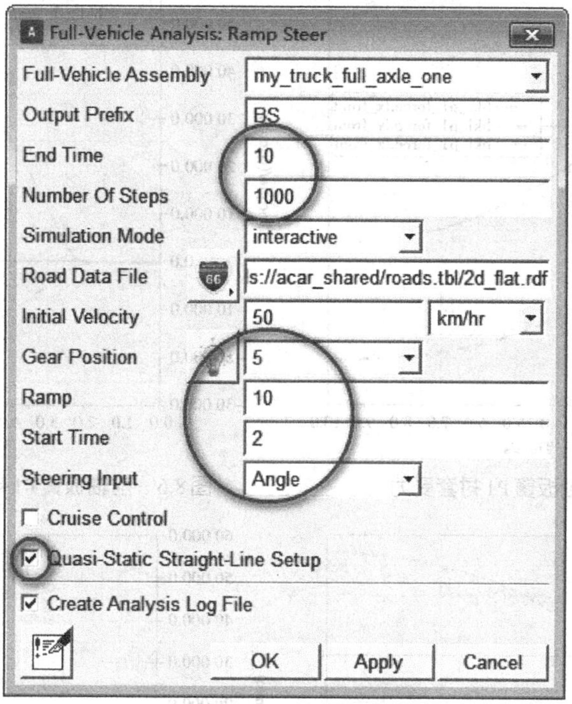

图8.3　谐波脉冲仿真设置

- Ramp：10；
- Start Time：2；
- 勾选Quasi-Static Straight-Line Setup复选框，整车模型包含发动能运行准静态平衡；
- 单击OK，完成谐波脉冲仿真设置并提交运算。

仿真完成后，谐波脉冲仿真下整车运动轨迹如图8.4所示；前轴板簧P1衬套受力如图8.5、图8.6所示；后轴板簧P1衬套受力如图8.7、图8.8所示；车垂向加速度与侧向加速度如图8.9、图8.10所示。通过结果可以看出，前后轴衬套受力变化趋势一样，后轴受力大，同时伴有高频微小震荡现象。车身侧向加速度大，也伴有震荡现象。

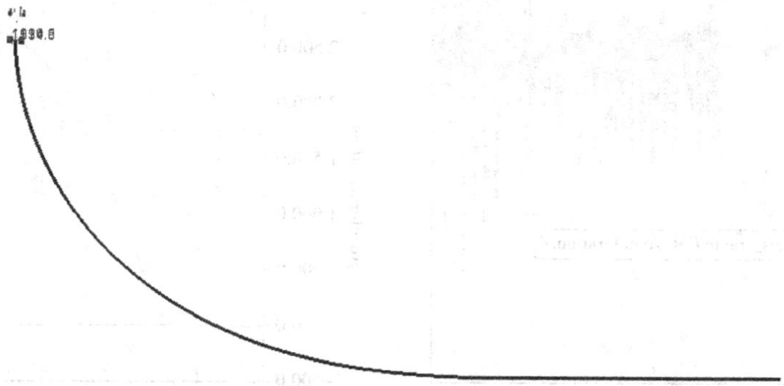

图8.4　谐波脉冲仿真下整车运动轨迹

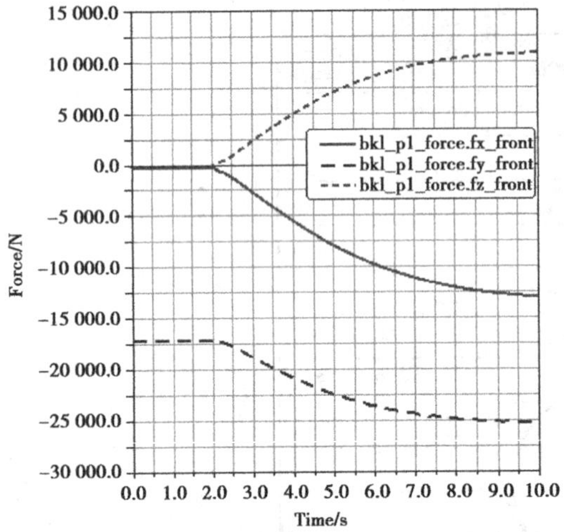

图8.5 前轴板簧P1衬套受力

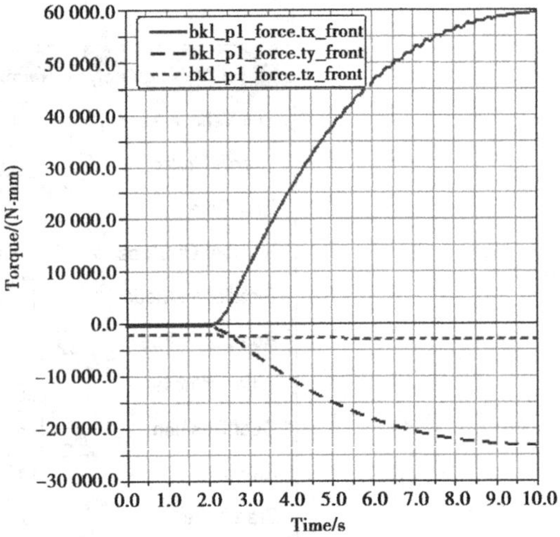

图8.6 前轴板簧P1衬套扭转受力

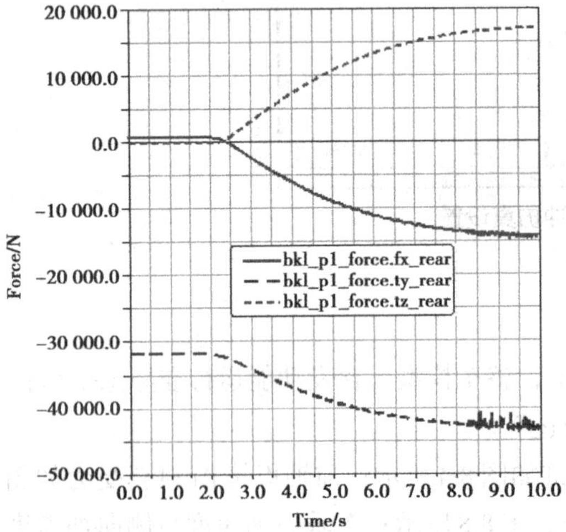

图8.7 后轴板簧P1衬套受力

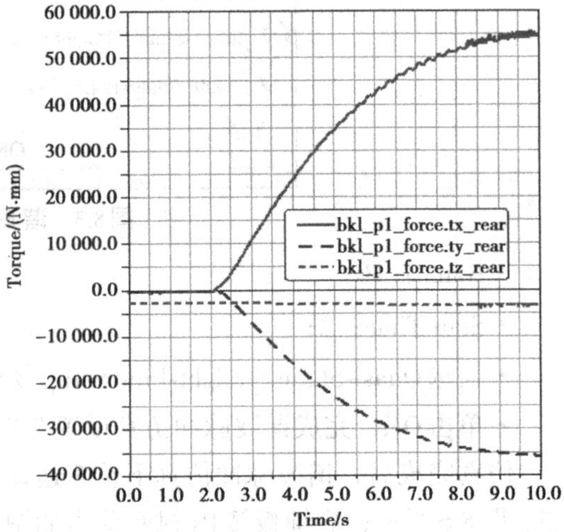

图8.8 后轴板簧P1衬套扭转受力

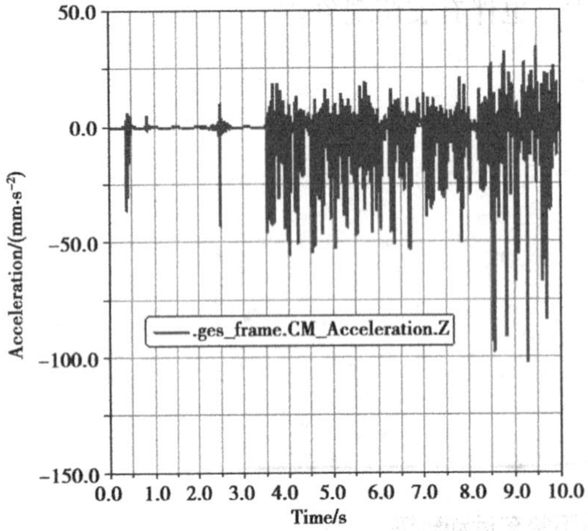

图8.9 车身垂向加速度

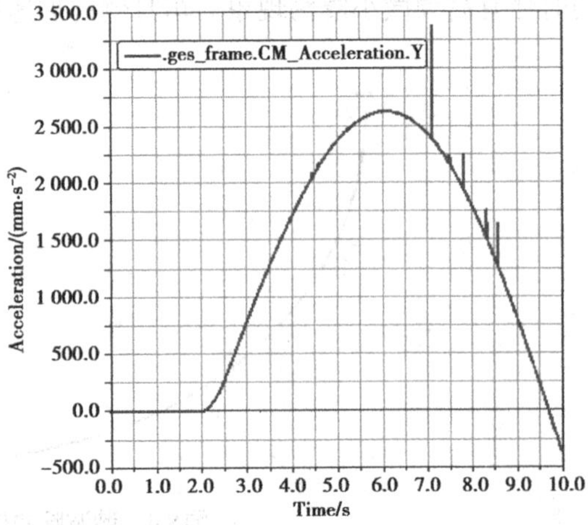

图8.10 车身侧向加速度

8.4 4×2客车模型

客车后轴驱动悬架与牵引车后悬架保持一致，4片板簧替换为3片板簧，调节后轴驱动悬架与动力传动系统的位置，完成客车4×2整车建立。

客车整车前悬相对牵引车要长，因此导致客车转向系统拉缸长度较大，具体长度因不同车型而定。模型调整完成后如图8.11所示。

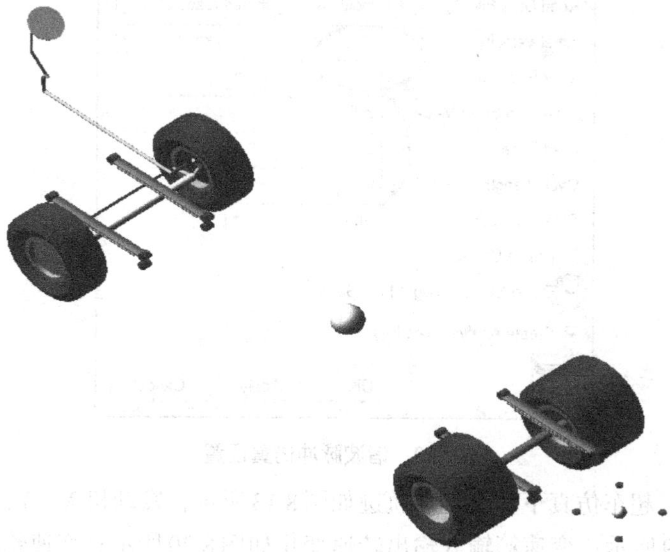

图8.11 客车整车模型

8.5 超车仿真

• 单击Simulate > Full-Vehicle Analysis > Open-loop Steering Events > Single Line Change命令，如图8.12所示；

• Output Prefix：SLC；

• End Time：10；

• Number Of Steps： 1000；

• Simulation Mode：interactive；

• Road Data File：mdids：//FASE/roads.tbl/2d_flat.rdf；

• Initial Velocity：50；

• Gear Position：5；

• Maximum Steer Value：200；

• Cycle Length：6；

• Start Time：2；

• 勾选Quasi-Static Straight-Line Setup复选框，整车模型包含发动能运行准静态平衡；
• 单击OK，完成超车仿真设置并提交运算。

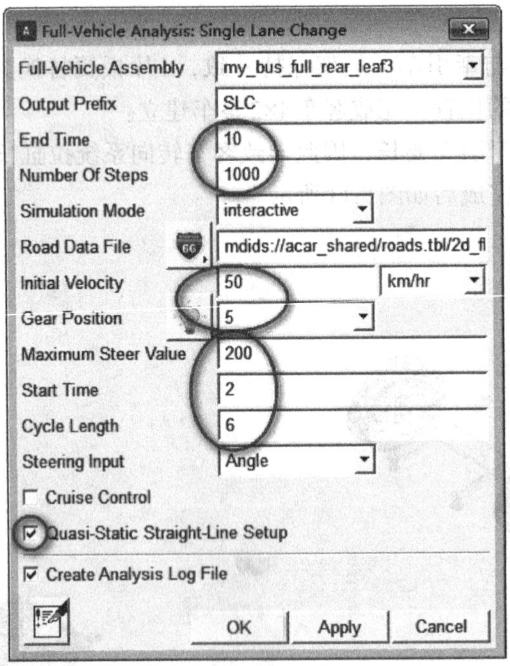

图8.12　谐波脉冲仿真设置

仿真完成后，超车仿真下整车运动轨迹如图8.13所示；发动机X、Y、Z三个方向受力如图8.14—图8.19所示；变速箱输入输出转速变化如图8.20所示；变速箱输入输出扭矩变化如图8.21所示。

图8.13　超车仿真下整车运动轨迹

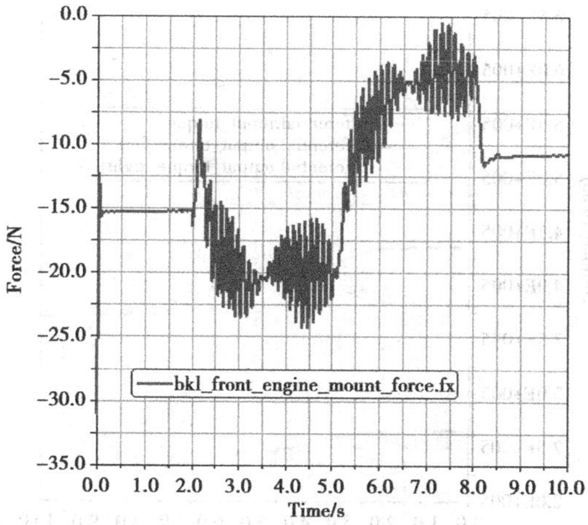

图8.14 发动机X方向受力

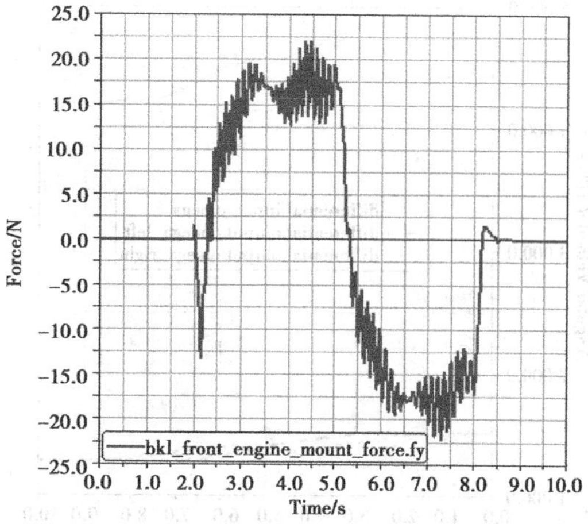

图8.15 发动机Y方向受力

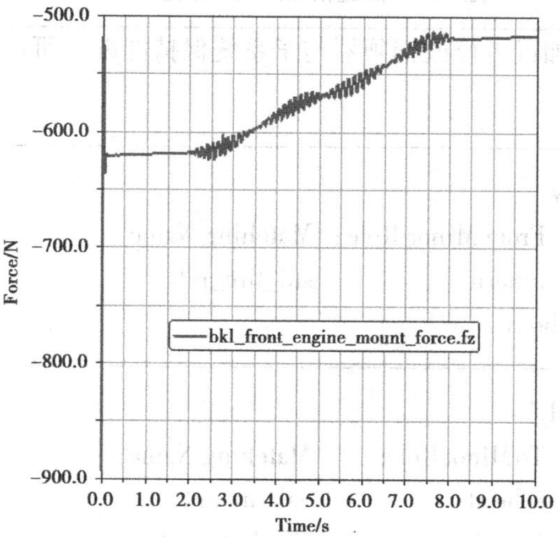

图8.16 发动机Z方向受力

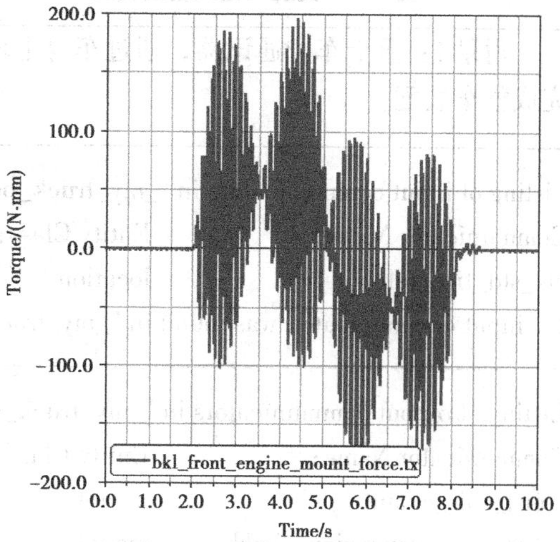

图8.17 发动机X方向扭转受力

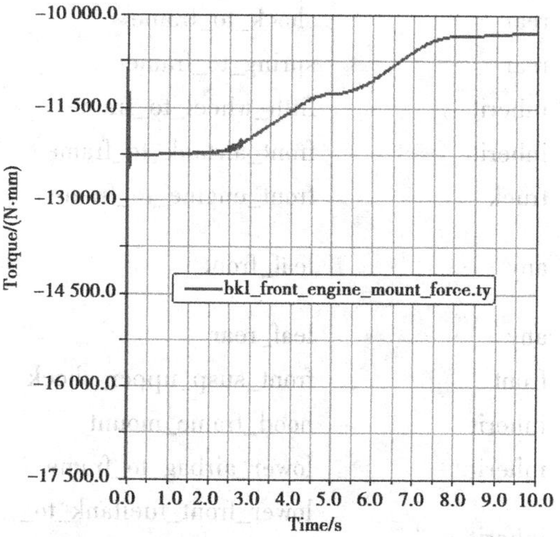

图8.18 发动机Y方向扭转受力

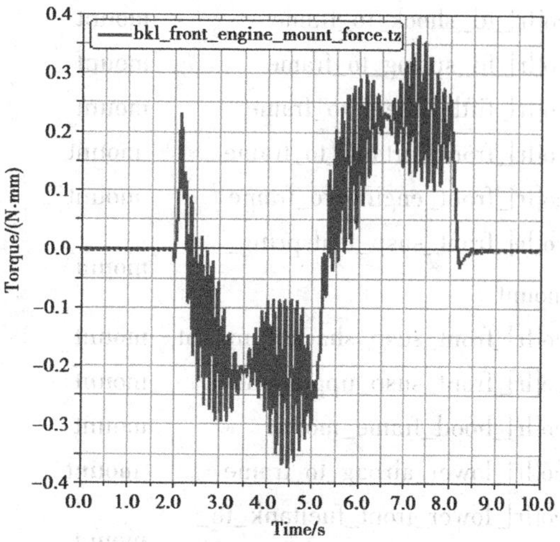

图8.19 发动机Z方向扭转受力

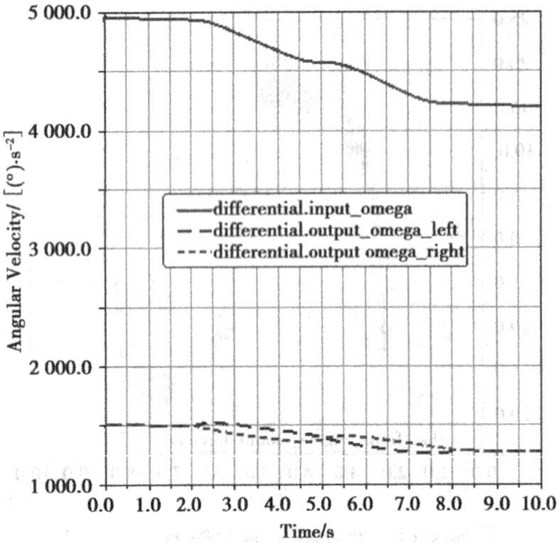

图8.20　变速箱输入输出转速

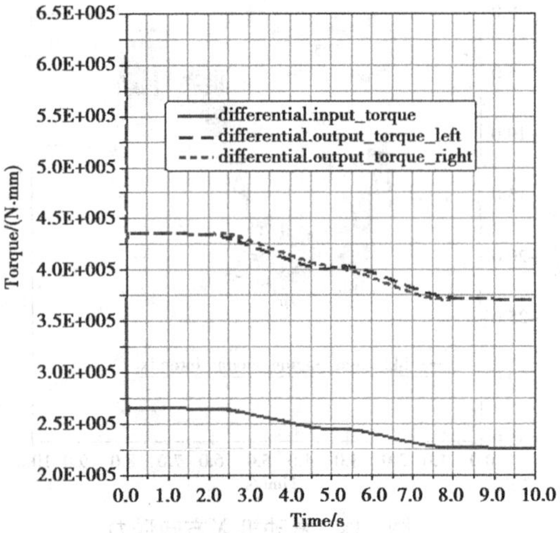

图8.21　变速箱输入输出扭矩

附录1：重卡车身通讯器，通过车身上增加或者修改铜须器与子系统保持匹配，可以完成整车装配。

Listing of input communicators in '_my_truck_body'

Communicator Name:	Entity Class:	From Minor Role:	Matching Name:
cis_std_tire_ref	location	inherit	std_tire_ref

1 input communicator was found in '_my_truck_body'

Listing of output communicators in '_my_truck_body'

Communicator Name:	Entity Class:	To Minor Role:	Matching Name:
co[lr]_cab_mount	mount	inherit	cab_mount
co[lr]_cab_suspension_shocks	mount	inherit	shock_to_cab,
co[lr]_cab_susp_shock_to_frame	mount	nherit	cab_susp_shock_to_frame
co[lr]_fd_shock_to_frame	mount	rear	shock_to_frame
co[lr]_fd_spring_to_frame	mount	rear	spring_to_frame
co[lr]_fifth_wheel_to_frame	mount	inherit	fifth_wheel_to_frame
co[lr]_front_airtank_to_frame	mount	inherit	front_airtank_to_frame
co[lr]_front_engine_to_frame	mount	truck	front_engine_to_frame
co[lr]_front_susp_leafspring_mount	mount	any	leaf_front
co[lr]_front_susp_shackle_mount	mount	any	leaf_rear
co[lr]_front_susp_upper_shock	mount	front	front_susp_upper_shock
co[lr]_hood_frame_mount	mount	inherit	hood_frame_mount
co[lr]_lower_airbag_to_frame	mount	inherit	lower_airbag_to_frame
co[lr]_lower_front_fueltank_to_frame	mount	inherit	lower_front_fueltank_to_frame

co[lr]_lower_middle_fueltank_to_frame	mount	inherit	lower_middle_fueltank_to_frame
co[lr]_lower_radiator_to_frame	mount	inherit	lower_radiator_to_frame
co[lr]_lower_rear_fueltank_to_frame	mount	inherit	lower_rear_fueltank_to_frame
co[lr]_main_exhaust_to_cab	mount	inherit	main_exhaust_to_cab
co[lr]_rd_shock_to_frame	mount	rear_2	shock_to_frame
co[lr]_rd_spring_to_frame	mount	rear_2	spring_to_frame
co[lr]_rear_airtank_to_frame	mount	inherit	rear_airtank_to_frame
co[lr]_rear_engine_to_frame	mount	inherit	rear_engine_to_frame
co[lr]_rear_suspension_to_frame	mount	rear_2	hockeystick_to_frame
co[lr]_stack_to_cab	mount	inherit	stack_to_cab
co[lr]_suspension_to_frame	mount	rear	hockeystick_to_frame
co[lr]_upper_front_fueltank_to_frame	mount	inherit	upper_front_fueltank_to_frame
co[lr]_upper_middle_fueltank_to_frame	mount	inherit	upper_middle_fueltank_to_frame
co[lr]_upper_radiator_to_frame	mount	inherit	upper_radiator_to_frame
co[lr]_upper_rear_fueltank_to_frame	mount	inherit	upper_rear_fueltank_to_frame
cos_aero_drag_force	solver_variable	inherit	aero_drag_force
cos_aero_frontal_area	parameter_real	inherit	aero_frontal_area
cos_air_density	parameter_real	inherit	air_density
cos_body_subsystem	mount	inherit	body_subsystem
cos_cab_suspension	mount	inherit	lateral_rod_to_cab
cos_chassis_path_reference	marker	inherit	chassis_path_reference
cos_drag_coefficient	parameter_real	inherit	drag_coefficient
cos_driver_reference	marker	inherit	driver_reference
cos_fd_panhard_rod_to_frame	mount	rear	panhard_rod_to_frame
cos_lateral_rod_to_frame	mount	any	lateral_rod_to_frame
cos_leafspring_to_body	mount	inherit	leafspring_to_body
cos_lower_back_bbox_to_frame	mount	inherit	lower_back_bbox_to_frame
cos_lower_bump_stop_to_frame	mount	inherit	lower_bump_stop_to_frame
cos_lower_front_bbox_to_frame	mount	inherit	lower_front_bbox_to_frame
cos_main_exhaust_to_frame_1	mount	inherit	main_exhaust_to_frame_1
cos_main_exhaust_to_frame_2	mount	inherit	main_exhaust_to_frame_2

cos_main_exhaust_to_frame_3	mount	inherit	main_exhaust_to_frame_3
cos_main_exhaust_to_frame_4	mount	inherit	main_exhaust_to_frame_4
cos_main_exhaust_to_frame_5	mount	inherit	main_exhaust_to_frame_5
cos_main_exhaust_to_frame_6	mount	inherit	main_exhaust_to_frame_6
cos_main_exhaust_to_frame_7	mount	inherit	main_exhaust_to_frame_7
cos_main_exhaust_to_frame_8	mount	inherit	main_exhaust_to_frame_8
cos_measure_for_distance	marker	inherit	measure_for_distance
cos_pitman_mount	mount	inherit	pitman_mount
cos_powertrain_to_body	mount	truck	powertrain_to_body
cos_press_valve_link_to_frame	mount	inherit	press_valve_link_to_frame
cos_rd_panhard_rod_to_frame	mount	rear_2	panhard_rod_to_frame
cos_steering_column_to_body	mount	inherit	steering_column_to_body
cos_subframe_to_body	mount	inherit	subframe_to_body
cos_upper_back_bbox_to_frame	mount	inherit	upper_back_bbox_to_frame
cos_upper_front_bbox_to_frame	mount	inherit	upper_front_bbox_to_frame
89 output communicators were found in '_my_truck_body'			
--			

第9章　6×4整车模型Ⅰ

文献查询显示，目前商用车整车模型较少，基于导向杆式平衡悬架或推杆式平衡悬架的整车模型更少。大多数整车模型都用自带数据库中的公版模型替代，虽然通过调整垂向刚度与实际车辆相同，但是其悬架物理结构，低高频率振动特性及系统匹配等都与实际整车仍存在较大的差异。国内商用车整车架构与公版模型差异较大，6×4牵引车后桥大都采用导向杆式平衡悬架，挂车采用推杆式平衡悬架（图9.1）。平衡悬架模型建立最大的难点包含两方面：①钢板弹簧模型的建立；②双轴及多轴悬挂悬架参数的整合。专家模板只能满足单轴系悬架模型的建立，对于多轴系车辆悬架集成参数不能够整合（前束、外倾、转向主销）；通过在View通用模块中的模型合并功能能够很好地整合多轴系悬架集成参数，从理论上完成任意轴系模型的建立。车辆系统动力学仿真最大的难点是要保证模型与实际物理系统保持一致，对于从事车辆系统动力学仿真学者都应保持严格谨慎的态度。

图9.1　重卡6×4整车模型

9.1 两片白板簧模型

白板簧指模型仅包含板簧的基本特性（包含接触弹簧夹），不附加悬架变量等参数。白板簧作为系统模块化中的一个环节，主要功用是与其他子系统通过模型合并组合成更加复杂的系统，参考Beam梁法建立的2片装配体板簧模型如图9.2所示，白板簧包含K、C两种动力学模式，其垂向刚度可以通过簧片横截面积不断重复调试去满足，也可通过参数变量设置改变刚度。2片装配体白板簧的硬点信息如下，读者可以参考信息建立白板簧模型。

图9.2　2片白板簧模型

2片装配体白板簧模型信息：_my_leaf_2_only.tpl

HARDPOINTS：

hardpoint name	symmetry	x_value	y_value	z_value
a2	left/right	-550.0	-430.0	0.0
a3	left/right	-450.0	-430.0	0.0
a4	left/right	-350.0	-430.0	0.0
a5	left/right	-250.0	-430.0	0.0
a6	left/right	-150.0	-430.0	0.0
a7	left/right	-50.0	-430.0	0.0
a8	left/right	0.0	-430.0	0.0
a9	left/right	50.0	-430.0	0.0
a10	left/right	150.0	-430.0	0.0
a11	left/right	250.0	-430.0	0.0
a12	left/right	350.0	-430.0	0.0
a13	left/right	450.0	-430.0	0.0
a14	left/right	550.0	-430.0	0.0
p0	left/right	0.0	-430.0	-70.0
p1	left/right	-650.0	-430.0	30.0
p2	left/right	-550.0	-430.0	30.0
p3	left/right	-450.0	-430.0	30.0
p4	left/right	-350.0	-430.0	30.0

p5	left/right	−250.0	−430.0	30.0
p6	left/right	−150.0	−430.0	30.0
p7	left/right	−50.0	−430.0	30.0
p8	left/right	0.0	−430.0	30.0
p9	left/right	50.0	−430.0	30.0
p10	left/right	150.0	−430.0	30.0
p11	left/right	250.0	−430.0	30.0
p12	left/right	350.0	−430.0	30.0
p13	left/right	450.0	−430.0	30.0
p14	left/right	550.0	−430.0	30.0
p15	left/right	650.0	−430.0	30.0
p16	left/right	650.0	−430.0	−100.0

9.2 白前桥悬架模型

白前桥非独立悬架模型如图9.3所示。此模型包含转向横拉杆、轮毂、车轴、转向节部件，同时包含悬架参数等变量。读者可参考白前桥硬点信息建立前悬架模型。

图9.3 白前桥非独立悬架模型

白前桥悬架信息：_my_truck_steer_sus_white.tpl

HARDPOINTS：

hardpoint name	symmetry	x_value	y_value	z_value
axle_center	single	0.0	-0.32	575.0
origin	single	-2100.0	0.0	0.0
tie_rod	single	210.4	838.4	585.0
leafspring_front_axle	left/right	-0.61	-405.09	714.03
lower_kingpin_axis	left/right	0.0	-875.0	600.0
tie_rod_arm	left/right	250.0	-850.0	575.0
upper_kingpin_axis	left/right	20.0	-855.0	880.0
wheel_center	left/right	10.6	-1010.0	735.0

9.3 货车前桥转向悬架系统

前转向悬架总成建模思路如下：

①准备白板簧模型，板簧与安装部件mts_leafspring_to_body之间的刚性与柔性约束全部删除掉。

②准备白前桥悬架模型，删除所有约束。

③切换到通用Adams/View界面进行模型合并。

> ✧ 理论上不用删除约束或者删除部分约束模型可以直接进行合并，但由于模型中可能存在重复约束行为，因此为保证在合并过程中软件有可能会提示在合并之前必须删除相关重复约束。为了保证模型的准确性及精确性，将模型删除相关全部刚性及柔性约束（不包含板簧簧片之间的接触与点面约束行为），模型合并后再重新建立约束，此过程虽较为烦琐，但可以保证模型的准确性及正确性。

- 在ADAMS/CAR专家界面同时打开_my_leaf_4_only.tpl与_my_truck_steer_sus_white.tpl两个模型；
- 单击Tools > Adams/View Interface命令，切换到View通用界面；
- 单击Tools > Merge Two Models命令，弹出合并模型界面如图9.4所示；
- Base Model Name：._my_leaf_2_only；

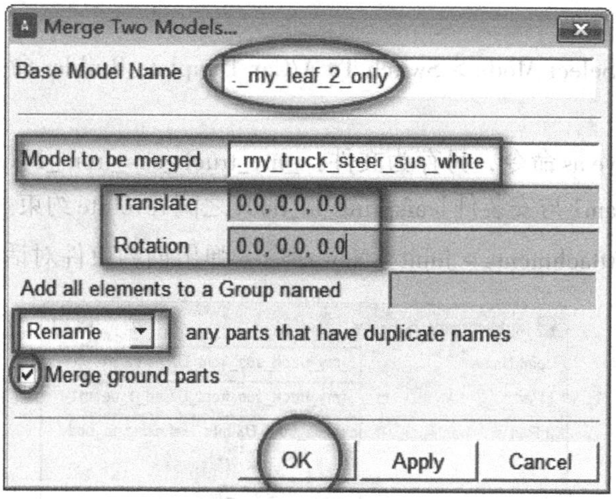

图9.4　合并模型界面

• Model to be merged：.my_truck_steer_sus_white；基本模型与被合并模型存在主次之分，顺序不能乱，主要原因在于2片白板簧模型存在K、C模式，如果更换合并顺序，在合并之后的新模型上会导致K、C模式不能正常切换，只会有一种运动模式存在；

• Translate：0.0, 0.0, 0.0；被合并模型需要移动的距离，建议模型在被合并之前先通过Adams/Car专家界面下的Shift命令把部件移动到合并之后的新位置，然后再进行合并，这是此处可以保持默认为0的设置；

• Rotation：0.0, 0.0, 0.0；

• 选择Rename，对于重复的部件名称软件自动重新命名；

• 勾选Merge ground parts复选框，两个模型都存在大地部件，合并为一个大地部件；

• 单击OK，模型合并完成，合并过程中软件并没有弹出界面提升可能存在的问题，说明合并之后的新模型正确。重新添加完约束后的模型如图9.5所示。

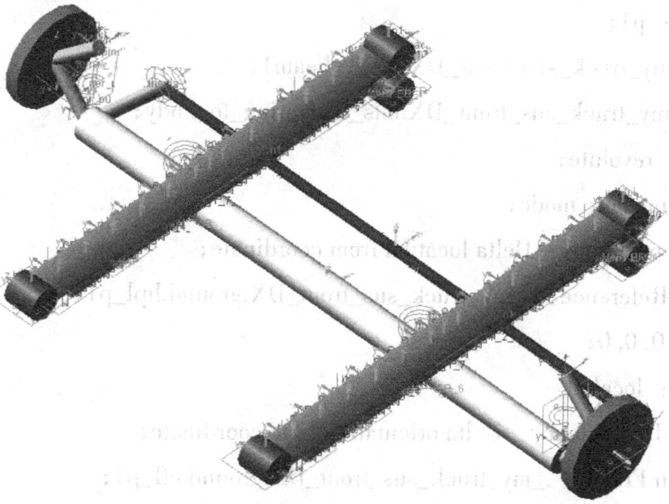

图9.5　前转向悬架系统

添加约束过程如下：

• 单击 Tools > Select Mode > Switch To A/Car Template Builder 命令，切换到 ADAMS/CAR 专家界面；

• 单击 File > Save as 命令，另存为文件：_my_truck_sus_front_DX.tpl。

①部件 nrl_1_beam1 与安装件 leafspring_to_body 之间 revolute 约束。

• 单击 Build > Attachments > Joint > New 命令，弹出创约束件对话框，如图 9.6 所示；

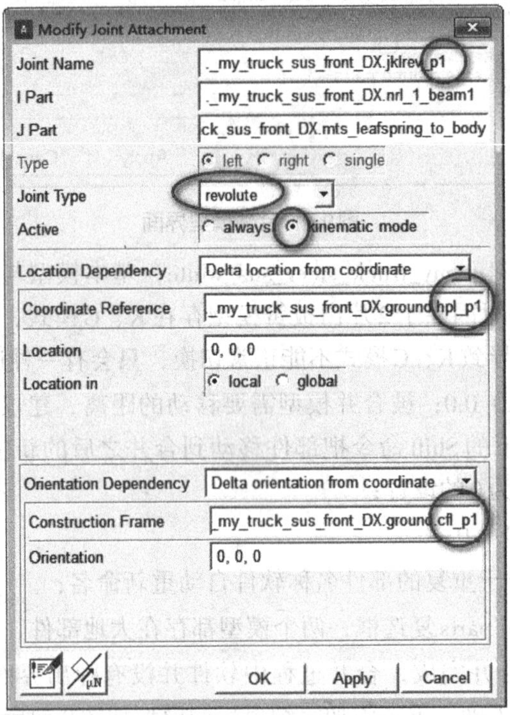

图 9.6　revolute 约束

• Joint Name：p1；

• I Part：._my_truck_sus_front_DX.nrl_1_beam1；

• J Part：._my_truck_sus_front_DX.mts_leafspring_to_body；

• Joint Type：revolute；

• Active：kinematic mode；

• Location Dependency：Delta location from coordinate；

• Coordinate Reference：._my_truck_sus_front_DX.ground.hpl_p1；

• Location：0, 0, 0；

• Location in：local；

• Orientation Dependency：Delta orientation from coordinate；

• Construction Frame：._my_truck_sus_front_DX.ground.cfl_p1；

• 单击 Apply，完成约束副 ._my_truck_sus_front_DX.jklrev_p1 的创建。

②部件 nrl_15_beam1 与安装件 leafspring_to_body 之间 revolute 约束。

- Joint Name：p15；
- I Part：._my_truck_sus_front_DX.nrl_15_beam1；
- J Part：._my_truck_sus_front_DX.gel_shackle；
- Joint Type：revolute；
- Active：kinematic mode；
- Location Dependency：Delta location from coordinate；
- Coordinate Reference：._my_truck_sus_front_DX.ground.hpl_p15；
- Location：0, 0, 0；
- Location in：local；
- Orientation Dependency：Delta orientation from coordinate；
- Construction Frame：._my_truck_sus_front_DX.cfl_p15；
- 单击Apply，完成约束副._my_truck_sus_front_DX.jklrev_p15的创建。

③部件shackle与安装件leafspring_to_body之间revolute约束。

- Joint Name：p16；
- I Part：._my_truck_sus_front_DX.gel_shackle；
- J Part：._my_truck_sus_front_DX.mts_leafspring_to_body；
- Joint Type：revolute；
- Active：kinematic mode；
- Location Dependency：Delta location from coordinate；
- Coordinate Reference：._my_truck_sus_front_DX.ground.hpl_p16；
- Location：0, 0, 0；
- Location in：local；
- Orientation Dependency：Delta orientation from coordinate；
- Construction Frame：._my_truck_sus_front_DX.ground.cfl_p16；
- 单击Apply，完成约束副._my_truck_sus_front_DX.jklrev_p16的创建。

④部件rear_axle与nrl_7_beam2之间fixed约束。

- Joint Name：axle；
- I Part：._my_truck_sus_front_DX.ges_rear_axle；
- J Part：._my_truck_sus_front_DX.nrl_7_beam2；
- Joint Type：fixed；
- Active：always；
- Location Dependency：Delta location from coordinate；
- Coordinate Reference：._my_truck_sus_front_DX.ground.hpl_a8；
- Location：0, 0, 0；
- Location in：local；

• 单击Apply，完成约束副._my_truck_sus_front_DX.jolfix_axle的创建。

⑤部件spindle与upright之间revolute约束。

• Joint Name：hub;
• I Part： ._my_truck_sus_front_DX.gel_spindle;
• J Part： ._my_truck_sus_front_DX.gel_upright;
• Joint Type：revolute;
• Active： always;
• Location Dependency：Delta location from coordinate;
• Coordinate Reference：._my_truck_sus_front_DX.ground.cfl_wheel_center;
• Location： 0, 0, 0;
• Location in：local;
• Orientation Dependency：Delta orientation from coordinate;
• Construction Frame：._my_truck_sus_front_DX.ground.cfl_wheel_center;
• 单击Apply，完成约束副._my_truck_sus_front_DX.jolrev_hub的创建。

⑥部件rear_axle与upright之间revolute约束。

• Joint Name：upright_to_axle;
• I Part： ._my_truck_sus_front_DX.gel_upright;
• J Part： ._my_truck_sus_front_DX.ges_rear_axle;
• Joint Type：revolute;
• Active： always;
• Centered between：Two Coordinates;
• Coordinate Reference #1： ._my_truck_sus_front_DX.ground.hpl_p0;
• Coordinate Reference #2： ._my_truck_sus_front_DX.ground.hpl_upper_kingpin_axis;
• Orientation Dependency：Orient axis to point;
• Construction Frame：._my_truck_sus_front_DX.ground.hpl_upper_kingpin_axis;
• 单击Apply，完成约束副._my_truck_sus_front_DX.jolrev_upright_to_axle的创建。

⑦部件tie_rod与upright之间spherical约束。

• Joint Name：tie_rod_to_upright;
• I Part： ._my_truck_sus_front_DX.ges_tie_rod;
• J Part： ._my_truck_sus_front_DX.gel_upright;
• Joint Type：spherical;
• Active： always;
• Location Dependency：Delta location from coordinate;
• Coordinate Reference：._my_truck_sus_front_DX.ground.hpl_tie_rod_arm;
• Location： 0, 0, 0;

• Location in：local；

• 单击Apply，完成约束副._my_truck_sus_front_DX.jolsph_tie_rod_to_upright的创建。

⑧部件tie_rod与upright之间perpendicular约束。

• Joint Name：tie_rod_ori；

• I Part： ._my_truck_sus_front_DX.ges_tie_rod；

• J Part： ._my_truck_sus_front_DX.gel_upright；

• Joint Type：perpendicular；

• Active： always；

• Location Dependency：Delta location from coordinate；

• Coordinate Reference：._my_truck_sus_front_DX.ground.hpl_tie_rod_arm；

• Location： 0, 0, 0；

• Location in：local；

• I-Part Axis：._my_truck_sus_front_DX.ground.hpr_tie_rod_arm；

• J-Part Axis：._my_truck_sus_front_DX.ground.cfs_axle_center；

• 单击Apply，完成约束副._my_truck_sus_front_DX.josper_tie_rod_ori的创建。

⑨部件nrl_1_beam1与leafspring_to_body之间bushing约束。

• 单击Build > Attachments > Bushing > New命令，弹出创衬套件对话框；

• Bushing Name：p1；

• I Part： ._my_truck_sus_front_DX.nrl_1_beam1；

• J Part： ._my_truck_sus_front_DX.mts_leafspring_to_body；

• Inactive： kinematic mode；

• Preload：0, 0, 0；

• Tpreload：0, 0, 0；

• Offset：0, 0, 0；

• Roffset：0, 0, 0；

• Geometry Length：100；

• Geometry Radius：50；

• Property File：mdids：//acar_shared/bushings.tbl/mdi_0001.bus；

• Location Dependency：Delta location from coordinate；

• Coordinate Reference：._my_truck_sus_front_DX.ground.hpl_p1；

• Location： 0, 0, 0；

• Location in：local；

• Orientation Dependency：Delta location from coordinate；

• Construction Frame：._my_truck_sus_front_DX.ground.cfl_p1；

• Orientation： 0, 0, 0；

- 单击Apply，完成轴套._my_truck_sus_front_DX.bkl_p1的创建。

⑩部件nrl_15_beam1与shackle之间bushing约束。

- Bushing Name：p15；
- I Part：._my_truck_sus_front_DX.nrl_1_beam1；
- J Part：._my_truck_sus_front_DX.gel_shackle；
- Inactive：kinematic mode；
- Preload：0, 0, 0；
- Tpreload：0, 0, 0；
- Offset：0, 0, 0；
- Roffset：0, 0, 0；
- Geometry Length：100；
- Geometry Radius：50；
- Property File：mdids：//acar_shared/bushings.tbl/mdi_0001.bus；
- Location Dependency：Delta location from coordinate；
- Coordinate Reference：._my_truck_sus_front_DX.ground.hpl_p15；
- Location：0, 0, 0；
- Location in：local；
- Orientation Dependency：Delta location from coordinate；
- Construction Frame：._my_truck_sus_front_DX.ground.cfl_p15；
- Orientation：0, 0, 0；
- 单击Apply，完成轴套._my_truck_sus_front_DX.bkl_p15的创建。

⑪部件leafspring_to_body与shackle之间bushing约束。

- Bushing Name：p15；
- I Part：._my_truck_sus_front_DX.mts_leafspring_to_body；
- J Part：._my_truck_sus_front_DX.gel_shackle；
- Inactive：kinematic mode；
- Preload：0, 0, 0；
- Tpreload：0, 0, 0；
- Offset：0, 0, 0；
- Roffset：0, 0, 0；
- Geometry Length：100；
- Geometry Radius：50；
- Property File：mdids：//acar_shared/bushings.tbl/mdi_0001.bus；

- Location Dependency：Delta location from coordinate；
- Coordinate Reference：._my_truck_sus_front_DX.ground.hpl_p16；
- Location：0, 0, 0；
- Location in：local；
- Orientation Dependency：Delta location from coordinate；
- Construction Frame：._my_truck_sus_front_DX.ground.cfl_p16；
- Orientation：0, 0, 0；
- 单击OK，完成轴套._my_truck_sus_front_DX.bkl_p16的创建。

9.4 6×4转向系统

转向系统建模参考转向系统章节，其建模过程与齿轮齿条转系系统相似，建模过程中不建立助力转向，推荐采用联合仿真模型研究转向助力特性。模型建立完成后建立转向子系统，通过调节转向系统的硬点参数可以改变转向系统的外在形状，调整后的模型如图9.7所示。

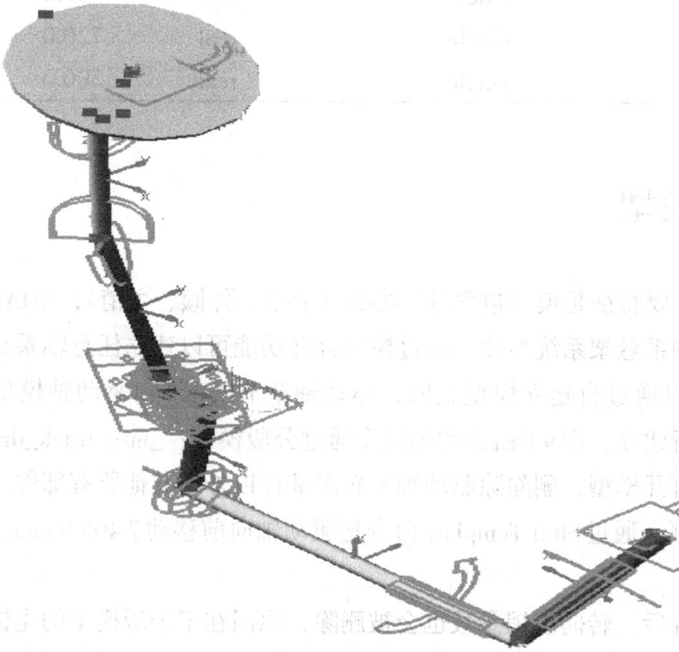

图9.7 右舵转向系统模型

右舵转向系统信息 HARDPOINTS：

hardpoint name	symmetry	x_value	y_value	z_value
input_shaft_forward	single	1397.1	526.8	1204.8
intermediate_shaft_forward	single	1263.7	526.8	1612.5
intermediate_shaft_rearward	singl	1203.9	571.9	1988.6
origin_ref	single	0.0	0.0	0.0
pitman_axis	single	1445.0	570.0	1120.0
steering_arm_attach	single	2120.9	858.6	924.8
steering_wheel_center	single	1280.1	571.9	2196.8
steer_arm	single	2110.0	565.0	750.0
steer_link	single	1415.0	565.0	800.0

PARAMETERS：

parameter name	symmetry	type	value
kinematic_flag	single	integer	0
max_rack_displacement	single	real	100.0
max_rack_force	single	real	500.0
max_steering_angle	single	real	720.0
max_steering_torque	single	real	500.0

9.5 白驱动轴模型

白驱动轴模型的主要特征是模型包含悬架参数（前束、外倾、主销），ADAMS/CAR专家界面只能够建立单轴系悬架系统参数，通过模型合并功能可以建立任意轴系悬架集成参数。白驱动轴模型可以通过自建立模型获取，驱动轴章节附录1白驱动轴模型为作者建立，读者可以参考自行建立。图9.8白驱动轴模型通过公版模型：_msc_truck_drive_axle.tpl获取，通过专家界面打开模型，删除除驱动轴和轮毂部件以外的其他所有部件、安装部件及关联的硬点和结构框。通过Shift Template命令把驱动轴向前移动7 405.9 mm，保证驱动轴质心在原点位置。

删除其他所有部件后，转向主销参数也会被删除，原因在于公版模型的主销参数在部件._msc_truck_drive_axle.mtl_spring_to_frame与._msc_truck_drive_axle.gel_trailing_arm之间通过几何关系建立。重新构建转向主销参数方法如下：

图9.8　白驱动轴模型

9.5.1　建立结构框hub_up

- 单击Build > Construction Frame > New命令，弹出创建结构框，如图9.9所示；

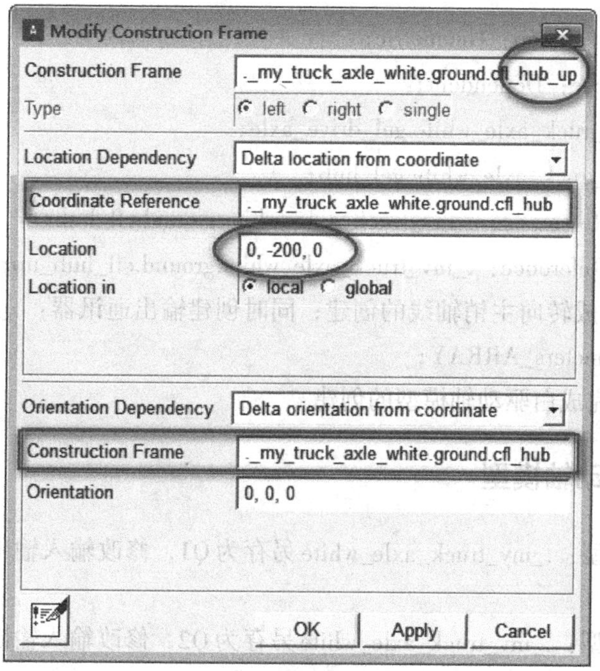

图9.9　结构框hub_up

- Construction Frame：hub_up；
- Coordinate Reference：._my_truck_axle_white.ground.cfl_hub；
- Location：0, −200, 0；

- Orientation Dependency：Delta orientation from coordinate；
- Construction Frame：._my_truck_axle_white.ground.cfl_hub；
- Orientation ： 0, 0, 0；
- 单击OK，完成._my_truck_axle_white.ground.cfl_hub_up结构框的创建。

9.5.2 建立主销参数

- 单击Build > Suspension Parameters > Characteristics Array > Set命令，弹出悬架参数Characteristics Array对话框，如图9.10所示；

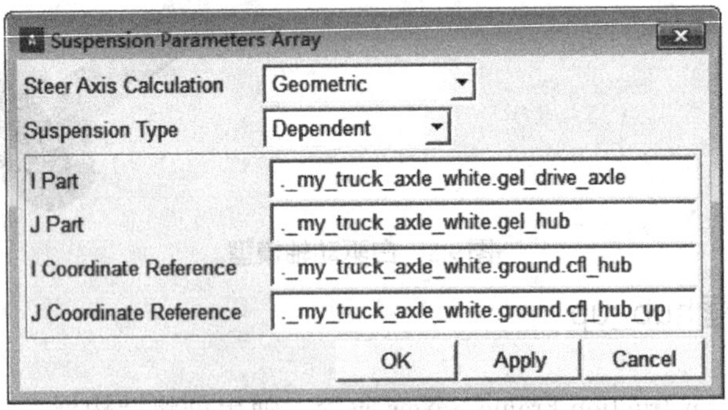

图9.10 转向主销参数设置

- Steer Axis Calculation：Geometric；
- Suspension Type：Dependent；
- I Part：._my_truck_axle_white.gel_drive_axle；
- J Part：._my_truck_axle_white.gel_hub；
- I Coordinate Reference：._my_truck_axle_white.ground.cfl_hub；
- J Coordinate Reference：._my_truck_axle_white.ground.cfl_hub_up；
- 单击OK，完成转向主销轴线的创建；同时创建输出通讯器：._my_truck_axle_white.cos_suspension_parameters_ARRAY；
- 保存模型，完成白驱动轴模型的创建。

9.5.3 构造双驱动轴模型

- 白驱动轴模型：._my_truck_axle_white另存为Q1，修改输入输出通讯器特此特征全部为rear；
- 白驱动轴模型：._my_truck_axle_white另存为Q2，修改输入输出通讯器特此特征全部为rear_2；
- 通过Shift Template命令，把模型Q2后移动1 300 mm；
- 单击Tools > Adams/View Interface命令，切换到View通用界面；
- 单击Tools > Merge Two Models...命令，弹出合并模型界面如图9.11所示；

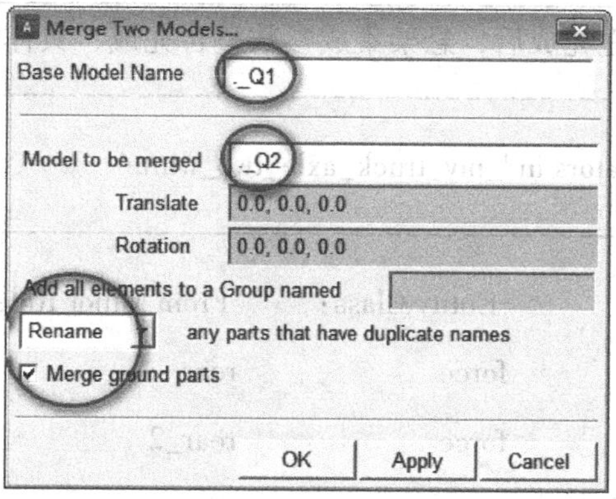

图9.11　模型合并设置

- Base Model Name：._Q1；
- Model to be merged：._Q2；
- Translate：0.0, 0.0, 0.0；
- Rotation：0.0, 0.0, 0.0；
- 选择Rename；
- 勾选Merge ground parts复选框；
- 单击OK，模型合并完成，模型._Q1此时变成双轴系模型；
- 单击Tools > Select Mode > Switch To A/Car Template Builder命令，切换到ADAMS/CAR专家界面；
- 单击File > Save as命令，另存为文件：my_truck_axle_two_white；合并完成后的白双轴驱动模型如图9.12所示。

图9.12　白双周驱动模型

白双轴驱动模型建立完成后，悬架集成参数整合完成，具体信息如下：

Listing of input communicators in '_my_truck_axle_two_white'

Communicator Name:	Entity Class:	From Minor Role:	Matching Name:
ci[lr]_tire_force	force	rear	tire_force
ci[lr]_tire_force_2	force	rear_2	tire_force
ci[lr]_tripot_to_differential	mount	rear	tripot_to_differential
ci[lr]_tripot_to_differential_2	mount	rear_2	tripot_to_differential

8 input communicators were found in '_my_truck_axle_two_white'

Listing of output communicators in '_my_truck_axle_two_white'

Communicator Name:	Entity Class:	To Minor Role:	Matching Name:
co[lr]_camber_angle	parameter_real	rear	camber_angle
co[lr]_camber_angle_2	parameter_real	rear_2	camber_angle
co[lr]_diff_tripot	location	rear	diff_tripot
co[lr]_diff_tripot_2	location	rear_2	diff_tripot
co[lr]_lddrv_outside_whl_mount	mount	rear	outside_whl_mnt
co[lr]_lddrv_outside_whl_mount_2	mount	rear_2	outside_whl_mnt
co[lr]_lddrv_suspension_mount	mount	rear	suspension_mount
co[lr]_lddrv_suspension_mount_2	mount	rear_2	suspension_mount
co[lr]_lddrv_suspension_upright	mount	rear	suspension_upright
co[lr]_lddrv_suspension_upright_2	mount	rear_2	suspension_upright
co[lr]_outside_wheel_center	location	rear	outside_wheel_center
co[lr]_outside_wheel_center_2	location	rear_2	outside_wheel_center
co[lr]_toe_angle	parameter_real	rear	toe_angle

co[lr]_toe_angle_2	parameter_real	rear_2	toe_angle
co[lr]_wheel_center	location	rear	wheel_center
co[lr]_wheel_center_2	location	rear_2	wheel_center
cos_axle_diff_mount	mount	rear	axle_diff_mount
cos_axle_diff_mount_2	mount	rear_2	axle_diff_mount
cos_driveline_active	parameter_integer	rear	driveline_active
cos_driveline_active_2	parameter_integer	rear_2	driveline_active
cos_halfshaft_omega_left	solver_variable	rear	halfshaft_omega_left
cos_halfshaft_omega_left_2	solver_variable	rear_2	halfshaft_omega_left
cos_halfshaft_omega_right	solver_variable	rear	halfshaft_omega_right
cos_halfshaft_omega_right_2	solver_variable	rear_2	halfshaft_omega_right
cos_suspension_parameters_ARRAY	array	rear	suspension_param-eters_array
cos_suspension_parameters_ARRAY_2	array	rear_2	suspension_param-eters_array

```
--------------------------------------------------------------------------------
42  output communicators were found in '_my_truck_axle_two_white'
--------------------------------------------------------------------------------
```

9.6 导向杆式平衡悬架模型

为提升建模速度，作者在此提供一个白平衡悬架模型（图9.13），通过合并功能把白导向杆式平衡悬架模型与白双轴驱动模型合并，合并后的模型添加刚性约束与柔性约束可以快速完成导向杆式平衡悬架模型的建立。白平衡悬架信息如下：

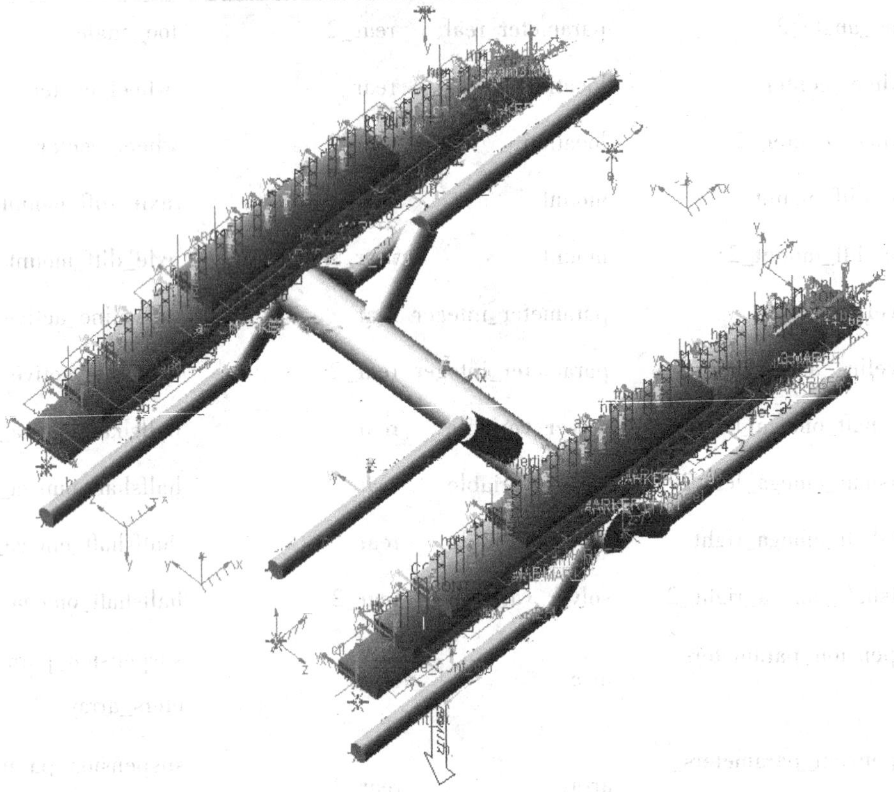

图9.13　白平衡悬架模型

HARDPOINTS:

---

hardpoint name	symmetry	x_value	y_value	z_value
axle_front_in_2	single	−650.0	−200.0	758.4
axle_front_up	single	−650.0	−200.0	933.4
axle_mid_up_front	single	−150.0	−200.0	933.4
axle_mid_up_rear	single	150.0	200.0	933.4
axle_rear_in_2	single	650.0	200.0	758.4
axle_rear_up	single	650.0	200.0	933.4
a2	left/right	−550.0	−415.0	843.4
a3	left/right	−450.0	−415.0	843.4
a4	left/right	−350.0	−415.0	843.4
a5	left/right	−250.0	−415.0	843.4
a6	left/right	−150.0	−415.0	843.4
a7	left/right	−50.0	−415.0	843.4
a8	left/right	0.0	−415.0	843.4

a9	left/right	50.0	−415.0	843.4
a10	left/right	150.0	−415.0	843.4
a11	left/right	250.0	−415.0	843.4
a12	left/right	350.0	−415.0	843.4
a13	left/right	450.0	−415.0	843.4
a14	left/right	550.0	−415.0	843.4
anxle_mid_down_front	left/right	−150.0	−415.0	633.4
anxle_mid_down_rear	left/right	150.0	−415.0	633.4
axle_front_down	left/right	−650.0	−415.0	633.4
axle_front_in	left/right	−650.0	−415.0	758.4
axle_front_wheel_inside	left/right	−650.0	−693.5	758.4
axle_front_wheel_outside	left/right	−650.0	−1041.0	758.4
axle_mid_in	left/right	0.0	−415.0	758.4
axle_mid_in_2	left/right	0.0	−200.0	758.4
axle_rear_down	left/right	650.0	−415.0	633.4
axle_rear_in	left/right	650.0	−415.0	758.4
axle_rear_wheel_inside	left/right	650.0	−693.5	758.4
axle_rear_wheel_outside	left/right	650.0	−1041.0	758.4
b3	left/right	−450.0	−415.0	873.4
b4	left/right	−350.0	−415.0	873.4
b5	left/right	−250.0	−415.0	873.4
b6	left/right	−150.0	−415.0	873.4
b7	left/right	−50.0	−415.0	873.4
b8	left/right	0.0	−415.0	873.4
b9	left/right	50.0	−415.0	873.4
b10	left/right	150.0	−415.0	873.4
b11	left/right	250.0	−415.0	873.4
b12	left/right	350.0	−415.0	873.4
b13	left/right	450.0	−415.0	873.4
c5	left/right	−250.0	−415.0	903.4
c6	left/right	−150.0	−415.0	903.4
c7	left/right	−50.0	−415.0	903.4
c8	left/right	0.0	−415.0	903.4
c9	left/right	50.0	−415.0	903.4
c10	left/right	150.0	−415.0	903.4
c11	left/right	250.0	−415.0	903.4
p0	left/right	0.0	−470.0	758.4

p1	left/right	−650.0	−415.0	813.4
p2	left/right	−550.0	−415.0	813.4
p3	left/right	−450.0	−415.0	813.4
p4	left/right	−350.0	−415.0	813.4
p5	left/right	−250.0	−415.0	813.4
p6	left/right	−150.0	−415.0	813.4
p7	left/right	−50.0	−415.0	813.4
p8	left/right	0.0	−415.0	813.4
p9	left/right	50.0	−415.0	813.4
p10	left/right	150.0	−415.0	813.4
p11	left/right	250.0	−415.0	813.4
p12	left/right	350.0	−415.0	813.4
p13	left/right	450.0	−415.0	813.4
p14	left/right	550.0	−415.0	813.4
p15	left/right	650.0	−415.0	813.4

PARAMETERS:

parameter name	symmetry	type	value
driveline_active	single	integer	1
kinematic_flag	single	integer	0
kinematic_flag_2	single	integer	0
final_drive	single	real	7.0
final_drive_2	single	real	7.0
camber_angle	left/right	real	0.0
toe_angle	left/right	real	0.0
toe_angle_2	left/right	real	0.0

板簧前后端与驱动轴采用移动连接，其余约束均为球副约束和衬套约束，特别需要强调的是衬套的刚度属性文件，刚度过低可能导致模型计算过程不收敛，本模型衬套属性文件采用公版数据库提供的：mdids://atruck_shared/bushings.tbl/msc_truck_trailing_arm_to_frame.bus，添加完刚性约束与柔性约束后，平衡悬架模型如图9.14所示。

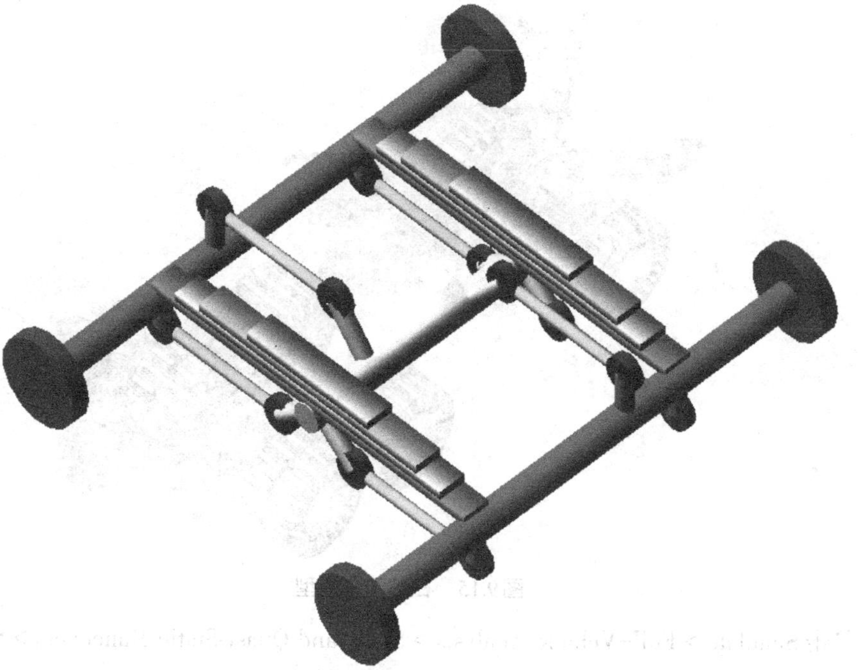

图9.14 平衡悬架模型

9.7 6×4整车模型

整车模型建立包含两种方法：①直接装配建立整车模型；②通过公版模型替换自建系统逐步完成整车模型。推荐采用第二种方法建立整车模型，虽然过程较为复杂，但建模过程中可以发现自建模型本身存在问题并逐步解决问题，通过逐步替换子系统完成整车模型建立不失为初学者学习复杂模型建立的一种有效手段。如果熟悉模型及装配，则推荐采用第一种方法快速建立整车模型。总之，建模手段“不拘一格”，但前提条件是子系统和整车装配必须准确无误，不能像有些文献中出现的随意“替代”系统现象。整车模型中前后轮胎，制动系统及动力传动系统采用公版模型。

建立的基于导向杆式平衡悬架整车模型如图9.15所示，整车包含840个自由度，模型较为复杂，建议采用服务器或者工作站进行运算，个人PC运算速度较为缓慢。整车模型建立完成之后首先需要进行静平衡分析，静平衡成功是模型能够正确运算的必要前提条件，否则模型在运算过程中会出现不收敛的现象。

图9.15　右舵整车模型

• 单击 Simulate > Full-Vehicle Analysis > Static and Quasi-Static Maneuvers > Static Equilibrium命令，弹出整车加速仿真对话框，如图9.16所示；

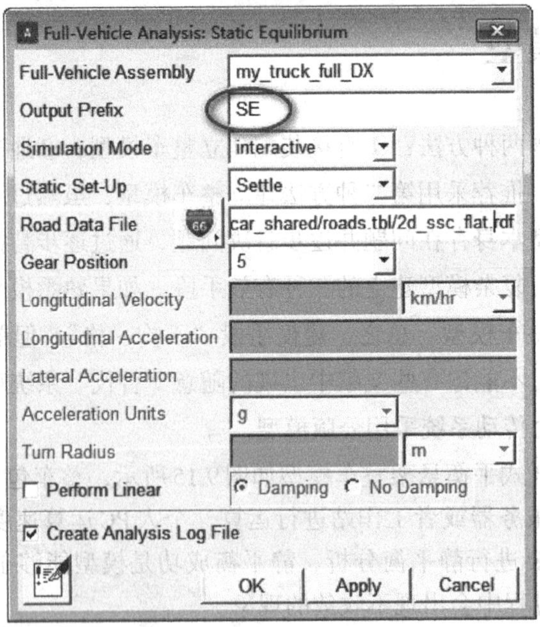

图9.16　整车静平衡模型

• Output Prefix：SE；

• 其余参数保持默认设置，单击OK，完成静平衡计算。

9.8　6×4整车制动仿真

• 单击Simulate > Full-Vehicle Analysis > Straight Line Events > Acceleration命令，弹出整车加速仿真对话框，如图9.17所示；

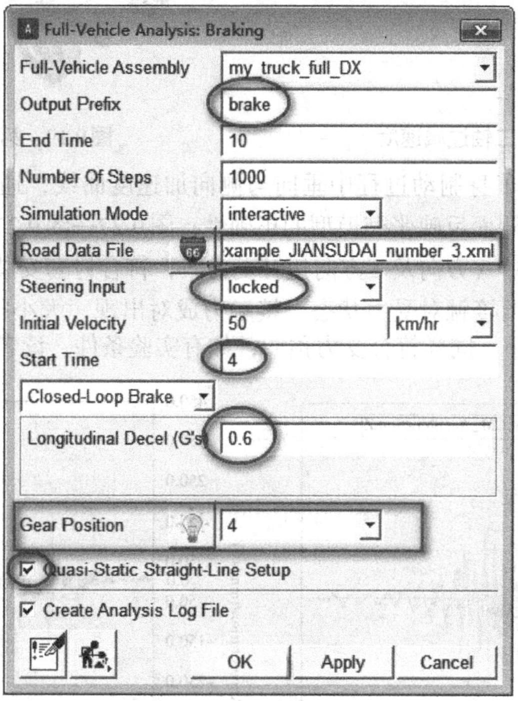

图9.17　制动仿真

• Output Prefix：brake；

• End Time：10；

• Number Of Steps：1000；

• Simulation Mode：interactive；

• Road Date File：mdids：//FASE/roads.tbl/road_3d_sine_example_JIANSUDAI_number_3.xml；

• Steering Input：locked；

• Initial Velocity：50 km/hr；

• Start Time：4；

• 选择Closed-Loop Brake（闭环控制制动）；

• Longitudinal Decel（G's）：0.6；

• 单击OK，完成制动过程通过三个减速带路面的仿真，整个仿真过程较为缓慢。仿真完成后如图9.18、图9.19所示，分别显示的是中轴与后轴通过减速带时整车及前后板簧的受力状态。

图9.18　第二轴过减速度

图9.19　第三轴过减速度

图9.20、图9.21为车身制动过程中垂向与侧向加速度曲线，通过观察曲线发现振动幅值范围符合预期，也从侧面反映张彻模型的正确性；图9.22—图9.27为衬套在三个方向的垂向受力及扭转受力，其中X方向及Y方向扭转受力大，符合衬套安装方向下的受力预期；图9.28—图9.30为板簧模型接触对受力状态，接触力成对出现，大小相等，方向相反，其中Z方向受力大，Y方向极小，同样符合受力预期，如有实验条件，读者可进行实验验证。

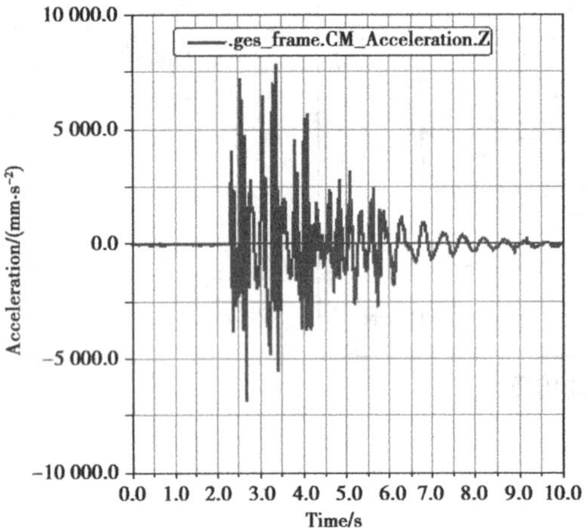

图9.20　车身垂向加速度

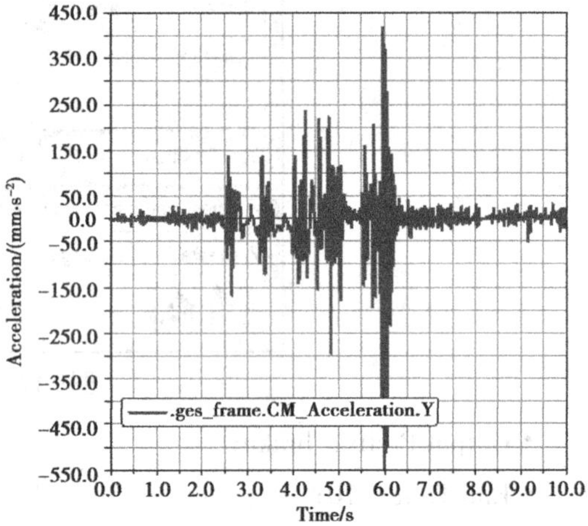

图9.21　车身侧向加速度

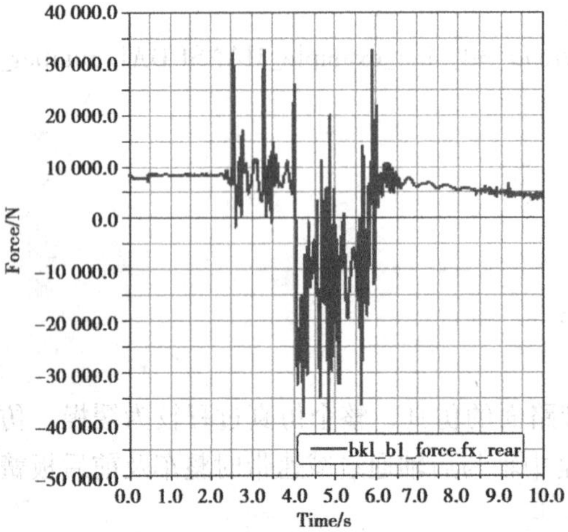

图9.22　平衡悬架推杆衬套X方向受力

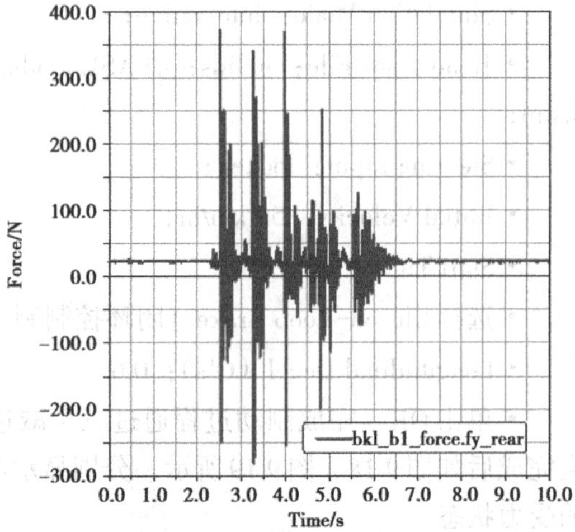

图9.23　平衡悬架推杆衬套Y方向受力

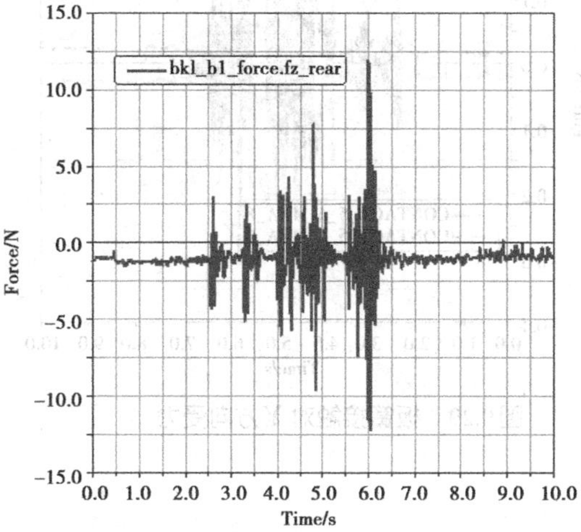

图9.24　平衡悬架推杆衬套Z方向受力

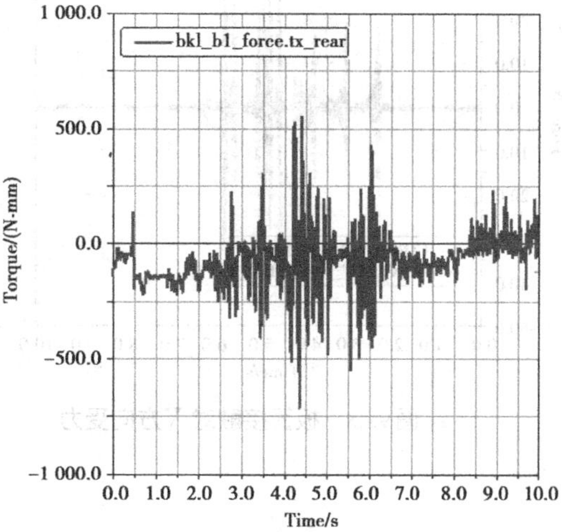

图9.25　平衡悬架推杆衬套X方向扭转受力

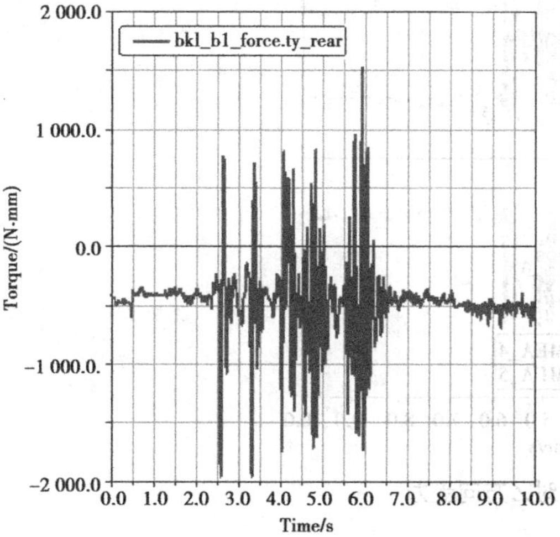

图9.26　平衡悬架推杆衬套Y方向扭转受力

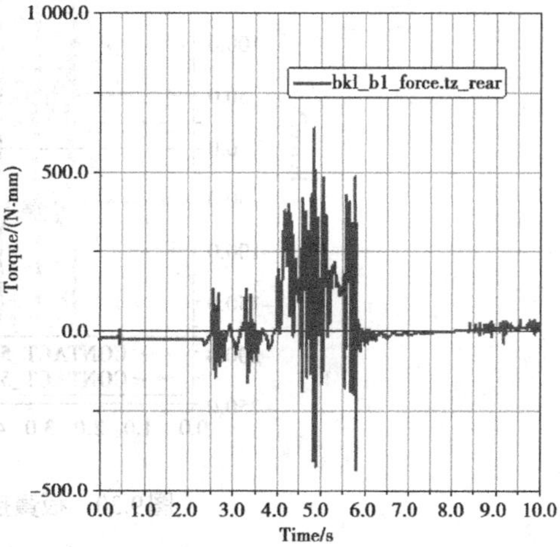

图9.27　平衡悬架推杆衬套Z方向扭转受力

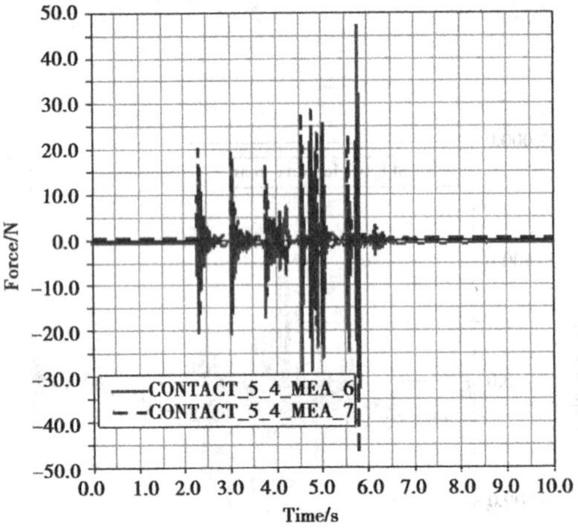

图9.28　板簧接触对X方向受力

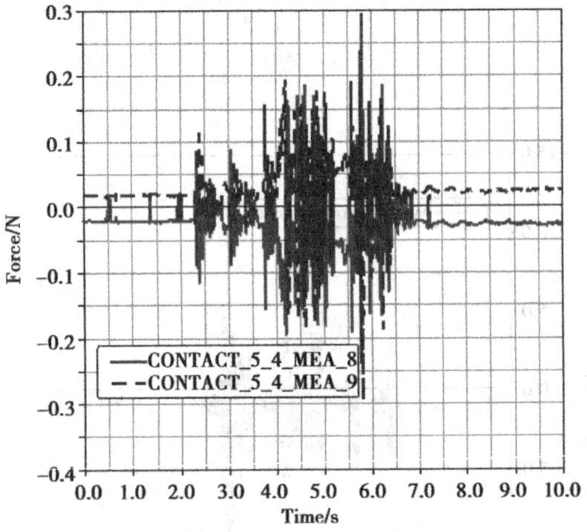

图9.29　板簧接触对Y方向受力

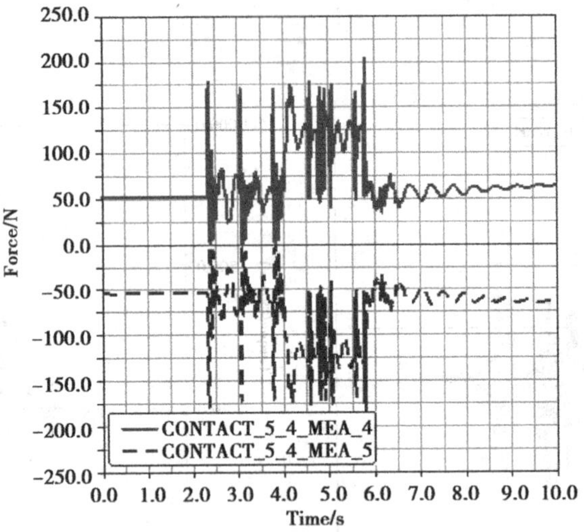

图9.30　板簧接触对Z方向受力

第10章　6×4整车模型Ⅱ

推杆式平衡悬架主要应用在挂车上，推杆式悬架主要包括二轴系、三轴系、四轴系，大于四轴系挂车由于转向困难及轮胎磨损严重在公路运输中较为少见，特种车辆有应用。二轴系推杆式平衡悬架既可以应用在牵引车上，也可以应用在挂车上。本章以二轴系推杆平衡悬架为基础，介绍6×4整车模型的建立。通过模型合并功能可快速创建三轴系、四轴系及N轴系平衡悬架。基于二轴系推杆式平衡悬架的6×4整车模型如图10.1所示。整车模型建立过程中主要为验证悬架的正确性，因此整车模型不考虑动力传动系统，整车仿真不能进行静平衡，但不影响整车仿真解算过程收敛。

图10.1　重卡6×4整车模型

10.1　双轴推杆式平衡悬架

推杆式平衡悬架也可起到导向杆式平衡悬架的作用，在通过坑洼路面时，可以保证轮胎与路面的贴合，增强整车的纵向及侧向稳定性。同时推杆式平衡悬架可以方便拓展到多轴系，因此多用于大吨位的挂车。推杆式平衡悬架建模思路依然采用模型合并功能，把两个单轴系的板簧非独立悬架合并成双轴系，前后板簧之间采用平衡梁连接即可。图10.2为2片板簧装配体，建模过程与板簧章节完全相同，区别在于板簧的长度不同，此装配体板簧长度为1 m，平衡梁长度为0.3 m。

图10.2 2片板簧装配体

模型文件：_my_truck_axle_one_TG_white.tpl存储于章节文件中，读者可参阅此文件建立多轴系平衡悬架。

- 启动ADAMS/CAR，切换到专家界面；
- 打开模型：_my_truck_axle_one_TG_white.tpl；
- 删除部件：shackle；
- 删除刚性约束：a1、a13、a14、hub；
- 删除柔性约束：a1、a13、a14；

- 单击Build > Hardpoint > New命令，弹出创建硬点对话框；
- 在硬点名称里输入：c1；类型选择：left；在位置文本框输入：-450.0, -430.0, 770.0；
- 单击Apply，完成c1硬点的创建；
- 在硬点名称里输入：c2；类型选择：left；在位置文本框输入：-100.0, -430.0, 758.4；
- 单击Apply，完成c2硬点的创建；
- 在硬点名称里输入：c4；类型选择：left；在位置文本框输入：680.0, -430.0, 770.0；
- 单击Apply，完成c4硬点的创建。
- 模型另存为：._axle_TG_White；

- 单击Build > Construction Frame > New命令，弹出创建结构框；
- Construction Frame：c1；
- Type：left；
- Coordinate Reference：._axle_TG_White.ground.hpl_c1；
- Location：0, 0, 0；

- Location in：local；
- Orientation Dependency：Orient axis to point；
- Coordinate Reference：._axle_TG_White.ground.hpl_c1；
- Axis：Z；
- 单击Apply，完成._axle_TG_White.ground.cfl_c1结构框的创建；
- Construction Frame：c2；
- Type：left；
- Coordinate Reference ：._axle_TG_White.ground.hpl_c2；
- Location：0, 0, 0；
- Location in：local；
- Orientation Dependency：Orient axis to point；
- Coordinate Reference ：._axle_TG_White.ground.hpl_c2；
- Axis：Z；
- 单击Apply，完成._axle_TG_White.ground.cfl_c2结构框的创建；
- Construction Frame：c3；
- Type：left；
- Coordinate Reference ：._axle_TG_White.ground.hpl_c3；
- Location：0, 0, 0；
- Location in：local；
- Orientation Dependency：Orient axis to point；
- Coordinate Reference ：._axle_TG_White.ground.hpl_c3；
- Axis：Z；
- 单击Apply，完成._axle_TG_White.ground.cfl_c3结构框的创建；
- Construction Frame：c4；
- Type：left；
- Coordinate Reference ：._axle_TG_White.ground.hpl_c4；
- Location：0, 0, 0；
- Location in：local；
- Orientation Dependency：Orient axis to point；
- Coordinate Reference ：._axle_TG_White.ground.hpl_c4；
- Axis：Z；
- 单击Apply，完成._axle_TG_White.ground.cfl_c4结构框的创建；

- 单击Build > Part > General Part > New命令，弹出创建部件对话框，参考图10.3；

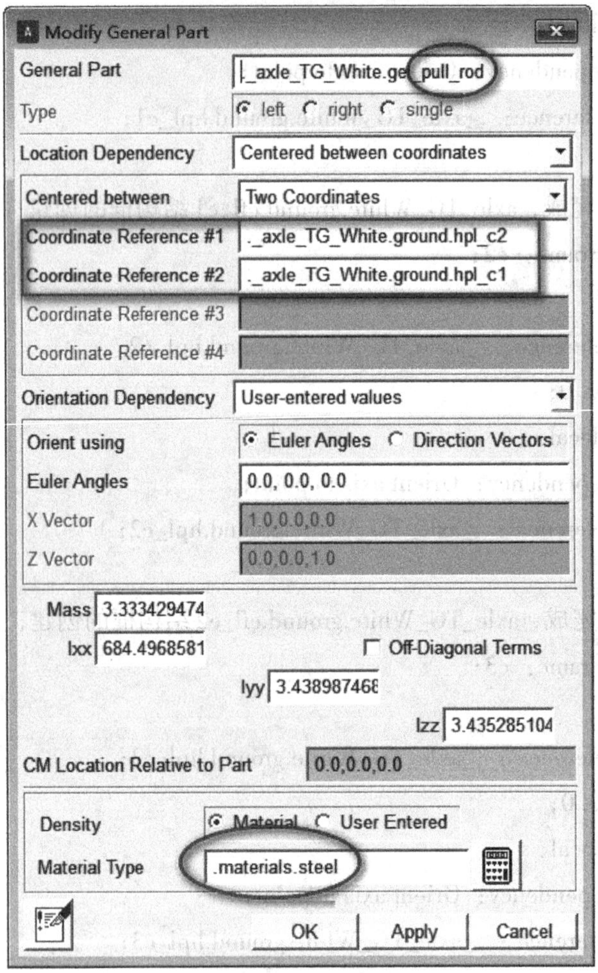

图 10.3 推杆部件

- General Part：pull_rod；
- Type：left；
- Location Dependency：Centered between coordinates；
- Centered between：Two Coordinates；
- Coordinate Reference #1：._axle_TG_White.ground.hpl_c2；
- Coordinate Reference #2：._axle_TG_White.ground.hpl_c1；
- Orient using：Euler Angles；
- Euler Angles：0, 0, 0；
- Mass：1；
- Ixx：1；
- Iyy：1；
- Izz：1；
- Density：Material；

• Material Type：.materials.steel；

• 单击OK，完成部件._axle_TG_White.gel_pull_rod创建；

• 单击Build > Geometry > Link > New命令，弹出几何创建对话框，如图10.4所示；

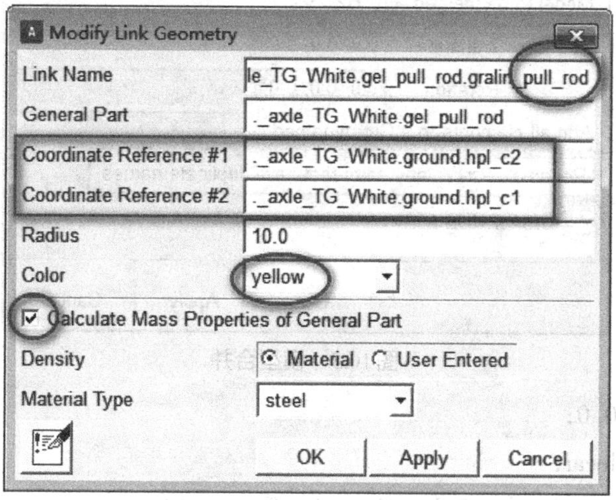

图10.4 pull_rod几何体

• Link Name ： pull_rod；

• General Part：._axle_TG_White.gel_pull_rod；

• Coordinate Reference #1： ._axle_TG_White.ground.hpl_c2；

• Coordinate Reference #2： ._axle_TG_White.ground.hpl_c1；

• Radius： 10；

• Color：yellow；

• 勾选Calculate Mass Properties of General Part复选框；

• Density：Material；

• Material Type：steel；

• 单击OK，完成车轴._axle_TG_White.gel_pull_rod.gralin_pull_rod几何体的创建；

• 更改安装部件、输入输出通讯器所有的福特征为rear，模型另存为：._B1；

• 通过Shift Template命令后移._B1模型1 300 mm；更改安装部件、输入输出通讯器所有的福特征为rear_2，模型另存为：._B2；

• 切换到View界面，合并模型如图10.5所示，模型合并完成后切换ADAMS/CAR专家界面，另存为：_axle_two_white.tpl；

• 单击Build > Part > General Part > New命令，弹出创建部件对话框，参考图10.3；

• 单击Build > Part > General Part > New命令，弹出创建部件对话框，参考图10.8；

• General Part：Balance_beam；

• Location Dependency：Delta location from coordinate；

• Coordinate Reference ： ._axle_two_white.ground.hpl_c3；

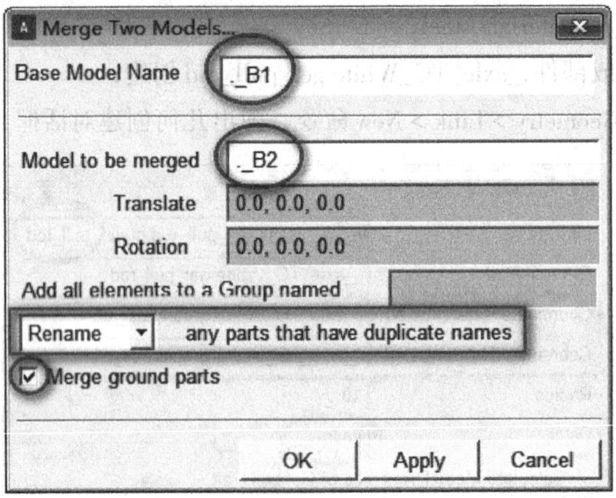

图10.5 模型合并

- Location：0, 0, 0；
- Location in：local；
- Orientation Dependency：Delta orientation from coordinate；
- Construction Frame：._axle_two_white.ground.cfl_c3；
- Orientation：0, 0, 0；
- Mass：1；
- Ixx：1；
- Iyy：1；
- Izz：1；
- Density：Material；
- Material Type：.materials.steel；
- 单击OK，完成部件._axle_two_white.gel_Balance_beam创建；
- 单击Build > Geometry > Link > New命令；
- Link Name ：link1；
- General Part：._axle_two_white.ger_Balance_beam；
- Coordinate Reference #1：._axle_two_white.ground.hpr_c3；
- Coordinate Reference #2：._axle_two_white.ground.hpr_a13；
- Radius：15；
- Color：red；
- 勾选Calculate Mass Properties of General Part复选框；
- Density：Material；
- Material Type：steel；
- 单击Apply，完成车轴._axle_two_white.ger_Balance_beam.gralin_link1几何体的创建；
- Link Name ：link2；

- General Part：._axle_two_white.ger_Balance_beam；
- Coordinate Reference #1：._axle_two_white.ground.hpr_c3；
- Coordinate Reference #2：._axle_two_white.ground.hpr_a15；
- Radius：15；
- Color：red；
- 勾选Calculate Mass Properties of General Part复选框；
- Density：Material；
- Material Type：steel；
- 单击OK，完成车轴._axle_two_white.ger_Balance_beam.gralin_link2几何体的创建。

---

①部件nrl_1_beam1与安装件leafspring_to_body_1之间revolute约束。

- 单击Build > Attachments > Joint > New命令；
- Joint Name：a1；
- I Part：._axle_two_white.nrl_1_beam1；
- J Part：._axle_two_white.mts_leafspring_to_body_1；
- Joint Type：revolute；
- Active：always；
- Location Dependency：Delta location from coordinate；
- Coordinate Reference：._axle_two_white.ground.hpl_a1；
- Location：0, 0, 0；
- Location in：local；
- Orientation Dependency：Delta orientation from coordinate；
- Construction Frame：._axle_two_white.ground.cfl_a1；
- 单击Apply，完成约束副._axle_two_white.jolrev_a1的创建。

②部件pull_rod与安装件leafspring_to_body_1之间revolute约束。

- Joint Name：c1；
- I Part：._axle_two_white.gel_pull_rod；
- J Part：._axle_two_white.mts_leafspring_to_body_1；
- Joint Type：revolute；
- Active：always；
- Location Dependency：Delta location from coordinate；
- Coordinate Reference：._axle_two_white.ground.hpl_c1；
- Location：0, 0, 0；
- Location in：local；
- Orientation Dependency：Delta orientation from coordinate；

- Construction Frame：._axle_two_white.ground.cfl_c1；
- 单击 Apply，完成约束副._axle_two_white.jolrev_c1 的创建。

③部件 pull_rod 与 drive_axle 之间 revolute 约束。

- Joint Name：c2；
- I Part：_axle_two_white.gel_pull_rod；
- J Part：._axle_two_white.gel_drive_axle；
- Joint Type：revolute；
- Active：always；
- Location Dependency：Delta location from coordinate；
- Coordinate Reference：._axle_two_white.ground.hpl_c2；
- Location：0, 0, 0；
- Location in：local；
- Orientation Dependency：Delta orientation from coordinate；
- Construction Frame：._axle_two_white.ground.cfl_c2；
- 单击 Apply，完成约束副._axle_two_white.jolrev_c2 的创建。

④部件 hub 与 drive_axle 之间 revolute 约束。

- Joint Name：hub；
- I Part：._axle_two_white.gel_hub；
- J Part：._axle_two_white.gel_drive_axle；
- Joint Type：revolute；
- Active：always；
- Location Dependency：Delta location from coordinate；
- Coordinate Reference：._axle_two_white.ground.hpl_hub_to_axle；
- Location：0, 0, 0；
- Location in：local；
- Orientation Dependency：Delta orientation from coordinate；
- Construction Frame：._axle_two_white.ground.cfl_hub_to_axle；
- 单击 Apply，完成约束副._axle_two_white.jolrev_hub 的创建。

⑤部件 nrl_13_beam1 与 Balance_beam 之间 revolute 约束。

- Joint Name：a13；
- I Part：._axle_two_white.nrl_13_beam1；
- J Part：._axle_two_white.gel_Balance_beam；
- Joint Type：translational；
- Active：always；
- Location Dependency：Delta location from coordinate；

- Coordinate Reference：._axle_two_white.ground.hpl_a13；
- Location： 0, 0, 0；
- Location in：local；
- Orientation Dependency：Delta orientation from coordinate；
- Construction Frame：._axle_two_white.ground.cfl_hub_to_axle；
- Orientation： 90,90,0；
- 单击Apply，完成约束副._axle_two_white.joltra_a13的创建。

⑥部件nrl_1_beam1_2与Balance_beam之间revolute约束。

- Joint Name：a1_2；
- I Part： ._axle_two_white.nrl_1_beam1_2；
- J Part： ._axle_two_white.gel_Balance_beam；
- Joint Type：revolute；
- Active：always；
- Location Dependency：Delta location from coordinate；
- Coordinate Reference：._axle_two_white.ground.hpl_a15；
- Location： 0, 0, 0；
- Location in：local；
- Orientation Dependency：Delta orientation from coordinate；
- Construction Frame：._axle_two_white.ground.cfl_a11；
- 单击Apply，完成约束副._axle_two_white.jolrev_a1_2的创建。

⑦部件Balance_beam与leafspring_to_body之间revolute约束。

- Joint Name：c3；
- I Part： ._axle_two_white.mts_leafspring_to_body；
- J Part： ._axle_two_white.gel_Balance_beam；
- Joint Type：revolute；
- Active：always；
- Location Dependency：Delta location from coordinate；
- Coordinate Reference：._axle_two_white.ground.hpl_c3；
- Location： 0, 0, 0；
- Location in：local；
- Orientation Dependency：Delta orientation from coordinate；
- Construction Frame：._axle_two_white.ground.cfl_c3；
- 单击Apply，完成约束副._axle_two_white.jolrev_c3的创建。

⑧部件pull_rod_2与leafspring_to_body_2之间revolute约束。

- Joint Name：c4；

- I Part： ._axle_two_white.gel_pull_rod_2；
- J Part： ._axle_two_white.mts_leafspring_to_body_2；
- Joint Type：revolute；
- Active：always；
- Location Dependency：Delta location from coordinate；
- Coordinate Reference：._axle_two_white.ground.hpl_c4；
- Location： 0, 0, 0；
- Location in：local；
- Orientation Dependency：Delta orientation from coordinate；
- Construction Frame：._axle_two_white.ground.cfl_c4；
- 单击Apply，完成约束副._axle_two_white.jolrev_c4的创建。

⑨部件pull_rod_2与drive_axle_2之间revolute约束。

- Joint Name：c2_2；
- I Part： ._axle_two_white.gel_pull_rod_2；
- J Part： ._axle_two_white.gel_drive_axle_2；
- Joint Type：revolute；
- Active：kinematic mode；
- Location Dependency：Delta location from coordinate；
- Coordinate Reference：._axle_two_white.ground.hpl_c21；
- Location： 0, 0, 0；
- Location in：local；
- Orientation Dependency：Delta orientation from coordinate；
- Construction Frame：._axle_two_white.ground.cfl_c21；
- 单击Apply，完成约束副._axle_two_white.jklrev_c2_2的创建。

⑩ 部件hub_2与leafspring_to_body_2之间revolute约束。

- Joint Name：hub_2；
- I Part： ._axle_two_white.gel_hub_2；
- J Part： ._axle_two_white.gel_drive_axle_2；
- Joint Type：revolute；
- Active：always；
- Location Dependency：Delta location from coordinate；
- Coordinate Reference：._axle_two_white.ground.hpl_hub_to_axle1；
- Location： 0, 0, 0；
- Location in：local；
- Orientation Dependency：Delta orientation from coordinate；

• Construction Frame：._axle_two_white.ground.cfl_hub_to_axle1；

• 单击Apply，完成约束副._axle_two_white.jolrev_hub_2的创建。

⑪部件nrl_13_beam1_2与leafspring_to_body_2之间revolute约束。

• Joint Name：a13_2；

• I Part：._axle_two_white.nrl_13_beam1_2；

• J Part：._axle_two_white.mts_leafspring_to_body_2；

• Joint Type：revolute；

• Active：always；

• Location Dependency：Delta location from coordinate；

• Coordinate Reference：._axle_two_white.ground.hpl_a131；

• Location：0, 0, 0；

• Location in：local；

• Orientation Dependency：Delta orientation from coordinate；

• Construction Frame：._axle_two_white.ground.cfl_a131；

• Orientation：90,90,0；

• 单击OK，完成约束副._axle_two_white.joltra_a13_2的创建。

⑫部件pull_rod与leafspring_to_body_1之间bushing约束。

• Bushing Name：c1；

• I Part：._axle_two_white.gel_pull_rod；

• J Part：._axle_two_white.mts_leafspring_to_body_1；

• Inactive：kinematic mode；

• Preload：0, 0, 0；

• Tpreload：0, 0, 0；

• Offset：0, 0, 0；

• Roffset：0, 0, 0；

• Geometry Length：100；

• Geometry Radius：30；

• PropertyFile：mdids：//atruck_shared/bushings.tbl/msc_truck_trailing_arm_to_frame.bus；

• Location Dependency：Delta location from coordinate；

• Coordinate Reference：._axle_two_white.ground.hpl_c1；

• Location：0, 0, 0；

• Location in：local；

• Orientation Dependency：Delta location from coordinate；

• Construction Frame：._axle_two_white.ground.cfl_c1；

• Orientation：0, 0, 0；

• 单击 Apply，完成轴套._axle_two_white.bkl_c1 的创建。

⑬部件 pull_rod 与 drive_axle 之间 bushing 约束。

• Bushing Name：c2；
• I Part：._axle_two_white.gel_pull_rod；
• J Part：._axle_two_white.gel_drive_axle；
• Inactive：kinematic mode；
• Preload：0, 0, 0；
• Tpreload：0, 0, 0；
• Offset：0, 0, 0；
• Roffset：0, 0, 0；
• Geometry Length：100；
• Geometry Radius：30；
• Property File：mdids：//atruck_shared/bushings.tbl/msc_truck_trailing_arm_to_frame.bus；
• Location Dependency：Delta location from coordinate；
• Coordinate Reference：._axle_two_white.ground.hpl_c2；
• Location：0, 0, 0；
• Location in：local；
• Orientation Dependency：Delta location from coordinate；
• Construction Frame：._axle_two_white.ground.cfl_c2；
• Orientation：0, 0, 0；
• 单击 Apply，完成轴套._axle_two_white.bkl_c2 的创建。

⑭部件 pull_rod_2 与 leafspring_to_body_2 间 bushing 约束。

• Bushing Name：c4；
• I Part：._axle_two_white.gel_pull_rod_2；
• J Part：._axle_two_white.mts_leafspring_to_body_2；
• Inactive：kinematic mode；
• Preload：0, 0, 0；
• Tpreload：0, 0, 0；
• Offset：0, 0, 0；
• Roffset：0, 0, 0；
• Geometry Length：100；
• Geometry Radius：30；
• Property File：mdids：//atruck_shared/bushings. tbl/msc_truck_trailing_arm_to_frame.bus；

- Location Dependency：Delta location from coordinate；
- Coordinate Reference：._axle_two_white.ground.hpl_c4；
- Location：0, 0, 0；
- Location in：local；
- Orientation Dependency：Delta location from coordinate；
- Construction Frame：._axle_two_white.ground.cfl_c4；
- Orientation：0, 0, 0；
- 单击Apply，完成轴套._axle_two_white.bkl_c4的创建。

⑮部件pull_rod_2与drive_axle_2间bushing约束。

- Bushing Name：c2_2；
- I Part：._axle_two_white.gel_pull_rod_2；
- J Part：._axle_two_white.gel_drive_axle_2；
- Inactive：kinematic mode；
- Preload：0, 0, 0；
- Tpreload：0, 0, 0；
- Offset：0, 0, 0；
- Roffset：0, 0, 0；
- Geometry Length：100；
- Geometry Radius：30；
- Property File：mdids：//atruck_shared/bushings.tbl/msc_truck_trailing_arm_to_frame.bus；
- Location Dependency：Delta location from coordinate；
- Coordinate Reference：._axle_two_white.ground.hpl_c21；
- Location：0, 0, 0；
- Location in：local；
- Orientation Dependency：Delta location from coordinate；
- Construction Frame：._axle_two_white.ground.cfl_c21；
- Orientation：0, 0, 0；
- 单击OK，完成轴套._axle_two_white.bkl_c2_2的创建。

至此，推杆式双轴平衡悬架建立完成，模型如图10.6所示。

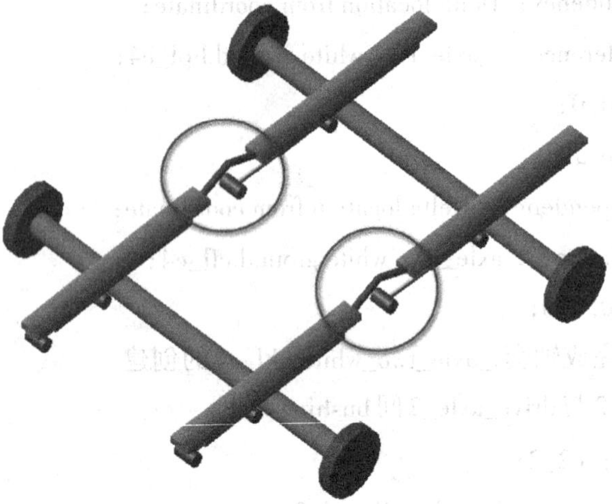

图 10.6　推杆式双轴平衡悬架

10.2　6×4 整车模型（推杆式）

• 切换 ADAMS/CAR 标准界面，打开 my_truck_full_DX.asy 整车模型，通过替换导向杆平衡悬架为推杆式平衡悬架，移除发动机传动子系统，调整平衡悬架位置，完成整车模型的建立，如图 10.7 所示。计算拉杆衬套力及车身垂向与侧向加速度如图 10.8—图 10.13 所示。

图 10.7　6×4 整车模型

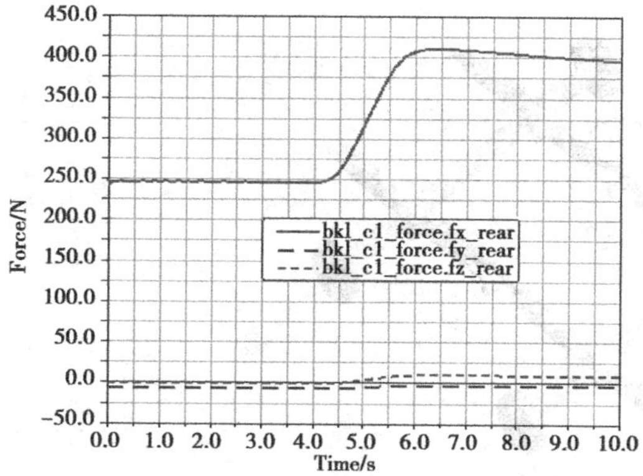

图10.8　第二轴左侧拉杆衬套受力

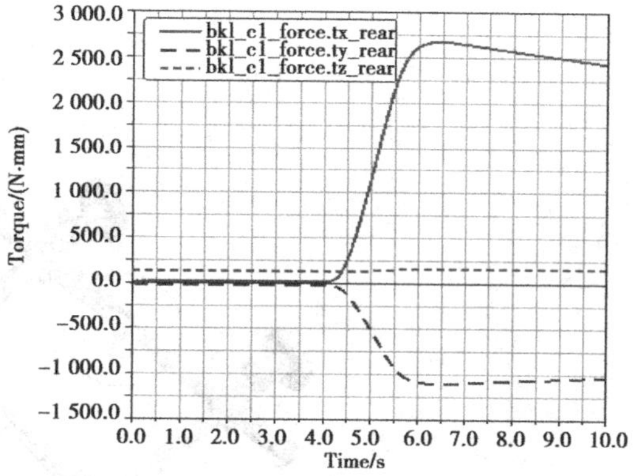

图10.9　第二轴左侧拉杆衬套扭转受力

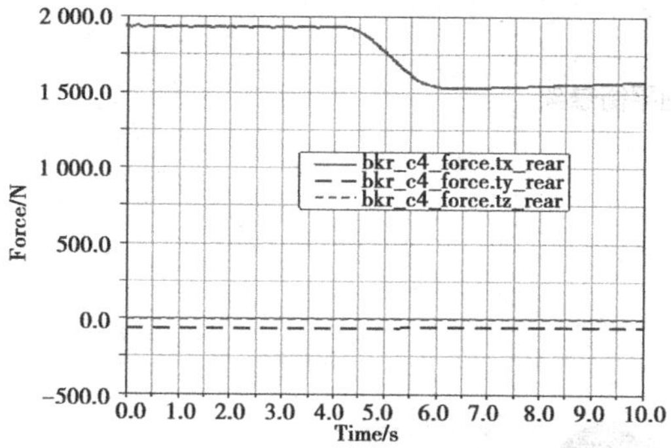

图10.10　第三轴右侧拉杆衬套受力

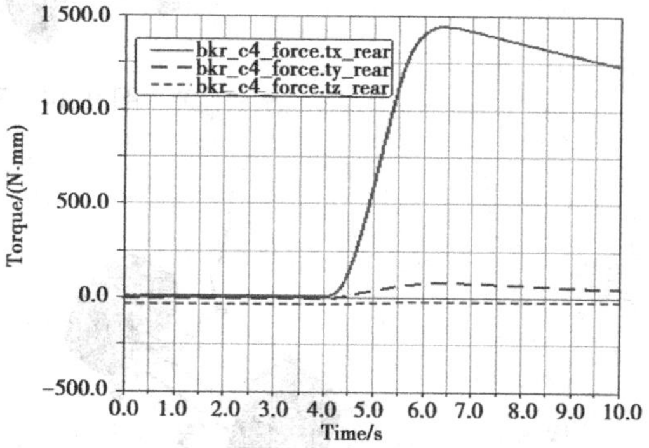

图10.11　第三轴右侧拉杆衬套扭转受力

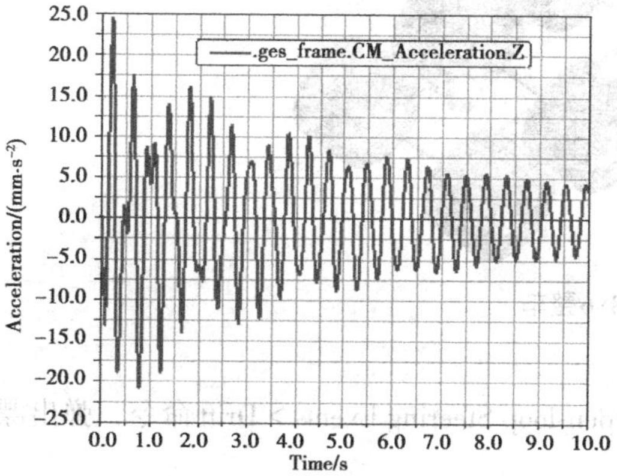

图10.12　车身垂向加速度

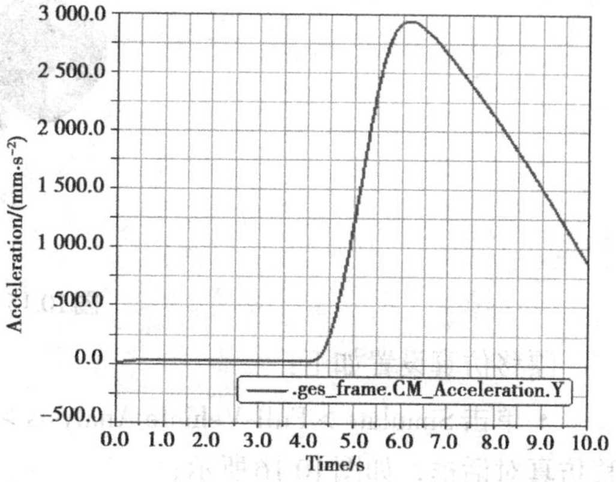

图10.13　车身侧向加速度

10.3　8×6整车模型

在模型._axle_two_white基础上继续合并悬架获得三轴平衡悬架如图10.14所示，合并方法相同，不再重复介绍。在三轴平衡悬架基础建立8×6整车模型如图10.15所示。

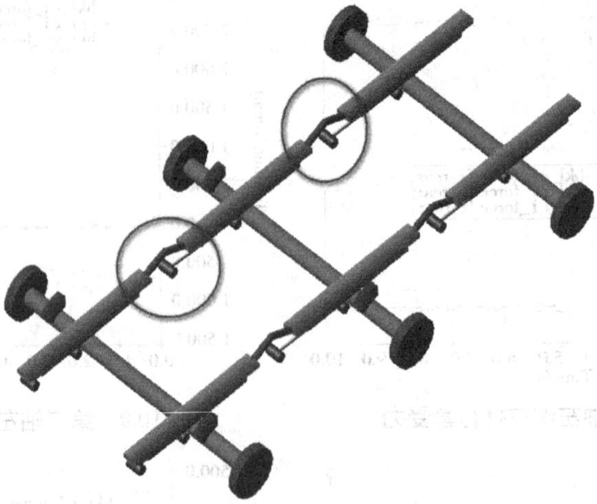

图10.14　三轴平衡悬架

图10.15　8×6整车

漂移仿真设置如下：

• 单击Simulate > Full-Vehicle Analysis > Open-loop Steering Events > Drift命令，弹出漂移仿真对话框，如图10.16所示；

• Output Prefix：AD；

• End Time：20；

• Number Of Steps：2000；

• Simulation Mode：interactive；

• Road Date File：mdids：//FASE/roads.tbl/2d_flat.rdf；

• Initial Velocity：50；

• Throttle Ramp：20；

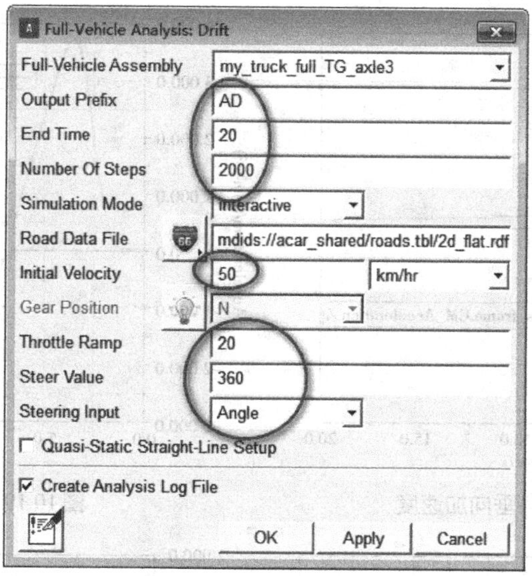

图10.16　漂移仿真设置

• Steer Value：360；

• 不勾选Quasi-Static Straight-Line Setup复选框（整车模型不包含发动不能运行准静态平衡）；

• 单击OK，完成漂移仿真设置并提交运算。

仿真完成后，整车漂移运动轨迹如图10.17所示；车身垂向侧向加速度如图10.18、图10.19所示，其对应功率谱如图10.20、图10.21所示；板簧端口接触力如图10.22所示。

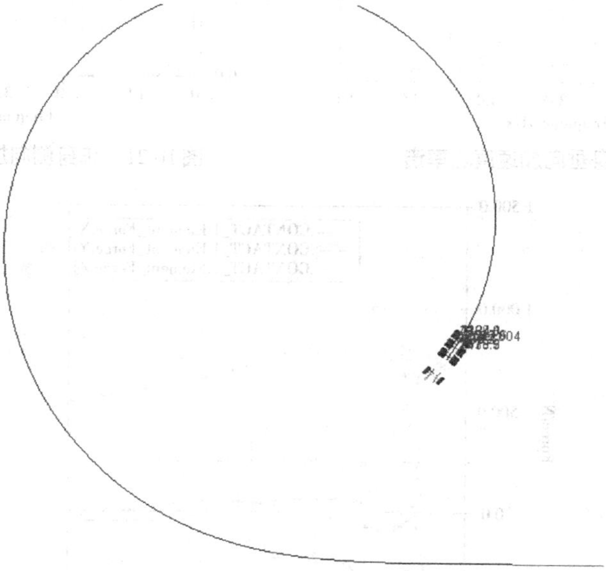

图10.17　漂移运动轨迹

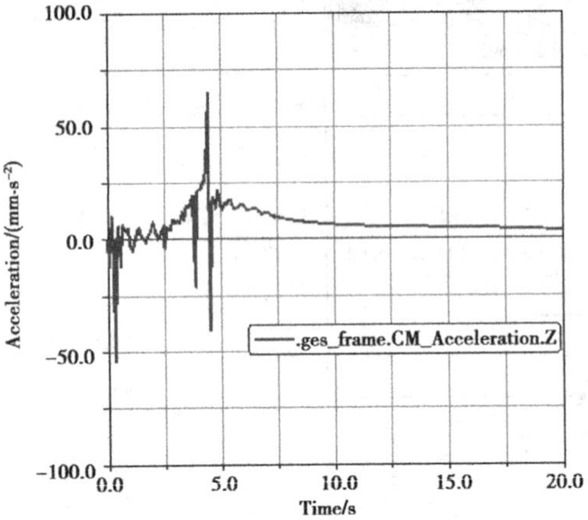

图 10.18　车身垂向加速度

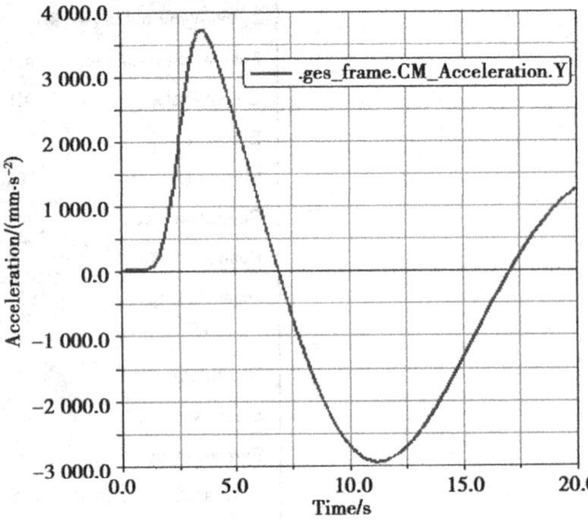

图 10.19　车身侧向加速度

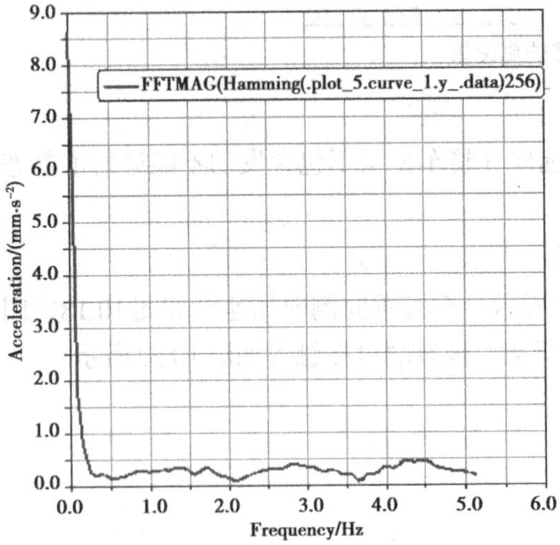

图 10.20　车身垂向加速度功率谱

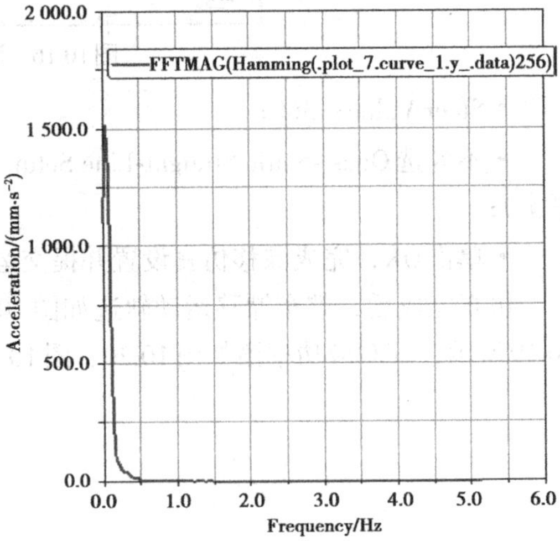

图 10.21　车身侧向加速度功率谱

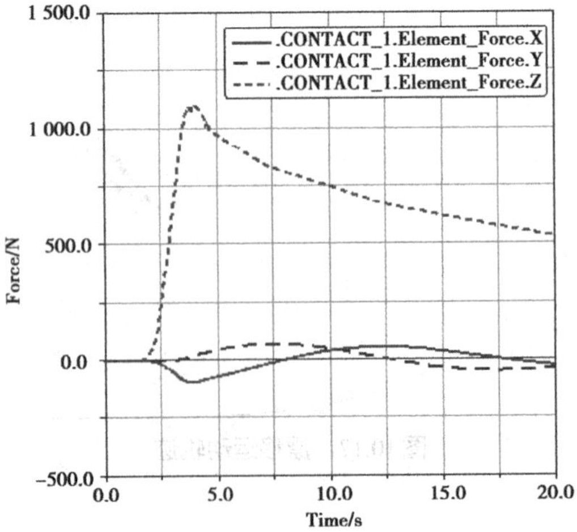

图 10.22　板簧前端口接触力

10.4 四轴推杆式平衡悬架

在三轴平衡悬架上继续合并单轴悬架获得四轴平衡悬架，基于此建立五轴系车辆如图10.23、图10.24所示。

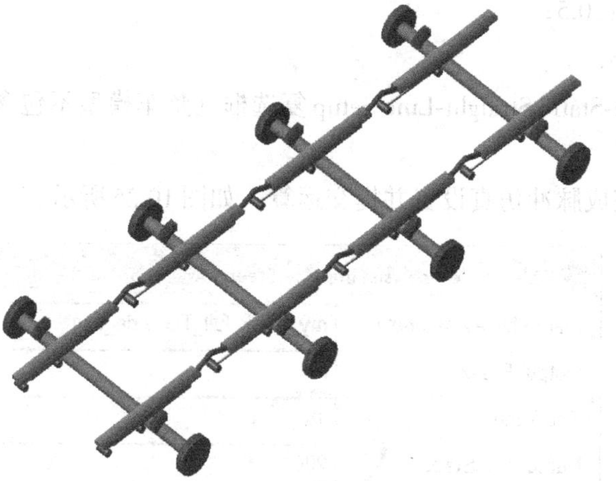

图10.23　四轴平衡悬架

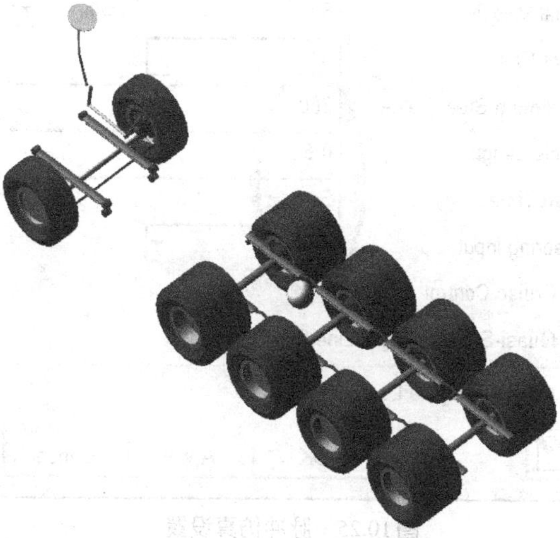

图10.24　五轴系整车

脉冲转向仿真设置如下：

• 单击 Simulate > Full-Vehicle Analysis > Open-loop Steering Events > Impulse Steer... 命令，弹出脉冲仿真对话框，如图10.25所示；

• Output Prefix：IS；

- End Time：10；
- Number Of Steps：200；
- Simulation Mode：interactive；
- Road Date File：mdids：//FASE/roads.tbl/2d_flat.rdf；
- Initial Velocity：50；
- Maximum Steer Value：360
- Cycle Length：0.5；
- Start Time：5；
- 不勾选Quasi-Static Straight-Line Setup复选框（整车模型不包含发动不能运行准静态平衡）；
- 单击OK，完成脉冲仿真设置并提交运算，如图10.25所示。

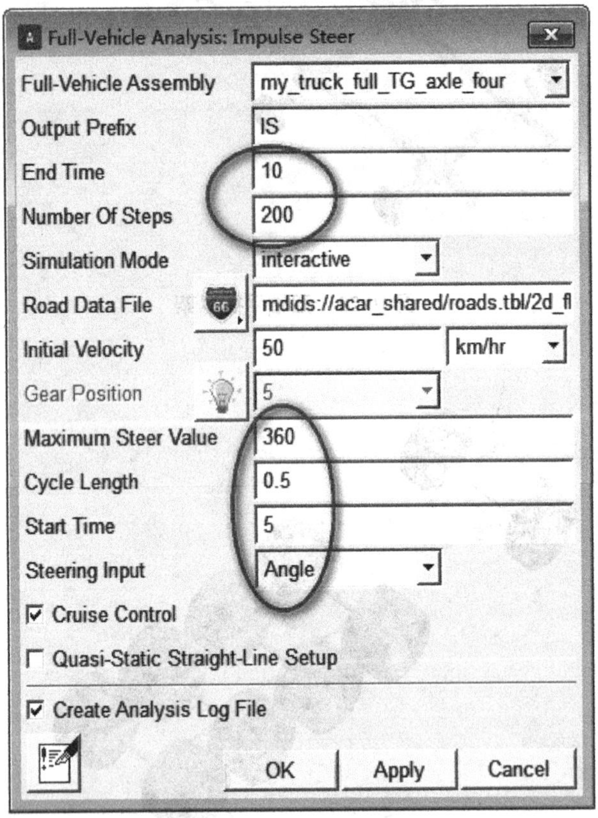

图10.25 脉冲仿真设置

仿真完成后，角脉冲仿真下五轴系整车运动轨迹如图10.26所示；车身侧向加速度，垂向加速度如图10.27、图10.28所示；俯仰角与横摆角加速度如图10.29、图10.30所示。

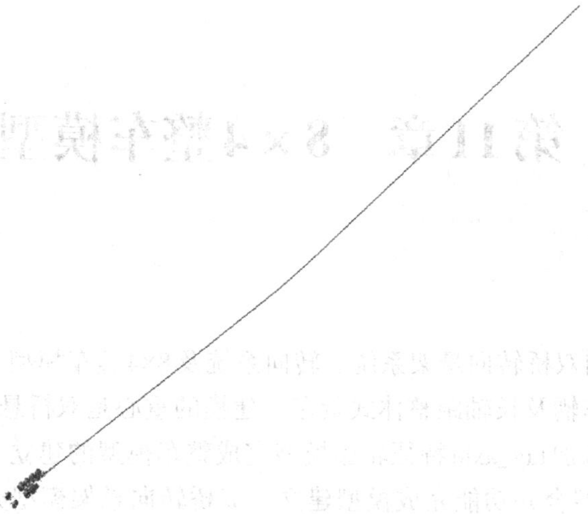

图10.26　脉冲仿真整车运动轨迹

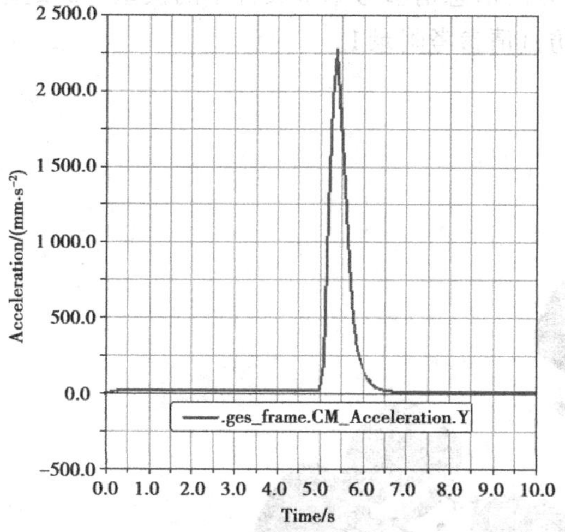

图10.27　车身侧向加速度

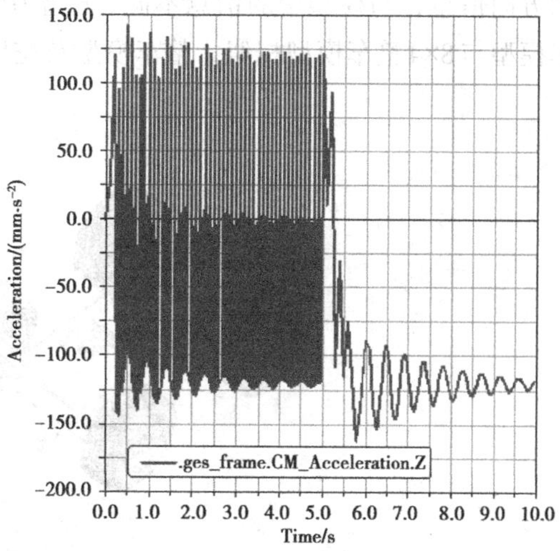

图10.28　车身垂向加速度

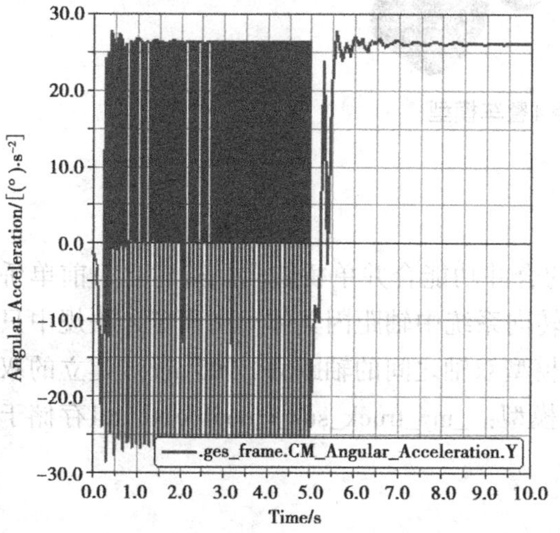

图10.29　车身俯仰角加速度

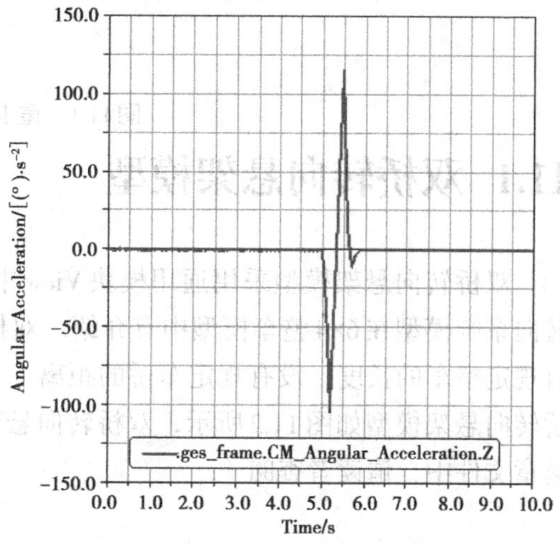

图10.30　车身横摆角加速度

第11章　8×4整车模型

本章主要介绍前双桥转向悬架系统、转向系统及8×4整车模型（图11.1）。8×4整车模型主要应用于工程车辆及长轴距整体式货车。建模的重心是双桥悬架系统，通过替换6×4整车中的前悬架，添加tag_axle特征轮胎模型完成整车模型的建立。双桥转向悬架模型依然通过View中的模型合并功能完成模型建立。双桥转向悬架模型亦可采用推杆式平衡悬架模型，本模型采用独立桥模型。模型信息中orientation（dependent）为装配后子系统中的方向信息，与模型中的信息不同，模型中的方向信息请参考章节文件中的模型。6×2整车模型与8×4整车模型相似，整车模型及蛇形仿真请参考附录1。

图11.1　重卡8×4整车模型

11.1　双桥转向悬架模型

双桥转向悬架模型采用通用模块View中的合并功能合并单桥转向悬架建立，前单桥转向系统模型在6×4整车模型中有介绍。双桥转向系统中轴距因具体车型而定，法规中只有规定整车的长度，没有规定车桥的距离。本模型双轴之间的轴距为1 900 mm。建立的双桥转向悬架模型如图11.2所示，双桥转向悬架模型：_my_truck_sus_f_doubleaxle.tpl存储于篇章文件中，请读者查阅。

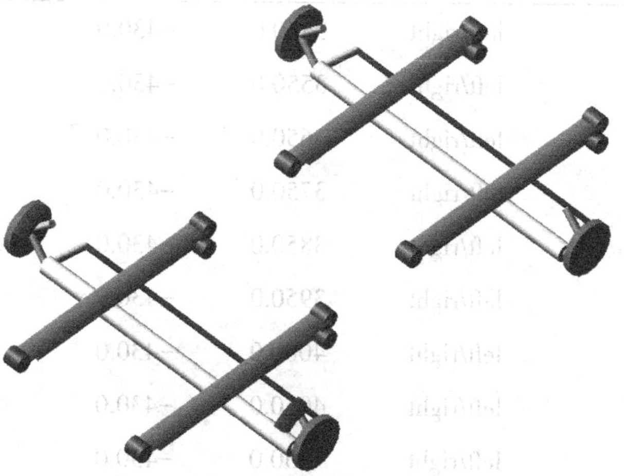

图11.2　双桥转向悬架模型

双桥转向悬架模型信息如下：

File Name　：<FASE>/subsystems.tbl/my_truck_f_sus_6x2.sub
Template　：mdids://FASE/templates.tbl/_my_truck_sus_f_doubleaxle.tpl
Comments　：*no comments found*
Major Role　：suspension
Minor Role　：front

HARDPOINTS：

hardpoint name	symmetry	x_value	y_value	z_value
-----------	------	-----	-----	-----
a2	left/right	1550.0	-430.0	700.0
a3	left/right	1650.0	-430.0	700.0
a4	left/right	1750.0	-430.0	700.0
a5	left/right	1850.0	-430.0	700.0
a6	left/right	1950.0	-430.0	700.0
a7	left/right	2050.0	-430.0	700.0
a8	left/right	2100.0	-430.0	700.0
a9	left/right	2150.0	-430.0	700.0
a10	left/right	2250.0	-430.0	700.0
a11	left/right	2350.0	-430.0	700.0
a12	left/right	2450.0	-430.0	700.0
a13	left/right	2550.0	-430.0	700.0
a14	left/right	2650.0	-430.0	700.0

a21	left/right	3450.0	−430.0	700.0
a31	left/right	3550.0	−430.0	700.0
a41	left/right	3650.0	−430.0	700.0
a51	left/right	3750.0	−430.0	700.0
a61	left/right	3850.0	−430.0	700.0
a71	left/right	3950.0	−430.0	700.0
a81	left/right	4000.0	−430.0	700.0
a91	left/right	4050.0	−430.0	700.0
a101	left/right	4150.0	−430.0	700.0
a111	left/right	4250.0	−430.0	700.0
a121	left/right	4350.0	−430.0	700.0
a131	left/right	4450.0	−430.0	700.0
a141	left/right	4550.0	−430.0	700.0
p0	left/right	2100.0	−875.0	600.0
p1	left/right	1450.0	−430.0	730.0
p01	left/right	4000.0	−875.0	600.0
p2	left/right	1550.0	−430.0	730.0
p3	left/right	1650.0	−430.0	730.0
p4	left/right	1750.0	−430.0	730.0
p5	left/right	1850.0	−430.0	730.0
p6	left/right	1950.0	−430.0	730.0
p7	left/right	2050.0	−430.0	730.0
p8	left/right	2100.0	−430.0	730.0
p9	left/right	2150.0	−430.0	730.0
p10	left/right	2250.0	−430.0	730.0
p11	left/right	2350.0	−430.0	730.0
p12	left/right	2450.0	−430.0	730.0
p13	left/right	2550.0	−430.0	730.0
p14	left/right	2650.0	−430.0	730.0
p15	left/right	2750.0	−430.0	730.0
p16	left/right	2750.0	−430.0	595.0

p17	left/right	3350.0	−430.0	730.0
p21	left/right	3450.0	−430.0	730.0
p31	left/right	3550.0	−430.0	730.0
p41	left/right	3650.0	−430.0	730.0
p51	left/right	3750.0	−430.0	730.0
p61	left/right	3850.0	−430.0	730.0
p71	left/right	3950.0	−430.0	730.0
p81	left/right	4000.0	−430.0	730.0
p91	left/right	4050.0	−430.0	730.0
p101	left/right	4150.0	−430.0	730.0
p111	left/right	4250.0	−430.0	730.0
p121	left/right	4350.0	−430.0	730.0
p131	left/right	4450.0	−430.0	730.0
p141	left/right	4550.0	−430.0	730.0
p151	left/right	4650.0	−430.0	730.0
p161	left/right	4650.0	−430.0	595.0
tie_rod_arm	left/right	2350.0	−850.0	575.0
tie_rod_arm1	left/right	4250.0	−850.0	575.0
upper_kingpin_axis	left/right	2120.0	−855.0	880.0
upper_kingpin_axis1	left/right	4020.0	−855.0	880.0
wheel_center	left/right	2110.6	−1010.0	735.0
wheel_center1	left/right	4010.6	−1010.0	735.0

PARAMETERS:

parameter name	symmetry	type	value
kinematic_flag	single	integer	0
kinematic_flag_2	single	integer	0
camber_angle	left/right	real	0.0
camber_angle_2	left/right	real	0.0
toe_angle	left/right	real	0.0
toe_angle_2	left/right	real	0.0

11.2 双桥转向系统模型

双桥转向通过在单桥转向模型上拓展部件完成，模型文件_my_steering_double.tpl存储于章节文件中，请读者查阅学习。需要注意的是，此转向模型依然存在如下问题：第一转向轴与第二转向轴保持相同的转向节角，实际整车第一轴转向角与第二轴转向角并不相同；此模型问题并不影响整车模型仿真（图11.3）。

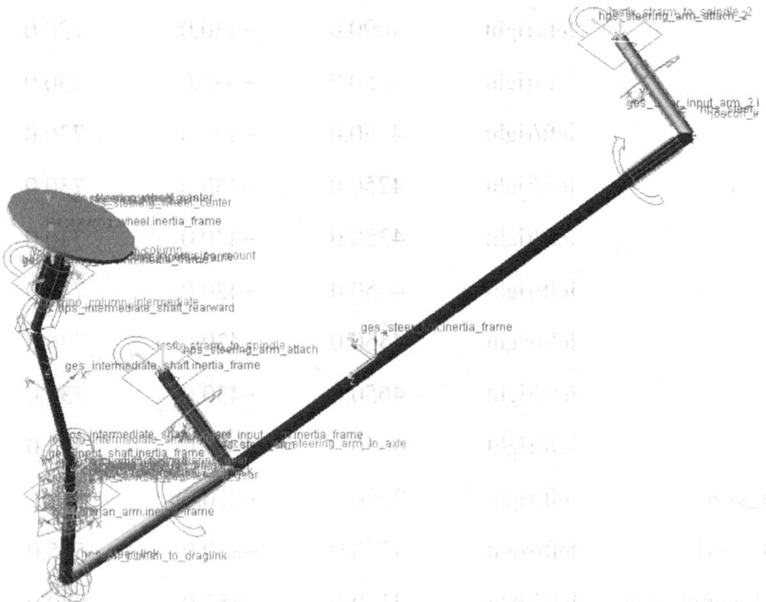

图11.3　双桥转向模型

双桥转向模型信息如下：

File Name　:　<FASE>/subsystems.tbl/my_steer_6x2.sub

Template　:　mdids：//FASE/templates.tbl/_my_steering_double.tpl

Comments　:　*no comments found*

Major Role　:　steering

Minor Role　:　front

HARDPOINTS：

hardpoint name	symmetry	x_value	y_value	z_value
input_shaft_forward	single	1397.1	526.8	1204.8
intermediate_shaft_forward	single	1400.0	526.8	1312.5
intermediate_shaft_rearward	single	1300.0	571.9	1888.6

origin_ref	single	0.0	0.0	0.0
pitman_axis	single	1445.0	570.0	1120.0
steering_arm_attach	single	2120.9	858.6	924.8
steering_arm_attach_2	single	4020.9	858.6	924.8
steering_wheel_center	single	1450.0	571.9	2196.8
steer_arm	single	2110.0	565.0	750.0
steer_arm_2	single	4010.0	565.0	750.0
steer_link	single	1415.0	565.0	800.0

PARAMETERS:

parameter name	symmetry	type	value
kinematic_flag	single	integer	0
max_rack_displacement	single	real	100.0
max_rack_force	single	real	500.0
max_steering_angle	single	real	720.0
max_steering_torque	single	real	500.0

双桥转向系统通讯器如下：

Communicator Name:	Entity Class:	From Minor Role:	Matching Name:
cis_pitman_mount	mount	inherit	pitman_mount
cis_steering_column_to_body	mount	inherit	steering_column_to_body
cis_strarm_to_spindle	mount	front	strarm_to_spindle
cis_strarm_to_spindle_2	mount	tag_axle	strarm_to_spindle

4　input communicators were found in '_my_steering_double'

Communicator Name:	Entity Class:	To Minor Role:	Matching Name:
cos_max_rack_displacement	parameter_real	inherit	max_rack_displacement
cos_max_rack_force	parameter_real	inherit	max_rack_force
cos_max_steering_angle	parameter_real	inherit	max_steering_angle
cos_max_steering_torque	parameter_real	inherit	max_steering_torque
cos_steering_rack_joint	joint_for_motion	inherit	steering_rack_joint
cos_steering_wheel_joint	joint_for_motion	inherit	steering_wheel_joint

6　output communicators were found in 'my_steering_double'

11.3 tag_axle轴轮胎

替换单桥悬架模型后，单桥悬架模型转换为双桥转向悬架模型，缺少第二轴轮胎。建模时需要特别注意转向桥与轮胎的此特征要一一对应，否则装配过程中会出现错误。此特征为tag_axle的轮胎模型如图11.4所示。

图11.4 tag_axle轮胎模型

```
轮胎信息如下：
File Name      :  <FASE>/subsystems.tbl/my_wheel_tag_axle.sub
Template       :  mdids://FASE/templates.tbl/_my_wheel_tag_axle.tpl
Comments       :  *no comments found*
Major Role     :  wheel
Minor Role     :  tag_axle
WHEELS:
wheel
symmetry       :  left/right
mass           :  135.0
Ixx, Iyy, Izz  :  9.0E+006 , 9.0E+006 , 1.7E+006
cm offset      :  25.0
whl ctr offset :  75.0
definition     :  .ACAR.forces.ac_tire
property file  :  mdids://atruck_shared/tires.tbl/msc_truck_pac2002.tir
contact type   :  handling
PARAMETERS:
parameter name            symmetry   type      value
--------------            --------   ----      -----
kinematic_flag            single     integer   0
```

轮胎模型通讯器如下：

Communicator Name:	Entity Class:	From Minor Role:	Matching Name:
ci[lr]_camber_angle	parameter_real	tag_axle	camber_angle
ci[lr]_suspension_mount	mount	tag_axle	suspension_mount
ci[lr]_suspension_upright	mount	tag_axle	suspension_upright
ci[lr]_toe_angle	parameter_real	tag_axle	toe_angle
ci[lr]_wheel_center	location	tag_axle	wheel_center

10 input communicators were found in '_my_wheel_tag_axle'

Communicator Name:	Entity Class:	To Minor Role:	Matching Name:
co[lr]_rotor_to_wheel	mount	tag_axle	rotor_to_wheel
co[lr]_tire_force	force	tag_axle	tire_force
co[lr]_wheel_orientation	orientation	tag_axle	wheel_orientation
cos_tire_forces_array_left	array	tag_axle	tire_forces_array_left
cos_tire_forces_array_right	array	tag_axle	tire_forces_array_right

8 output communicators were found in '_my_wheel_tag_axle'

11.4 8×4整车模型

8×4整车模型建立完成后如图11.5所示，整车包含双转向桥悬架系统、转向系统、动力传动系统、导向杆平衡悬架系统，轮胎及车身模型等，模型包含1 160个自由度。PC机运行较慢，有条件的读者或者单位可采用服务器或者工作站进行运算。

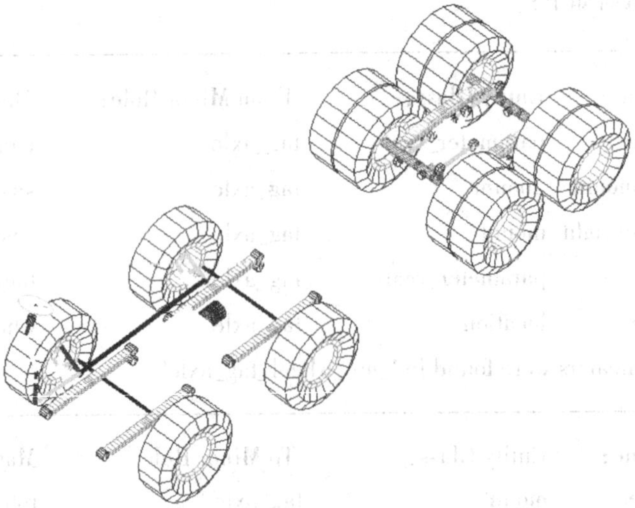

图11.5 8×4整车模型

11.5 8×4整车速度保持仿真

对整车进行直线速度保持（匀速直线）仿真，设置如下：

- 单击Simulate > Full-Vehicle Analysis > Straight-line Events > Straight-line Maintain命令；
- Output Prefix：SLM；
- End Time：10；
- Number Of Steps： 1000；
- Simulation Mode：interactive；
- Road Date File：mdids：//FASE/roads.tbl/road_3d_sine_example_JIANSUDAI.xml；
- Initial Velocity：50；
- Gear Position：3；
- Steering Input：locked；
- 勾选Quasi-Static Straight-Line Setup复选框（整车模型包含发动能运行准静态平衡）；
- 单击OK，完成速度保持仿真设置并提交运算，如图11.6所示。

仿真完成后，速度仿真下整车运动状态如图11.7所示，运动过程中前后板簧及轮胎力会显示出来；图11.8—图11.13为车身纵向、侧向及垂向加速度曲线及对应的功率谱曲线。从图中可以看出，在2.5 s左右整车经过减速度，各方向都伴有较大的振动；从功率谱也可看出，在低频范围内振动较大，其中侧向振动衰减较慢。图11.14—图11.19为轮胎纵向、侧向及垂向力及对应的功率谱曲线，其中垂向力较大。

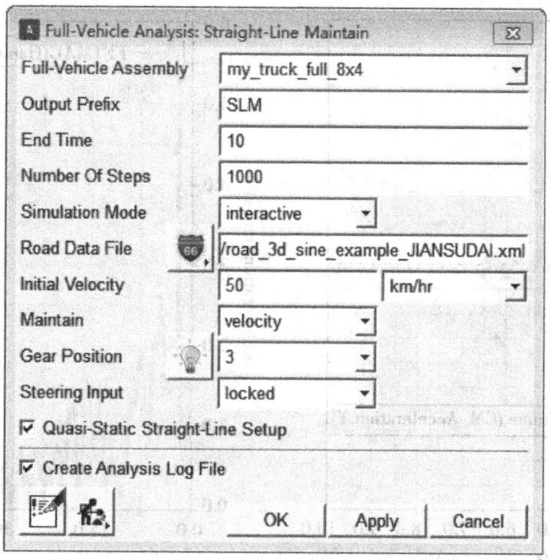

图11.6　直线速度保持仿真设置

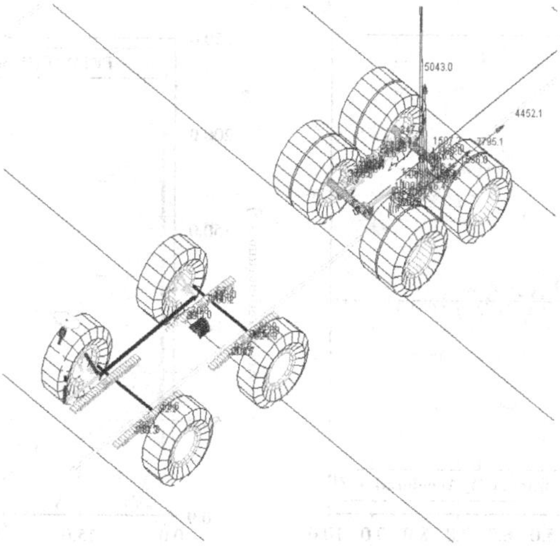

图11.7　速度保持运行过程

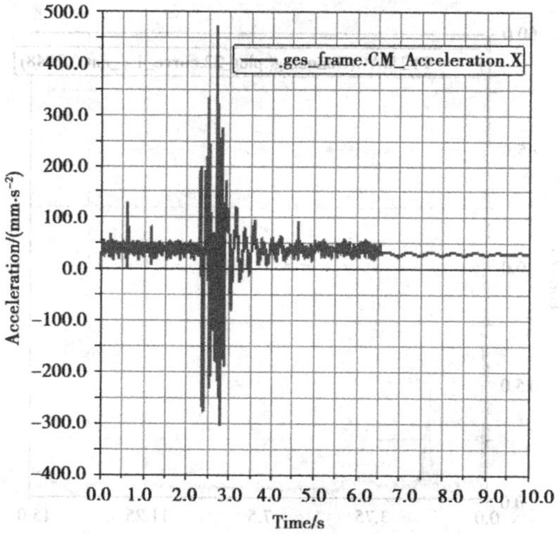

图11.8　车身纵向加速度

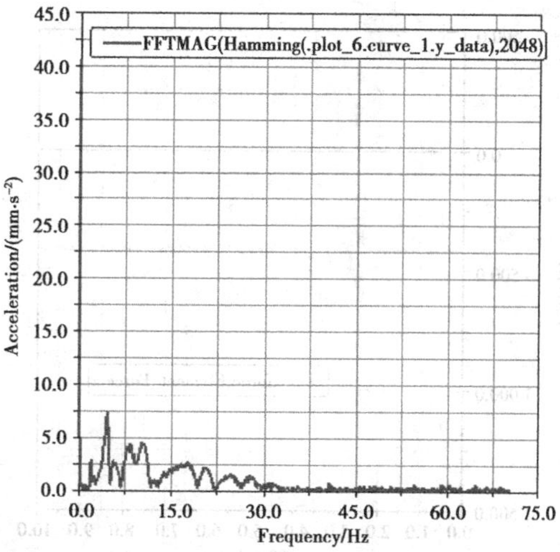

图11.9　车身纵向加速度功率谱

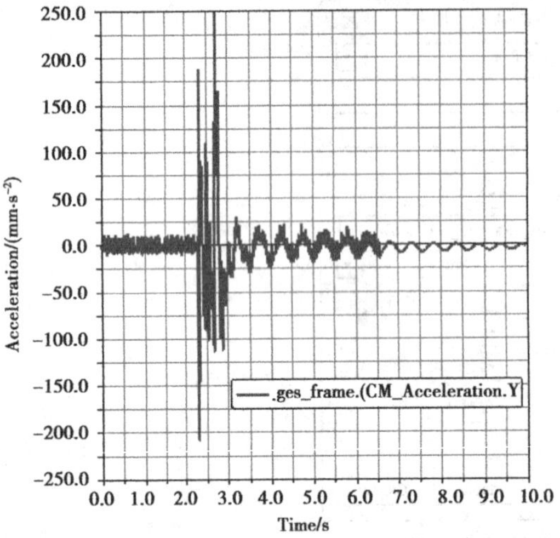

图11.10 车身侧向加速度

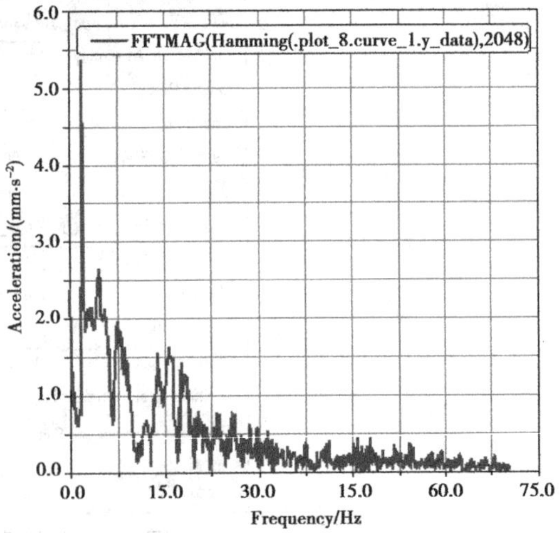

图11.11 车身侧向加速度功率谱

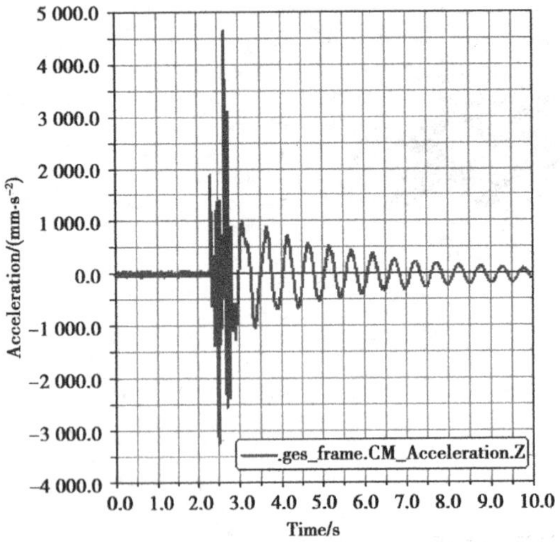

图11.12 车身垂向加速度

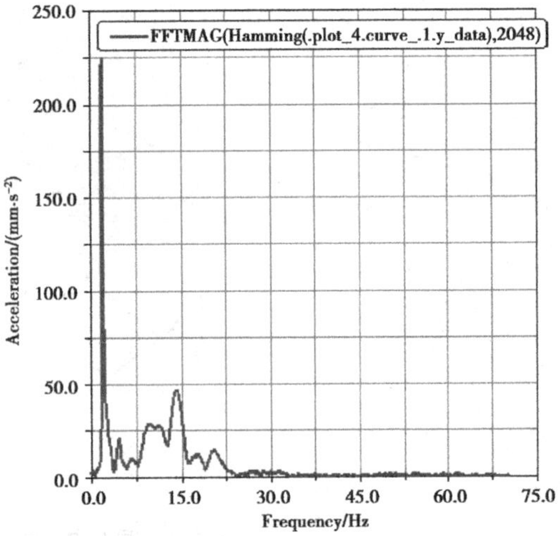

图11.13 车身垂向加速度功率谱

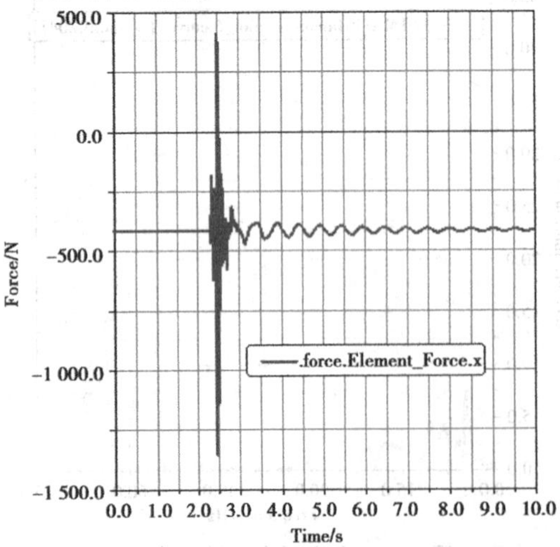

图11.14 轮胎纵向力

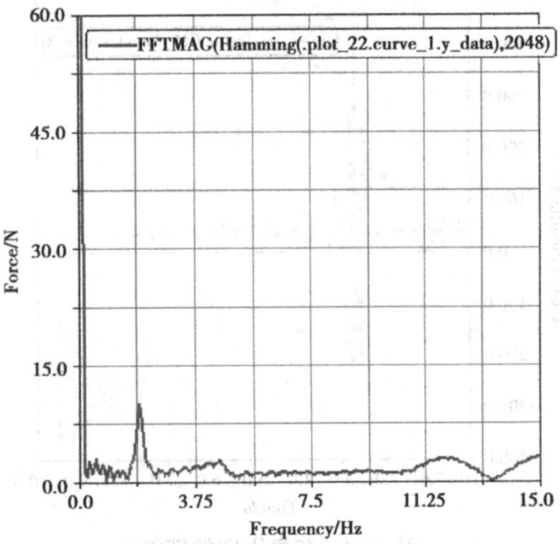

图11.15 轮胎纵向力功率谱

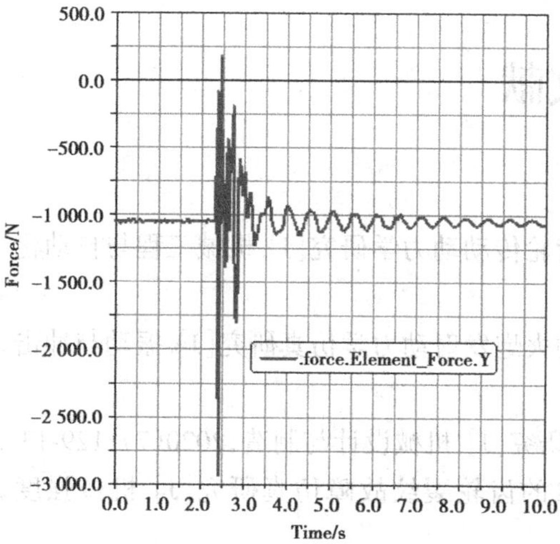

图11.16　轮胎侧向力

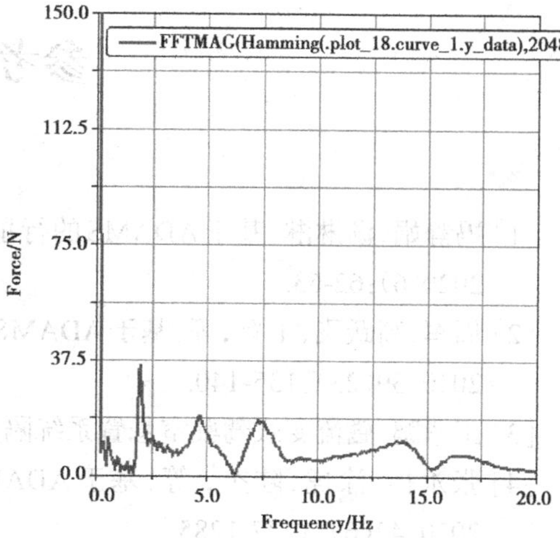

图11.17　轮胎侧向力功率谱

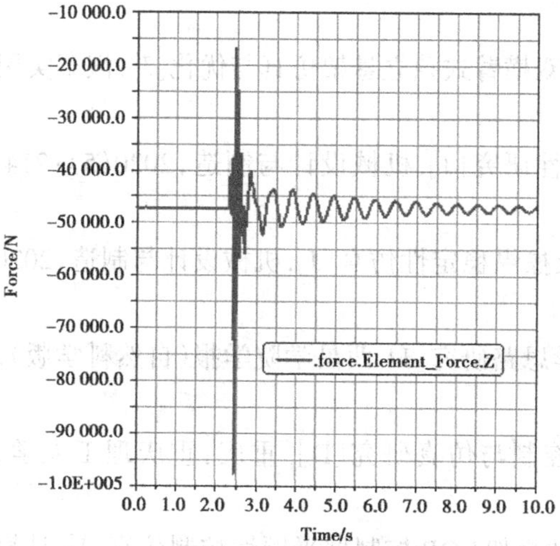

图11.18　轮胎垂向力

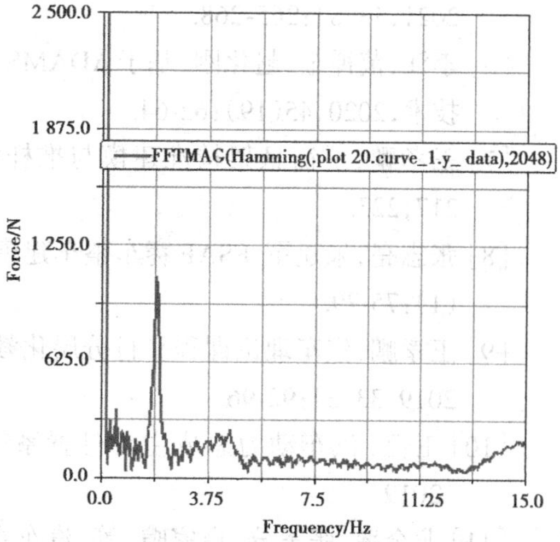

图11.19　轮胎垂向力功率谱

参考文献

[1] 冯静娟,汤淋淋.基于ADAMS的行星齿轮传动动力学研究[J].机械工程与自动化,2020(6):62-63.

[2] 周军,高跃飞,王登,等.基于ADAMS的火炮发射动力学仿真研究[J].振动与冲击,2020,39(23):135-140.

[3] 王孝鹏.磁流变式驾驶室悬置系统隔振研究[J].机械设计与制造,2020(7):129-133.

[4] 张永祥,涂虎,陆杰,等.基于ADAMS的齿轮裂纹故障仿真研究[J].机械强度,2020,42(6):1277-1285.

[5] 桂林,程志.基于Pro/E和ADAMS的拖拉机齿轮系统设计与仿真[J].农机化研究,2021,43(8):265-268.

[6] 李江,范禅金,赵化刚.基于ADAMS的双横臂式独立悬架仿真与优化[J].汽车实用技术,2020,45(19):62-64.

[7] 王孝鹏.平衡悬架精准建模与推杆特性研究[J].机械设计与制造,2020(5):214-217,223.

[8] 张志亮,朱建军.FSAE赛车整车建模及操纵稳定性仿真[J].机械设计与制造,2020(1):75-79.

[9] 王孝鹏.汽车理论课程平行分层化教学思路研究[J].西昌学院学报(自然科学版),2019,33(3):92-96.

[10] 王恒.汽车动力总成主动悬置系统控制与仿真研究[D].重庆:重庆理工大学,2019.

[11] 龙金莲,张玉分,卢家暄,等.汽车主动悬架LQR控制器平顺性控制仿真[J].计算机仿真,2018,35(4):102-106.

[12] 汤建新,张腾,牛赛赛.半主动空气弹簧悬架的PID优化控制与联合仿真[J].汽车实用技术,2018(1):55-58.

[13] 孙攀.汽车半主动悬架平顺性优化控制仿真研究[D].长沙:湖南大学,2017.

[14] 王孝鹏,陈秀萍,刘建军,等.基于ABAQUS的H5G型重卡钢板弹簧有限元仿真研究[J].三明学院学报,2017,34(2):47-56.

[15] 白欣.基于ADAMS与MATLAB的主动悬架控制策略研究[D].哈尔滨:东北林业大学,2017.

[16] 付涛,王大镇,弓清忠,等.车辆空气悬架PID控制优化仿真[J].计算机仿真,2015,32(1):197-201.

[17] 王孝鹏,刘建军.弯道制动模式下FSAE赛车稳定性研究[J].机械设计与制造,2019(10):110-114.

[18] 古晓科. 磁流变减振器多目标优化设计及半主动悬架仿真研究[D]. 重庆:重庆大学,2014.

[19] 王纪婵,张亲艳,潘劲松. 空气弹簧悬架的鲁棒控制仿真研究[J]. 机械设计与制造,2012(8):154-156.

[20] 于海涛,田静姝,于海波,等.ADAMS与MATLAB软件在汽车悬架系统优化及控制中的应用[J]. 机械设计与制造,2010(7):82-84.

[21] 王孝鹏. 变刚度横置板簧式悬架系统设计研究[J]. 机械设计与制造,2020(1):9-13.

[22] 陈黎卿. 基于ADAMS的悬架优化及控制研究[D]. 合肥:合肥工业大学,2005.

[23] 王启瑞,朱婉玲,陈无畏,等. 汽车半主动悬架集成优化仿真研究[J]. 合肥工业大学学报(自然科学版),2001(6):1046-1052.

[24] 王孝鹏. 弯道模式下FSAE赛车后轮随动转向特性研究[J]. 机械设计与制造,2020(2):129-133.